覚悟のすき焼き

食からみる13の人生

宇田川 悟

晶文社

もくじ

本書は、（公財）味の素食の文化センター「ｖｅｓｔａ」誌に連載された対談記事「食べる人たち」第一六回（八四号／二〇一一年一〇月）～三〇回（九八号／二〇一五年四月）［※但し、第二五回・二六回は除く］に新たな原稿を加え、加筆修正したものです。

各章末に、「ｖｅｓｔａ」掲載年月を記しました。

1

松浦晃一郎

外交官の食卓

松浦晃一郎

まつうら・こういちろう　一九三七年生まれ。山口県出身。前ユネスコ事務局長。東京大学法学部三年生で外交官試験に合格。大学を中退し外務省へ。以降、経済協力局長、北米局長、外務審議官を経て、九四年より駐仏大使。九八～九九年に世界遺産委員会議長。九九年にはアジア初のユネスコ事務局長に選出。一〇年間の任期を務め上げ、二〇〇九年に退任。現在は一般社団法人アフリカ協会会長、株式会社パソナグループ社外役員などを務め、執筆や講演に活躍中。著書に『ユネスコ事務局長奮闘記』『歴史としての日米関係・日米同盟の成功』『アフリカの曙光　アフリカと共に50年』『国際人のすすめ　世界に通用する日本人になるために』ほか多数。最近お気に入りの食べ物は、坊っちゃん南瓜釜射込みグラタン。

「沈黙は金」は通用しない

宇田川　一九六一年に外交官として初めてガーナに赴任して以来、ユネスコ事務局長を最後に、約五〇年にわたって外交官の仕事に携わってきました。一般に外交官の資質として最も重要なものは何ですか。

松浦　外交官の一番大きな使命は、日本の国益を短期的と同時に中期的にもしっかり追求していくことでしょう。いろいろ難しい局面に遭遇しますが、大局観を持った上で、それにきちんと対応して的確な判断を下せることが重要だと思う。ユネスコという国際機関のトップを一〇年務めて、改めて判断力が非常に大事だなと思いましたね。ただし、国際機関のトップの心構えにはパラダイムシフトが必要であって、単に日本の国益というものだけではなくて、世界全体のことを考えることも重要です。

宇田川　外交官には知識も教養も必要だけれども、よく専門分野がないと言われますね。本来ジェネラリストはいい意味で使われると思いますが、それがマイナスの評価みたいになっている。

松浦　私自身は正直に言えば、外交官はみなジェネラリストというのは正しくないと思う。一つは地域的な専門性を持たなくてはいけない。もう一つ必要とされているのが分野別の専門性です。私自身が昔から力を入れていたのは経済協力関係。現在、経済協力はＯＤＡ（政府開発援助）と言いますが、外交官によっては地域を重視して、たとえばアラビア語を習得した人はアラビアを中心に担当する。スペイン語の人はスペイン語圏を担当するというようになっている。ジェネラリストとして仕事をするのは最高幹部だけですよ。一般に中堅幹部がジェネラリストでは困ります。

宇田川　松浦さんがお書きになったり発言している言葉に、日本的な「和」の精神があります。実際にグローバリゼーションの中で通用する言葉なんですか。

松浦　通用しないんですよね。通用しないけれども、ユネスコという国際機関の人間で言えば、私に直結していた事務局長室の中では通用していた。スタッフはユネスコ全体で三〇〇〇人ですが、事務局長室はその一％の三五人。さらにその中核は一五人前後ですが、特に事務局長室の中では「和」の精神を確立できていたと思う。けれどもユネスコ全体で「和」を確立できたかと言えば、申し訳ないけれどもできなかった。ただ「和」という言葉は非常に有名になりましたね。言葉として覚えやすいし、しかも理解しやすい精神だから。

宇田川　世の中にグローバリゼーション至上主義みたいなものが出てきて、日本人も自身のアイデンティティを守るのが難しくなっている。でも松浦さんがおっしゃるように、自分が日本人であることに誇りを持つことは必要だと思います。

松浦　日本人のアイデンティティはしっかり保っていたいですね。ただ僕が心配するのは、日本人のアイデンティティを保持するためには、日本の歴史と文化を勉強することが肝心。むろんそれだけでは世界に通用するわけじゃありませんよ。あくまでも必要条件の一つであって、同じように重要なもう一つの条件は外国語。現在であれば英語を習得して、英語でコミュニケーションできる能力を持つこと。そうでなければ国際的に通用しない。

宇田川　外国語習得は一般人にも必要な条件ですか。

松浦　もちろん。それと、日本国内の物事のみならず、国際的な物事についても自分の考えを持つこと。単に新聞を読み流したり、テレビを観たりすればいいのではなくて、それらの物事に対して自分の考えを持つことが大事です。まず日本語でディスカッションできる。それが第一条件で、第二条件は国際用語である英語でディスカッションできる力を持つこと。肝に銘じておきたいのは、日本で通用する「以心伝心」や「沈黙は金」が通用しないこと。

宇田川　外国人にはなかなか通じない言葉ですね。その点アメリカ人はうらやましい。田舎のじいさんばあさんでも、世界のどこへ行っても英語で通用しちゃうから（笑）。

松浦　ただ、アメリカ人が意思表示をきっちりできるかというと、必ずしもそうじゃない。英語を公用語としているユネスコなんかの次元でみれば、特に事務局の中は英語とフランス語の二つが公用語ですから、どちらを使っても構わない。しかし中核となる一〇〇〇人のうち、英語なりフランス語を母国語としているのは一割強。その人たちが常に有利な立場に立ってディスカッションできるかというと、決してそうでもない。特にアメリカ人はそういう点は上手ではないですね。知的レベルの高い人でもうまくない。反対にフランス人はそういう教育を受けているからうまい。ロジックを踏まえて、物事を非常にわかりやすく、起承転結なりをしっかり踏まえて議論できる。
宇田川　世界で一番使われている言語は、人口が一番多い中国語。次に英語、スペイン語と続き、日本語は一〇番台。言葉に関しては日本人の課題が相当多くて、三倍も五倍も努力しないといけない。
松浦　読むことや話すことに関する英語力を総合的にチェックすると、日本は一五〇カ国中の一三五番目。ちなみに韓国は六〇番台。ところが驚くのは、ベトナム、インドネシア、中国が九〇番台から一〇〇番台。韓国が上だというのはわかるけれど、中国やベトナムよりも日本が飛び抜けて下なんですね。だからといって、日本の若い人たちの英語を学ぶ力が中国人やベトナム人より劣っているとは思わない。中国語やベトナム語、インドネシア語などから英語に入るのと、日本語から英語に入るのとを比べても、日本語が断然難しいとは言えない。みんな同じようなものでしょう。私の結論を言えば、日本の英語教育が悪い。

料理という社会運動

宇田川　さて、ユネスコの「文化的多様性に関する世界宣言」の第一条には、「文化の多様性は創造の源泉であり、かつ人類共通の遺産である」とあります。もちろんその中に食文化も入る。松浦さんはユネスコで無形文化遺産の保護を積極的に進めた人ですが、去年（二〇一〇年）の一〇月にフランスの食文化が無形世界遺産に登録されました。

松浦　私は直接担当していないけれど、食の価値を向上するための取り組みとして、フランス、地中海の四カ国（スペイン、イタリア、ギリシャ、モロッコ）、メキシコの食文化が世界無形遺産として登録されました。

宇田川　フランスは数年前から毎年、登録への申請をしていましたね。

松浦　サルコジ大統領が、フランス料理をユネスコの無形文化遺産にすべきであるということを公にまず発言しました。いわば大統領の公的な発表が先行しちゃったんです。だからフランスの関係者は事務的に苦労して、無形文化遺産登録に力を入れたわけです。そもそも世界遺産条約というのは、自然遺産と文化遺産と二つありますが、そのうち有形の文化遺産が八割を占めている。日本でいう無形の文化財、たとえば歌舞伎や文楽は対象にならない。でも、これらも人類の文化遺産というべきものだから無形を対象にしたものを作ろうと、専門家でずいぶん議論して、伝統的な芸能とか儀式とかを対象とする新しい無形遺産条約を作りました。でもその中に「食」というジャンルは入っていない。

宇田川　「食」という文言がないわけですか。

松浦　食文化を否定するわけではないですが、文言が入っていない。最初に定義した時は、本当に広い意味で無形のものを全部入れたわけではなく、対象をそれなりに絞った。それなのにサルコジ大統領が先のように発言したものだから、フランスの専門家はいろいろ考えて、「集団や個人の人生にとって最も大切な時を祝うための社会的慣習」という考えに基づいて、最終的に無形文化遺産の条件を満たしていると判断したんです。

宇田川　彼らフランス人としては、フランス料理そのものじゃなくて、フランス料理を家族が集まって賑やかに食べるという、伝統的で社会的な慣習として申請してきたわけですね。

松浦　もし料理そのものを入れるとしたら数が多くなる。たとえば日本だって京料理から始まって、江戸の寿司から地方料理まで、数えれば何十何百とあるでしょう。食は文化ですが、ユネスコで定義した無形文化遺産条約の対象にするというにはかなり無理がある。それらを登録しだすと無限になる。だから今回はフランスの専門家は大いに苦労して、大統領がそう言い出したから、受け皿としてそういう形で出してきて、結果として登録されたわけです。

宇田川　結局、サルコジ大統領の深謀遠慮が功を奏した（笑）。ひと口にフランス料理と言っても高級料理から家庭料理まで範囲は広い。歴史的に高級料理と地方料理や家庭料理は混じり合ったことがないと言われます。

松浦　いろいろ曖昧な点が残っています。特に現在のフランス料理の場合、フランス料理のす

べてが入るのか、ピンからキリまで入っているのかという問題がある。もし高級料理あるいは宮廷料理であれば、限定が付くんですがね。地中海料理が登録されたのは、オリーブが中心の文化圏という限定が付くからなんです。

宇田川　松浦さんご自身は、フランス料理や地中海料理が登録されたことに関してどう思いますか。

松浦　私自身はフランス料理も大好きですし、食というのは文化だと確信しています。ユネスコの無形文化遺産条約の対象は、条約上は一、二、三、四、五と定義があって、一般的には無形文化の範囲を狭く定義している。その中に食文化を一般的な形で登録するというのは、私は賛成しません。今回はフランス側もいろいろ苦労していますし、特例ですね。

宇田川　フランスでも賛否両論があったみたいですよ。本来は料理というのは一種の運動なんですよ。ムーブメントしながら進化しているわけですが、世界遺産に登録されちゃうと、仰々しく博物館入りとなってそんな運動が停滞する。ほかにもフランス人をさらに増長させちゃうから反対だとか（笑）。日本食も来年の申請を目指すそうだし、韓国は食卓に欠かせないキムチを申請する方針だという（ともに二〇一三年登録）。松浦さ

んは日本の食文化の申請についてはは個人的にどう思いますか。

松浦　今申し上げた意味においてですが、フランス料理が登録されたから日本料理も登録されたいという気持ちはわかります。ただもう一点補足したいのは、やはり対象を絞って日本の伝統に結び付いた形にしたほうがいいと思う。たとえば懐石料理では間口が広すぎる。

宇田川　よく世界三大料理と言われます。フランス料理と中国料理以外にインド料理と言う人もいれば、トルコ料理、日本料理と言う人もいる。各国がそれぞれ主張している。

松浦　中国料理になると地方によっていろいろ料理が異なる。だから私はフランス料理が登録されたことで悪い例を作ったと思っています。でも今後、申請がどんどん広がっていくということはないでしょう。今度、イタリア料理全体ではなくて、ナポリの伝統料理としてピッツァが申請されたんですよ。ナポリ料理という一つの伝統を踏まえて作られる料理としてね。この申請ならまだ理解できる。先ほど申し上げたように、日本料理を申請する場合には対象を絞ったほうがいいと思います。

地球的な水不足がやってくる

宇田川　一方、松浦さんが事務局長時代に最重要課題に据えていた、世界の水問題があります。水事情は危機的で、厳しい現実が待っている。陸上生物が使える水は全体のわずか〇・〇一％に満たない。そのうち約七〇%が農業関係に使われるという。今後の課題は？

松浦　二〇世紀の一〇〇年間に、人類の水の消費量は七倍に増えています。人口は二〇世紀の初めは一七億、終わりに六〇億で三・五倍に増え、一人当たりの水の需要は倍に増えている。しかしながら幸運にも供給は追い付いていた。ところが専門家によれば、供給もそろそろ限界に近い。しかもやがて人口は六〇億から七〇億、二〇五〇年には一〇〇億に達する。しかし水の供給量が二〇世紀初めに比べて、五〇%増えるかどうか非常に疑問があります。特に食糧問題は人口が増えれば増えるほど深刻になってくる。日本などは水にしろ食糧にしろ、輸入分も含めて豊富。特に水には恵まれているけれど、アフリカでは水と食糧不足は深刻ですよ。農業問題で言えば、小規模でもできるだけ灌漑を増やして食糧を増産したい。ところが、水を供給するには井戸を掘ったりしなくてはならない。これまで国別の水危機とか地域的な水危機はあったんですが、グローバルな水危機は発生しなかった。だからグローバルな水危機が二〇五〇年を待たないで到来する可能性はかなりあります。それを防ぐためにはどうしたらいいか。ひと言で言うと一人当たりの消費を抑えなきゃいけないでしょう。

宇田川　水問題を解決するためには多くの組織がかかわっていると思います。その中でユネスコは主体的に動いているんですか。

松浦　国連システムの中では二三、四の機関がかんでいるが、実はどの機関もバラバラに対応してます。ＦＡＯ（国連食糧農業機関）は食糧と農業という見地から、ＷＨＯ（世界保健機関）は保健衛生の見地から取り組んでいるというように。ユネスコは科学という見地で水問題を扱っています。各機関はバラバラだけど、ともかくユネスコが手を挙げて全体を取りまとめるということで、グローバルな水問題に関する報告を三年ごとに発表しています。

宇田川　あまり知られていないけれど、三月二二日は「世界水の日」。水危機の問題は農業問題と常に深くかかわっています。日本の場合、食糧自給率が四〇％程度と先進国で最も低い。

松浦　日本の農業政策が間違っていたんでしょうね。こうすれば事態を防げたという名案はないですけれど、警鐘的に言えば土地が限られていながら休耕地が多い。にもかかわらず高い関税を払って食糧を輸入している。しかも農業従事の方も平均年齢が六五歳と、若い人たちが農村に残らない。一〇年後はどうなるんでしょうか。株式会社の農業参入を認めたけれども、結局自由に参加できないから相変わらず小規模農業が多くて、問題は山積してますね。

宇田川　数十年前からそんな問題がわかっていながら先送りしてきた。農業も深刻な問題を抱えているけれど、日本人の食生活も悲惨な状態なんです。

松浦　僕の子どもの頃は炊飯器もないから、お袋が朝五時ぐらいに起きてご飯を炊いて、給食なんかも多少あったけれども弁当を作ってくれてね。今はもちろん炊飯器もあって大変ありがたいけど、便利のほうに走ってしまった。戦後、日本の国民があそこまで努力したから、荒廃した国土からここまで来たと思うんですよ。しかしながら同時にいろいろな問題も生じたので、もっと早くから意識してそれらを克服する努力をしなければいけなかったんでしょうね。

一九三カ国の食文化

宇田川　最初に赴任されたガーナで食べた料理の中で、特に印象に残っている料理はありますか。

松浦　ヨーロッパ人向けのホテルのレストランなんかで食べる現地の料理は、西洋化されています。だけど、家庭に呼ばれて食べるお母さんが作った料理なんかは厳しかった（笑）。もちろん食べられるけれど、味付けがすごく辛い。私は何でも食べるほうですが、現地のアフリカ人が食べるようなものはちょっとね（笑）。なかなか慣れなかった。近隣の国もいろいろ回ったけれど、アフリカ料理でも、たとえば西洋人向けに調理しているヘビの料理は結構美味しい。ヘビは鶏の肉と非常に似ていて、何も知らないで出されたらヘビだか鶏だかわからない。小骨があって初めてヘビだとわかる。ほかにもワニの料理ってかなり美味しい。

宇田川　西洋風というのは味付けのことですか。

松浦　味付けですね。レストランで食べているのは西洋人が多いから。中国では、特に広東料理にはいろんな素材を使いますから、サソリとかも食べました。広東料理の味付けは日本人に合っています。

宇田川　松浦さんにとってアフリカは「心の故郷」だそうですが、当時は自然環境も食環境も社会環境も今よりずっと厳しかったでしょう。アフリカ大陸での飢餓も大きなテーマになっていましたけれど。

松浦　幸いガーナは森林地帯が東西南北に拡大していて、サハラ砂漠には入らないんですよ。砂漠と森林地帯があって、その中間がサバンナ。サバンナには灌木とか草が生えていて、完全な砂漠はなかったですね。北のブルキナファソという国へ行くと、半分以上は砂漠。だから飢餓は深刻な問題です。エチオピアとかの東側の国になると、一日一ドルで生活しなければならないとか。

宇田川　現在まで訪問した国が全部で一九三カ国。各国で、ひと言では形容できない数多くの料理を食べてきたと思います、それこそピンからキリまで。食の記憶はどうですか。

松浦　いろいろ覚えていますよ。一九三カ国の現地の料理をみんな食べましたから。けれども一般に日本人に共通していると思いますが、私も若い頃は西洋料理のほうが好きで、その後だんだん日本料理が好きになって、今はほぼ日本料理一辺倒（笑）。

宇田川　これだけ多くの国で食べている日本人はいないでしょう。長く海外で日本食を食べられない環境にいる時に、もし日本に戻ったら、何を食べたいと思い浮かべたりしてましたか。

松浦　やはりお刺身ですね。各国でお刺身を出されることはありますが、一般に美味しくないところが多い。ずいぶん前にウクライナの首都キエフの日本料理屋であたっちゃったんですよ（笑）。その点パリは心配ないですね。最近日本の食文化が世界で広まっているのは嬉しい。パリには七〇〇軒ほど日本レストランがあると聞いてます。今や辺鄙な地方にもあって評判なんですよ。ただ、質はデコボコですけどね（笑）。

宇田川　その後歴任されたＯＥＣＤ（経済協力開発機構）日本代表部、駐仏大使、ユネスコ事務局長の職務を通じてパリに約二〇年滞在された。特にフランス料理への思いはひとしおじゃないですか。

松浦　パリに一九六八年から七二年の四年間赴任していた頃は、フランス料理が中心でしたね。今から考えるとバカバカしいけれど、パリのミシュランの星付きレストランをみんな行くぞと（笑）。七一年版のミシュランの星付き九〇軒を全部行ったんですね。あの頃は若い書記官で、お金がありませんでしたから、三ツ星は日本から来たいろいろな方がご馳走してくれた。一ツ星はできるだけ自腹で、家内と一緒だったり友達を誘って。原則として二ツ星は日本から来た人を接待する時に使う。

宇田川　公的資金で？

松浦　そうそう、仕分けができててね。翌年の七二年版を七一年版と比較すると、パリの星付き店は合計で一つ減って八九になったんですよ。四つ落ちて三つ新しく追加になった。それでその三つも全部行った。だから七一年版の九〇軒と七二年版の八九軒を全部食べたというわけ。美味しかったですね。

宇田川　七一～七二年は、フランス料理の歴史で言えば、エポックメイキングの年なんですよ。「ゴー・ミヨ」（アンリ・ゴーとクリスティアン・ミヨにより発行された、フランスで強い影響力を持つレストランガイド）というミシュランに対抗するガイドブックが登場して、大きな話題になった頃です。彼らはポール・ボキューズなんかの新しい才能を積極的に評価した。フランス映画のヌーヴェル・ヴァーグにならえば、料理版ヌーヴェル・ヴァーグ。新旧勢力がぶつかる時期ですね。

松浦　当時、パリの三ツ星は四、五軒で、料理はクラシックで味が濃かった。「ラセール」は典型的な店で、お客一人にギャルソンが四人担当するような、今では考えられないいい時代でした。まだヌーヴェル・キュイジーヌが出る前ですからね。ヌーヴェル・キュイジーヌはポール・ボキューズが一生懸命にリヨンでやっていて、それからフランス全土に広まっていった。ただ、私が大使になってからは、招かれるよりむしろ招くほうが重要で、それも公邸にお招きすると。だから外食が少なくなって、星付きレストランに食べに行ったことなんて少ない（笑）。

宇田川　日本人がミシュランを話題にするようになったのは、経済成長を遂げた八〇年代以降になってからです。だから七〇年代初めにミシュランの星付き店で食べている人は極めて少ない。ところで、公邸では専属の料理人が料理を作っていたんですか。

松浦　料理人が二人いましてね。一人は和食で主に夜担当、もう一人は洋食でランチ担当と分けてました。

宇田川　食卓外交とよく言われますが、フランスの場合は一九世紀の美食外交が知られています。国家権力と料理とが結び付いているところがある。今でもそのような側面はあるのですか。

松浦　フランス人や外国人を公邸に招いても、残念ながらランチもビジネスランチになってきましたから、時間的には短くなりましたね。ですからランチは一定のレベル以上のものを出せばいいのであって、内容で人を惹きつけることは気にしないで済む。強いて言えばワインに気を付けるくらい。ディナーは、招待したフランス人からパリで一番美味しい料理と言われました。非常に運が良かったのですが、公邸の料理人は京都の「たん熊」で店長だった人。東京に来てもらって彼と話したら、非常に感じがいいので、すぐに決めてパリへ来てもらったんです。料理上手であるのみならず、フランス料理を自前で食べ歩いて、創意工夫してくれて。たとえば当時は珍しかったフォアグラの握りなんかを作ってくれた。彼がそのアイデアを考えたんじゃないかと思う。彼が好きだったのは、拳大くらいの小さなかぼちゃの周りをそのままにして、中身をいろいろと料理するというもの。かぼちゃは食品店ではなくて、花屋で買う飾るかぼちゃなんですけど。

宇田川　駐仏大使時代の公邸のサロンで、図らずも美食外交をしていたと。その頃から徐々に日本料理が注目されてきたんですよね。

松浦　特に日本贔屓のシラク大統領になってからは順風が吹きました。日本にとっては非常にありがたかった。はるか昔の六〇年代は、パリの和食店はたった三軒だったと思うと隔世の感がします。当時は食べに行っても在住日本人と観光客ばかり。ところがその後、九〇年代になると急増して、ヨーロッパ人のお客が多くなった。

食生活六カ条

宇田川　事務局長を終えて帰国してからも多忙な日々が続き、五〇年間も激務をこなしてきたわけです。どんな健康法を続けてきたのか実に興味津々。

松浦　みなさんに健康の秘密は何かとよく訊かれます。長らく私は三つの条件を自分に課しているんですよ。ともあれ体力や語学力、記憶力や判断力なんかの中で、一番大事なのは体力でしょう。それがすべての根幹ですよ。そのためには第一に健康に配慮した食生活を送ること。第二に仕事柄どうしてもストレスを感じることが多いから、睡眠を充分に取ること。よく眠ることでストレスを翌日に持ち越さないで済みますからね。最後に適宜な運動をして体力を維持すること。この三点が私の健康維持・管理の基本です。

宇田川　やはり体力がないと記憶力も戦略も語学力もダメですか。全然衰えていないように見えますが（笑）。

松浦　若い頃に比べたら残念ながら衰えました（笑）。記憶力も昔ほどじゃない。ただ幸いにして、衰え方が普通の人よりは少ないだろうと思うんですけどね。多少なり頭を使うという意味では、いろいろな仕事をやったり講演をしたり、大学で講義なんかをしていると、少しは衰えを抑えられるかもしれない。私は囲碁が趣味で、頭脳スポーツとしては最適じゃないかと思う。将棋よりいいですね。

宇田川　その理由は何ですか。

松浦　囲碁というのは非常に広い盤を使うから、グローバルな大局観とか大きな戦略が必要なんです。一カ所で負けても次のところで取り返せる。将棋は一カ所で負けたら決定的にダメなんです。将棋はだいぶ前にやめまして、今は囲碁一本。

宇田川　健康維持のために駐仏大使時代から始めた食生活が、健康長寿の研究で有名な家森《やもり》幸男（武庫川女子大学国際健康開発研究所長）が提唱する説に似ているとか。家森語録によれば、「遺伝子で自分のすべてが決まるのではなく、食事などの生活習慣でそれを乗り越えられる」「日本食は非常にバランスの取れた食事だが、唯一の欠点は食塩が多いこと」。

松浦　家森先生とは同年で仲良しですが、以前は先生のことをまったく知らなかったんです。本当に偶然の一致。若い頃から好奇心は強かったし、もともと美味しいものを食べるのは好きだけど、年とともに嗜好が狭くなってきました。徐々に健康志向の食事に移ってきた。大使時代は五〇代後半からだったので、健康維持のために食に注意しなきゃいけない。それで自分なりのパターンを作ったんです。たとえば、朝はムスリ（シリアル食品の一種。ミューズリーとも言う）にヨーグルト、ナッツ類、ハチミツやオリーブオイル、それにイチゴを混ぜて毎日欠かさず食べる。ムスリは前の晩に仕込むと柔らかくなるわけ。ムスリは家森説にない食べ物なんだけど。

宇田川　日本ではパリで買えるようなムスリは見かけない。

松浦　日本ではアメリカのグラノーラは入手できる。だけど日本のグラノーラは、ムスリをさらに焼いたようなものです。僕の好きなタイプじゃないので、パリに行った時にまとめて買って来るんです。

宇田川　日本でムスリが普及しない理由って何ですか。

松浦　それがよくわからない。不思議ですね。コーンフレークとかいろいろあるのに、誰もムスリを提唱していない。家森先生もさすがにムスリについては言ってない。パリなんかにはケロッグのムスリもあるんですが、東京のスーパーを探しても、ケロッグのグラノーラはあってもムスリはないし、グラノーラもアメリカのものに比べると質が落ちる。

宇田川　松浦さんも実践している「健康に配慮した食生活六カ条」は、考えてみれば至極真っ当なことを言ってるんですが、悲しいかな人間は易きに流されて実行できない（笑）。

松浦　その当たり前なことを実行に移すのがなかなか難しい（笑）。一つひとつ当たり前なことだけれども、みなさん六カ条には結び付けない。Aさんはヨーグルト好きだけど、Bさんはそうでもない、Cさんは無視するとか。家森先生に敬服するのは、各国の食生活や長寿の研究をして、裏付けを取って六カ条にまとめたということです。

宇田川　家森理論によれば、一番目は「魚や肉をバランスよく摂取して内臓まで食べる」と。

松浦　僕は青魚が好きで、特に青魚の場合は皮を必ず食べる。ユネスコ時代も事務局長専用のレストランで皮付きの青魚を出していましたが、外国人はみなさん皮を取っちゃって食べない。

時々、私が皮を食べているのを見て質問する人がいたんですけど、「魚で一番栄養があって美味しいところは皮である」と説明する。中には納得して魚の皮を食べるようになる外国人も多くいたけれど、大半の人は私の説明にもかかわらず、長い間の習慣は変えにくいようで残してましたね。果物でも何でも皮はいいと言うでしょう。

宇田川　フランス料理では皮は基本的に食べない。ただ九〇年代に日本料理が注目されるようになって、一部の意欲的なシェフが皮を付けて魚料理を出すようになった。焼いた皮のパリパリという食感とうまみに着目したんでしょう。今ではパリのビストロでも皮付きの魚が出てきますよ。でも気持ち悪がって食べない人が多い。

松浦　二番目は大豆などの豆類やナッツ類を摂ること。三番目は当たり前ですが野菜、果物、海藻なんかをたっぷり摂取すること。朝食でイチゴを食べているんですが、パリでは一年中イチゴが入手できるというのに、日本ではなぜか入手するのは難しいので苦労している。四番目に乳製品を積極的に摂ること。五番目に動物性の脂肪を摂取し過ぎないこと。私はあまり肉類は食べないし、食べるとすれば脂っこくない鶏肉。バターとオリーブオイルはどちらを摂るかと言われれば、もちろんオリーブオイル。朝食のムスリにオリーブオイルを隠し味みたいにひとさじかけるとか、ちょこちょことアレンジしてね。バターはもう三〇年ぐらい食べていない。外食の時に料理に使われたバターを食べることもあるけど、それは例外ですよ。ほかにあまり辛いものが好きじゃないから摂取しないようにしています。過剰な塩分摂取は寿命を縮めるから。

目利きのワイン泥棒

宇田川　松浦さんはワインファンだそうですが、そもそもワインに目覚めたのはパリに赴任した六八年。以来、駐仏大使時代にはワイン好きが高じて、有名シャトーを回る機会が多くなり、舌が肥えたそうですね。

松浦　もともとお酒が好きでワインも好きでした。私らが学生だった一九五〇年代は、たとえばウイスキーでもサントリーの角瓶なんて高級、ダルマ（サントリーオールドの愛称）なんてさらに上でね、せいぜいギリギリ飲めるのはトリスくらいという時代でしたから、ワインなんて高級中の高級でとても手が届かなかった。私が最初にフランスを訪れたのは、ガーナに赴任していた一九六二年。たまたまパリに行く機会があって、そんなにいいワインではないのでしょうが、その時に飲んで、ワインは美味しいなと思って。その後出張で何回か行くようになって、六八年に赴任してからはワイン好きに拍車がかかったかな。フランス料理が好きだったから、だんだんワインが好きになって。ほかのお酒はウイスキーが好きでしたし、日本食の場合はやはり日本酒が合う。だけど、九〇年代の半ば、特に大使時代は招待客に日本食を出して日本酒を勧めながら、僕はワインを飲むと（笑）。軽い白ワインは日本食に合うから。

宇田川　二回ほどワイン泥棒にあったとか（笑）。最初は借金してまで購入したワインを盗まれたそうですね。

松浦　実は三回なんです（笑）。ついこの間、パリのカーブに三回目の泥棒が入りましてね。アパートのコンシェルジュによれば、幸いワイン以外のものが盗まれただけだと。前の二度は私的にコレクションしたワインが盗まれたわけで、さすがに大使公邸に泥棒は入りませんでした。カーブに所蔵していたワインをみんなやられて、しかも高級ワインだけを。さすが本場の泥棒は違うなと妙に感心したり（笑）。

宇田川　安いワインは放置していったわけですね。大層な目利き（笑）。

松浦　ただ、高級中の高級ワインは盗まれなかったんです。実はカーブが二つあって、二重扉の奥にある高いワインは難を逃れた。急いでいたようでチェックしなかったらしい。それが一九三七年のワインで、シャトー・マルゴーやシャトー・ラトゥールとか八本くらい。

宇田川　三七年は二〇世紀最高のヴィンテージの一つと言われています。競売で入手したそうですが、どういういきさつだったんですか。

松浦　マキシムの競売でした。古いワインを売り出すという案内をもらったら、えらい安いのがある。それで競売にかけられる前に分けてもらったんです。もちろん支払いましたよ。競売で最初に付く値段くらいで買えた。

宇田川　ロマネ・コンティの美味しい思い出は？

松浦　ロマネ・コンティをパリの大使時代に飲んだんです。当主からぜひいらっしゃいと誘われたので、シャトーへ行ったんですよ。二ヘクタールのブドウ畑を見せていただいて、その後食事をご馳走になって。カーブから一本持って来たボトルを見たら、ラベルが貼ってない。普通はヴィンテージごとに何年何年と仕分けしてありますよね。食事で開けてくれたんだけど、すごく美味しくて生き生きとしている。

宇田川　何年物と書かれたラベルが貼ってないのは、自分たちで飲むために特別にストックしているものですよ。

松浦　当主が私に何年物だかわかるかと訊くわけ。非常に生き生きとしていながらも、信じがたいくらい味が濃い。だからかなりの年だと思って、勘だけど、「一九六四年かな」と答えたら、「あなたいい勘しているね、これは五九年」と。

宇田川　五九年は戦後最高の当たり年じゃないですか。

松浦　最高のものを出してくれたわけ。私は六四年もいい年だからそう答えたけど、まさか五九年だとは思わなかった。あのロマネ・コンティが今まで飲んだ中で一番美味しかったですね。それ以降しょっちゅう飲んだというわけではないですけど。

宇田川　ワインがらみでボジョレー・ヌーヴォーの審査員をおやりになってますね。

松浦　これは自慢話の一つなんです（笑）。九八年に審査員として招かれて、ボジョレー・ヌーヴォーを二〇種ほど飲んで、上位五種を選んだら一位と二位は専門家と同じ。三〜五位は順番は違ったものの、同じ種類。審査員のみなさんに褒められたけれど、今じゃとても当たらないでしょう。今は晩酌もしませんから（笑）。

宇田川　三七年物はまだ残っていますか。

松浦　あと一本か二本ぐらい残っていますかね。

宇田川　その二本は最後の晩餐のためのワインでしょうか。でも、もし和食が最後の晩餐だとしたら、シャトー・マルゴーとの組み合わせは微妙ですね。最後の晩餐はどうお考えですか。

松浦　最後の晩餐を考えるところまでなかなか行きませんね。約一年半前に日本に戻って来たんですけれど、今でも月に一回ぐらいは外国に行きます。同時に、月二、三回は講演のために国内を回る。その時の楽しみの一つは地方の料理を食べられること。今まで日本各地を回ることなんかできませんでしたからね。地方の郷土料理はどれも美味しい。しかし最後の晩餐へのプロセスや道筋がまだ見えない。日本食で間違いないだろうけど、方向性を決めかねています。

宇田川　本日はありがとうございました。

二〇一一年一〇月

対談後記

ユネスコ事務局長に就任する前の駐仏大使だった頃から、松浦さんとはワイン仲間だった。インテレクチュアルな環境の左岸のパリ六区に住んでいた私の自宅に時折、顔を見せた。外務省に入省する以前、フランス文学好きだった松浦さんは小説を書くような文学青年。私との共通点がいくつかあり、日本の駐在員が多く住む右岸と異なる雰囲気の六区に気軽に足を運んだ。その時の表情は終始和やか。公的な裃を脱ぎ捨て、リラックスしながらお喋りしていると、フランス料理とワインの造詣の深さもさることながら、学識豊かな教養人の風格に触れる思いだった。

2

松任谷正隆

食べることは自分への挑戦

松任谷 正隆

まつとうや・まさたか　一九五一年、東京都生まれ。音楽プロデューサー。四歳からクラシックピアノを習い始め、一四歳の頃にバンド活動を始める。二〇歳の頃、プロのスタジオプレイヤー活動を開始し、バンド「キャラメル・ママ」「ティン・パン・アレイ」に参加。その後、アレンジャー、プロデューサーとして、松任谷由実をはじめ、吉田拓郎、松田聖子、ゆず、いきものがかりなど多くのアーティストの作品に携わる。現在、音楽学校「MICA MUSIC LABORATORY」で校長を務めるだけでなく、東京工科大学客員教授、京都造形芸術大学客員教授として、後進の育成にも力を入れている。著書に『マンタの天ぷら』『僕の散財日記』『職権乱用』などがある。

お取り寄せの「予習」

宇田川　先頃、雑誌「ブルータス」のお取り寄せ審査会に参加されたそうですね。その前は二〇〇九年にも参加されたとか。二年ごとに開かれるのですか。

松任谷　多い年は一年に二回の時もあったんです。僕が参加したのは、「日本一の『手みやげ』はどれだ!?」っていうのに二回。その前にはまだ参加していなかったのですが、「日本一の『お取り寄せ』はどれだ!?」っていうのが二回あったようです。今はメンバーが定着してましてね、もう七年程続いているそうです。

宇田川　聞けば、マラソンのような難行苦行の恐るべき審査会だとか（笑）？

松任谷　でも面白いですよ。なんか自分が試されている気がしましてね。初めて参加した時は何にも知らないで、朝食もきちんと食べて行っちゃったんです。審査会では一六ジャンルで一、二種類ずつ食べ比べて、一、二、三位と順位を付ける。最初は、パッと見た瞬間「ウソだろう」って思ったんですが、すぐに面白くなってきてね。最初のほうにカツサンドとかがあったんで、もし全部食べていたら一六ジャンルまでいかないだろうなと思ったわけ。まさに食べられない苦しみの連続で、ここでやめようかなんて苦しみながら進んでいった。さすがに半分ぐらいまで進んでいったらもうわけがわからなくなってきて、水羊羹のジャンルになった瞬間に、全部泥の味になっちゃった（笑）。水羊羹なんて繊細さが命だからショックですよ。それがわからなくなっちゃって、申し訳ない気持ちでした。その前に苦しかったのはプリンのジャンルだったのですが。

宇田川　ご同情申し上げたいような状態だったわけですね。本来は味わって食べるべき商品が、もはやどんな味なのか差別化できない。

松任谷　そうなってくると優位になるものは変わった商品になる。一つだけ抜きん出て変わった商品にいい点が付く。僕もそうだったし、ほかの方もそうだったと思う。たとえば、クッキーのジャンルに一個だけ塩クッキーの辛いものがあれば、全員それを上位に推すんです。でも、終わったあとに、それは違うだろうって思ったりするわけ（笑）。

宇田川　まさに食べ比べの格闘技。確かに、それでは公平な審査にならないような気がします。

松任谷　絶対におかしいじゃないですか。雑誌を見て買ってみようと思っている人たちも、その店を知っている人たちも、こいつらバカじゃないかって思うんじゃないかと。こいつらに味なんか絶対にわかるはずないと思われるのが嫌だから、次に参加する時からは、事前にエントリー商品を全部買うようになったんです。

宇田川　知る人ぞ知る松任谷さん独自の「予習」というやつですね（笑）。でも、「予習」するのも時間と労力がかかって大変でしょう？

松任谷　今はだいぶ要領がわかっているんだけど、最初に参加した頃は、毎日、刻一刻とエントリーが変わっていくので、そのたびに走って行って買い足したり。毎日買い出しから始めなきゃいけないから、「予習」が一番大変で。最終的に二〇〇点ぐらいにダーンと落ちるんだけれど、エントリーの時点では三〇〇点ぐらい。今回が一番楽だったといっても、メンチカツは一九の商品がエントリーされていたから、すべて買いに走って試食した（笑）。

宇田川　苦行僧のようになってまで熱心に試食する理由は？

松任谷　あいつはバカだって思われるのが、あいつは味盲だって思われるのが嫌なんです。僕の下した評価が世の中に発表されるから、的外れって言われたら恥ずかしい。

宇田川　みなさん著名人だからそれなりに影響もあるわけだし、一種の責任の取り方だと思います。でも、出費もバカにならないでしょう？

松任谷　お取り寄せは総額で六〇万円ぐらいかかりましたよ（笑）。反対に原稿料は二万円ぐらい。僕らの審査会って一つの案内書じゃないですか。それ見て買おうとする人がいるので、責任があるかと思いますけどね。

宇田川　お取り寄せ審査員をやめる手もありますね？

松任谷　ねぇ（笑）。でも、審査会が教えてくれることも大きい。世の中にはこんな味があるのかとか、こんなコンビネーションがあるのかとかがわかる。少なくとも今まで知らなかった味に出合えるんです。

美意識はどんどん変化していく

宇田川　そこまでこだわるのは面白い。まさに大赤字・大出血サービス。しかし、「今までにやった仕事の中で一番哲学を感じる仕事だったかもしれない」とお書きになっている。食べ物に対してどんな視点を持っているんですか。

松任谷　空腹は最大の調味料って言葉があるけど、お腹が空いている時が、食べ物が一番美味しいっていうのがあるじゃないですか。当たり前のことだけど、初体験は一回しかないわけです。二回目からは当然その味を知っているから、どういう風に自分で感じて食べるかを考える。僕が思うに、食はすべてに通じているような気がする。音楽で言えば、ある曲を聴いた時に、どういうタイミングで「いいな」と思ってしまうかということに似ている。音楽はなくても生きていけるけれど、食はないと生きていけないというところに最も危機感があるでしょう。そういう意味では食は基本です。生まれてからいろんなものを食べてきて、自分の中に食べ物に対する価値観ができているんだと思う。味覚とかいろいろな要素があって、食べた時にピッと針が振れる。だから哲学的だと思うし、すべてに通じる。ほかの活動に比べて、食は脳の中心に最も近い部分を使うという意味でも、最もシンプルでダイレクトでしょう。

宇田川　食は確かにどこか哲学的な道に通じているような気がします。まず人間の生き死ににダイレクトにかかわっている。またどう食べるか、どう生きるか、どう世界を考えるかに通じる哲学的な命題です。松任谷さんについて、「自分のポリシーを貫く、妥協知らずの誠実な頑固者」と言う人がいるけれど、ご自身ではその評は当たっていると思いますか。

松任谷　頑固です（笑）。音楽でも、いいと思うとか、こうだと思うということは揺らぎやすいじゃないですか。すごく面白いのは、音楽を作っていて、自分で弾いて録音したりする。その後、プレイバックすると、「あ、嫌いだ」って思うことがあるんです。嫌いだと思うってことは別なアイデアがあるってことだから、もう一回やるとまた別なのができる。それを聴いて次の瞬間に「嫌いだ」って思うと、もっと違うことがやりたくなる。そうやってずっとやって、なんだかわけがわからなくなって、しばらくしてから最初の曲を聴いてみると、これが一番近いかなって思ったりするの。それは僕の勝手な解釈なんだけど、揺らいでいる。つまり、美意識が動いている。感性も常に時間とともに動いていて、最初はこれがいいと思ったに違いない。その次はこっちのほうがいいと思ったに違いない。それで一周してくると、最初の楽曲がいいと。

宇田川　作家に関してよく言われるのは、処女作にその作家の才能がすべて現れているというもの。だから処女作を超える作品はあり得ない。音楽もどんどん変わっていくけれど、結局は最初のインスピレーションで作った作品が最後に残るというわけですね。

松任谷　今までの僕の作品はそうでした。

宇田川　最初に戻ってしまうのは、どこかに厭きるという感情もあるわけですか。次の段階に進んでも、また新しい発想が出てきて、さらにどんどん行く。厭きるから進む？

松任谷　間違いなくそうですね。音楽でも車でもすべてに通じているでしょう。たとえば、美味しいカレーを作れるからと思って、カレーライス屋さんを始めようと思う。でも、始めようと思っていたら厭きてきちゃって、シチュー屋になろうかなと。シチューを作っていたら、もうちょっとさっぱりしたものが良くなって、今度は和食屋とかお茶漬け屋になったりとかね。だからいろんなサイクルがあるかと思う。音楽でもどんどん変化していく。一つの潮流でも短いフレーズでも、数時間の間で揺らぐ。厭きて次のものに進もうとする。だから、頑固になって、「これがそうに違いない」って思わないと、永遠に作品はできないから。

食べ物への恐怖症

宇田川　「三つ子の魂百まで」という言葉がありますが、松任谷さんの場合、小学生の頃から今で言うパニック障害とか妄想癖に悩まされていたとか？

松任谷　昔はそんな言葉がなかったんですけど、仮病を使って学校を休んだり、団体行動も電車に乗るのも苦手で、通学途中に駅長室で休んだり、登校拒否症になったり。パニック障害の上、妄想癖があって、妄想の世界にのめり込んじゃう。それに大嘘つきで、一度嘘をつくと、その嘘を正当化するためにまた嘘をつくわけですよ。すると自分の中で嘘が完結しない限り終わらない。

だからそこで妄想の扉が開く。結構怖い性格だったんです（笑）。

宇田川　強迫観念症みたいに食べ物への恐怖症もあったんですね。

松任谷　最初にどう始まったのかよく覚えていないんですが、給食に出るホワイトシチューを思い出したら、嫌になって気持ち悪くなったんです。一週間ぐらい前から献立にシチューが出ていて、見た瞬間からどうやって休もうかと考えていた。喉を通らないんですよ。なんでみんなの目を気にしながら、ご飯を食べなきゃいけないんだろうなんて思ったり。食べることに集中できるからこそ、美味しさを心から感じられるのに。担任の教師が六年間一緒だったんですが、その担任が、僕がすべて食べ終わるまで食べさせるんです。たった一人で食べるんですけど、そんなことを二回ぐらいやると、子どもだから嫌になるわけですよ。それがいろんなことに繋がったと思う。親にレストランに連れて行かれても、食べ物が喉を通っていかない。人に見られているような気がするとか（笑）。

宇田川　子どもの頃のトラウマをいろいろ抱えていますね。食の恐怖症は、大人になるためにいつかは乗り越えていかなければならないテーマ。著書の中で、五、六歳の頃に焼鳥屋で食べ過ぎたとか、一〇歳の頃にラーメンを食べ過ぎたとかお書きになっている（笑）。それらを克服するために悪戦苦闘したんですか。

松任谷　正確に言うと、今も克服しきれていないと思う。今から二年ぐらい前かな、知り合いの女性がご馳走してくれるって言うんで、新橋の「京味」に連れて行かれたんです。その日の朝、僕は箱根で車の仕事があって、疲れちゃってちょっと具合が悪いから、今晩は無理かもって言ったんです。でも、予約しちゃったから座るだけ座ってくれって言われて、やむなく行った。途中ユンケルとかを買ってもらって（笑）。ともかく、最初はカウンターの真中に座ったんです。からすみが出てきてひと口ぐらいかじったんですけど、嫌になってしまって、その女性に全部食べてもらった。さすがに具合が悪いのがわかったみたいで、店の大将が端の席に移動させてくれた。ちょっとホッとしたんですけど、食べられない、喉を通らない。仕方なくタクシーを呼んでもらって、女性を一人置いて帰りました。

宇田川　女性に対して残酷な仕打ちです（笑）。しかも東京で一番美味しいと言われている和食屋でね、もったいない。

松任谷　子どもの頃からそういうことがいっぱいあったわけ。今でも年に二回ぐらい急に食べられなくなることがある。疲れるとかすると急にね。

宇田川　還暦過ぎてもまだ引きずっているようですが、それでも克服していったプロセスはどんな感じだったんですか。

松任谷　スプリングボードが働いたと思いますよ。若い頃はレストランに行けば、年上の人が大勢いるじゃないですか。そのうち気が付くと年下の人ばかりになっている。そうすると、だんだん緊張するのがアホらしくなってきた。その場の雰囲気に馴染むことができるようになってきた。だから、普段はだいたい楽しめるようになってきましたね。そうすると、昔そうだったっていうのが悔しいじゃないですか。

宇田川　過去はもう取り戻せないけど、妄想みたいに取り戻そうとする（笑）。今まで嫌いだったものが好きになると、ある日を境に考えられないくらい好きな気持ちへと飛躍していく。あんなに嫌いだった女を、ひとたび好きになると舞い上がっちゃうみたいな（笑）。

松任谷　そう、もと以上にね（笑）。考えてみれば、僕の半生は、何かのコンプレックスを逆にねじ伏せるモチベーションによって成り立っていたのかもしれない。現在やっている仕事もみんなそうです。面白いもので、嫌いなものが好きになっちゃうと、これはもうどうしようもなく好きになってしまったりする。だからスプリングボード。その餓鬼道はすべてに通じていると思う。

宇田川　しかも捨てるのが嫌い、もったいないという気持ちが異常に強いそうですね。残された食べ物がゴミ箱行きになることには耐えられない。この世の未知なる味に挑もう、逃してきたチャンスを取り戻そうとする好奇心が旺盛な一方で、一人でレストランに入れないとおっしゃる（笑）。タイプとしては都会的でシャイで人嫌いな人間に多いけれど、それも幼い頃からのトラウマが残っている証拠ですか。

松任谷　僕も人嫌いですよ。一人でレストランに入れない。だから一人で食べたことはないです。蕎麦屋でさえ入れない。どこかに一人で入るくらいならドライブスルーのハンバーガーでいいと思っちゃう。相席はぜったいに嫌（笑）。知らない人と向かい合って食べるなんてあり得ない（笑）。食べ物が喉を通らないし、なんか拷問のように押し込んでいかなくちゃいけないとか思っちゃう。まあ、カウンターで隣合わせになるくらいなら大丈夫かなとは考えるけど。僕の家の近くにあるトンカツ屋は、カウンターが仕切られている店で、ここなら入れるかなと思っているうちにクローズになっちゃった（笑）。

宇田川　自意識過剰じゃない（笑）？　しかも世間に知られているから、顔もバレているだろうし。

松任谷　一番のポイントは自意識過剰だと推察しています。だって人に見られている感じがするんだもん。自分でもよくわからないところが怖い（笑）。「京味」の時なんかも、まともに食べられないじゃないですか。みんなが見ているような気がするし、責められている感じがする。でも、コンディションが悪い時は年に二回ですから、克服したい。なるべくカウンターの店にも出かけて行って、端っこの席に座るようにはしているけれど。

食卓のワンポイントリリーフ

宇田川　外食嫌いだから、自宅の冷蔵庫をお取り寄せで満杯にしているわけですね（笑）。お取り寄せは松任谷家の食卓の中で大きな割合を占めていますか。

松任谷　その時その時の、自分の定番取り寄せは持っていたいと思います。これがあればご飯を一人で食べられる、ある程度のリッチな気持ちになれるような食品を。家では由実さん（夫人の松任谷由実さん）がいれば、だいたいは作ってくれます。ツアーとかで留守の場合も多いから、その場合は一人で外食できないから、お取り寄せを食べる。ワンポイントリリーフとして食卓が華やぐし、我が家で気兼ねなく食べ歩きしているようなもの（笑）。本当にライフラインですからね。冷蔵庫に満杯ということはないですが、必ず入っているものはあります。

宇田川　お取り寄せでクリアすべき基準は何ですか？　試食するために取り寄せた上で、審査会のように食べて決めるとか？

松任谷　だから六〇万円かかるんじゃないですか（笑）。もちろん人に聞いて、美味しいと言われたら取り寄せます。大したことはないけど情報アンテナも張ってたり。第一印象では当てにならないから、聞き及んだすべての情報を駆使して、複数の商品を取り寄せる。それをただひたすら食べ比べる、何日も何回も。最初の頃は由実さんに嫌がられたけれど、さすがに毎度同じことをやっていると、慣れてくるんでしょうかね、それとも僕のストイックさに脱帽するのか何も言わなくなってくる。というよりも、今度は積極的に、「これを頼んでくれる」なんて言うようになります（笑）。味はレストランと同じように、確かにバラつきもあるけど、コンスタントにいい味を出していたら取り寄せる。でも、テイスティングじゃないんだから、ある程度信じたら、まずくなっても美味しいと思うように食べますよ。

宇田川　由実さんが留守の時に、お取り寄せ商品だけでフルコースを揃えたりすることがありますか。

松任谷　絶対にしないですよ（笑）。今、一番凝っているのは餃子ライス。最近はそれにつけ麺が加わりました。好きな餃子が二種類ぐらいありますけど、餃子だけはずっとありますね。そのうち厭きると思うけど、全然バラエティに富んでいません。

宇田川　お取り寄せを始めたのはいつ頃から？

松任谷　お取り寄せができるようになってからで、そういう意味では割と最近ですね。いろんな食べ物をインターネットで自由に買えるようになったのは大きいですね。それまでのお取り寄せはひどいものですよ。ひどかったけど、一番頼りになったのは、「招福楼」の鰻と「花錦戸」の昆布。この二つで救われたことがある。あれだったら日もちするから。

宇田川　お取り寄せのクオリティもだんだん良くなっているのでしょうが、一般に町で食べるようなものと比べてどうですか。

松任谷　これは嫌味に聞こえるかもしれないけれど、知り合いがいるところは美味しいものを作ってくれますよ（笑）。どんなに高い店から取り寄せるよりも、知り合いの店から「送っておくよ」って送ってもらった食べ物は美味しい。でもそういう店は少ないです。

宇田川　特別扱いされているだけじゃないですか（笑）。

松任谷　だから、知り合いは大事だと思います。音楽の世界だって同じですよ。スタジオミュージシャンのドラマーがすごく親しかったら、やっぱり一生懸命やってくれる。ほかの仕事なら適当に叩いていても、「どういう音楽がやりたいんだ」と訊いて一生懸命になってくれますから（笑）。

殿様料理

宇田川　クリエーターの中には仕事に行き詰まったり煮詰まったりすると、料理に走る人が結構多い。たとえば、鶏を一羽丸ごと鍋で茹でながら灰汁を取ったりして、気分転換を図るとか。松任谷さんは？

松任谷　年に二回ぐらい作りますけど、仕事に煮詰まってとかじゃないです。どんなタイミングで作るのかわかりませんが、思い付いて。オックステールからコンソメを作って、カレーなんかを作ったりしたことがありますよ。友人の小山薫堂さんに、日本で何番目かに美味しいと褒められた（笑）。

宇田川　小山さんはカレーには人一倍うるさい（笑）。どんな時に作ったんですか。

松任谷　小山さんが映画「おくりびと」でアカデミー脚本賞を受賞した時に、お祝いを仲間でやろうってことになって。その時に小山さんが何を血迷ったか、「松任谷さんのカレーが食べたい」って言ったらしい。なんでアカデミー賞のお祝いを僕が作るのって（笑）。それじゃ究極のカレーを作ろうと思って、五キロもオックステールを買い込んじゃって。三日くらいかけてフォン（だし）を作って、レコーディングを中断して灰汁を取り、スパイスを調合して、秘伝のカレーを作ったというわけです（笑）。小山さんは五杯くらい食べたんじゃないかな。

宇田川　小山さんによれば、そんな日が何日も続くから、由実さんのイライラが昂じて夫婦喧嘩勃発寸前までいったらしい（笑）。

松任谷　僕って殿様の料理だから、煮たり焼いたり、味見したりするのは僕ですけど、下ごしらえは全部由実さんが担当（笑）。いろんな材料を切ったり貼ったり……（笑）。二人とも結構理屈の限りを尽くして言い合うから、はたから見たら陰険な喧嘩かもしれない。でも、ボディの殴り合いは一回もしてないですよ（笑）。

宇田川　ほかにはどんなものを作りますか。

松任谷　野菜スープを進化させましたね。初めは自分のダイエット用の、ローカロリーで野菜主体のスープだったわけです。それが進化とともにハイカロリーになっていき、ただの美味しいスープになっちゃった（笑）。

宇田川　まさに進化論（笑）。食べ物に対して培われた記憶があると思うけれど、自分なりに美味しさの基準はお持ちですか。

松任谷　あまりないですよ。たとえば、食べたあとに消えてなくなるようなものが美味しいと思うことはあったりするけれど、これだって僕の基準だとは思っていない。ともかく、生まれつきの感覚とかに加えて、味とか色彩とか人生で学んだ美意識のすべてがそこに全部出ちゃうような気がする。食べ物の美味しさは底がないだけに何とも面白い。体を張る仕事のように思えますね。

宇田川　料理はクリエイティブな行為です。自分の教養やセンスが試されて、内面が出るところがあるでしょう？
松任谷　そう。イマジネーションだし、思わぬ方向に行った時に、すごく嬉しかったりします。いろんな分岐点が料理にはあると思う。この時にはこういうことをやるとか。実はそういう細かい作業をやっているから、料理ってすごい仕事だと思ったりして。最初に作っている時のイメージではこの皿に盛ろうと思っていたのに、完成してみたらこっちだよね、あれぇって。そういうのが面白い。でも音楽もまったく一緒。最初はこういう曲を作ろうと思っても、出した音が実は違っていて、頭で鳴っていた音とも違うと。実はこう弾きたくなって、最初に思い描いていた設計図と違うものができて、でも面白いよねっていうことになって。そっちのほうが楽しかったり。
宇田川　食べ物の良し悪しの基準は、音楽の良し悪しの基準とは別ものですか。
松任谷　一緒です。食べ物も音楽も脳をスルーしていくという意味では、すべて同じだと思っています。だから、音楽について説明する時に、よく食べ物を例に出します。たとえば、由実さんの音楽は「中村屋のカレー」。つまり、時代とともにいろんなカレーが世の中に出てきても、中村屋がユニークな存在なのは変わらないでしょ。僕ら音楽家はパッと聴いていいと思わなかったら良くないと思うわけ。それまで生きてきて、どんな音楽を聴いていいと感じるのかが大事なんです。食べ物も、それまで生きてきてどんなものを食べてきたか、それに対して美味しいとかまずいと思ったことが蓄積されてきて、今の感覚を作っているわけでしょう。だから、何でも美味しいと思えることも必要だけど、自分にとって美味しいと思えないのは最低のこと。だって生きていることがつまらなくなるから。音楽もそう。自分がいいなって思わない限り、音楽家なんてできないですよ。

宇田川　そうやって突き詰めていく気持ちはエキサイティングですか。

松任谷　エキサイティングというより僕の性格ですね。

宇田川　精神分析的に言うと相当気難しい性格（笑）。普通の人は付き合いたくないタイプじゃないですか（笑）。

松任谷　いやいや、そうだと思いますよ（笑）。

宇田川　日頃からお取り寄せの試食をやったり、審査会では「予習」の段階から何回も繰り返し食べたりしたら、体重増に悩まされませんか。ダイエットは？

松任谷　年に一、二回のローテーションでいろいろダイエットはやりましたね。結構自虐的なダイエットが趣味みたいで、その期間中は自分自身に挑戦しているっていうような、妙な気持ち良さがあります。最初は普通に運動から入っていって、食べ物では痩せるスープとかにトライしたり。「ボノラート」ってご存知ですか。ドイツ軍がその昔、動きの鈍い肥満の兵隊を矯正するために使っていたなんて説明書きにあるダイエットスープ。これがすごくまずくて涙もの（笑）。「良薬は口に苦し」というか、見た目はカップスープに似てるんだけど、似て非なるもの。口に含むだけでオエッてなる。一週間ずっとそれしか飲まないっていう地獄の特訓もやった。もちろんいろんな野菜を使ったダイエットスープとか、炭水化物を抜くとかもやりましたがダメですね。

宇田川　なんで挫折するんですか。
松任谷　人生がそのまんま続くように思ってしまうんですね。これが残りの余生に続くのかっていう強迫観念が襲ってくる。ほかにもダイエットで成功すると、みんなに「大丈夫か、病気じゃない？」って訊かれたり。そうなると不安になってしまって、また太れるのかな、病気かなって心配したりする。そして食べ始めると自然に元のように太るわけです。というよりも、精神的なストレスのほうに問題ありという結論なのかな。
宇田川　決定的なダイエット法を見つけられないわけですか。
松任谷　というか、もう痩せなくてもいいから、不健康になんなきゃいいなと思ってます。痩せようなんて色気を捨てて、とにかく健康じゃないと仕方ないから。
宇田川　食は松任谷さんの人生にとってどういうものですか。
松任谷　食べるという行為は自分への挑戦かな。小山薫堂さんの「一食入魂」に似ているかもしれない。小さい頃からずっと食べられなかったんだもん。吐きそうな思いをしたり苦しんだりしてきたわけですからね。音楽の仕事も車の仕事も、チャレンジの方向を自分に向けているっていう意味ではみんな一緒ですね。
宇田川　松任谷さんは音楽も車も趣味だと言っている。食べることはどうですか。
松任谷　食べないと死んじゃうから、趣味って言ってしまうとおかしくなるけど、趣味の部分はありますね。一人でレストランには入れないし（笑）。小さい頃からずっと満足に食べられなくて、すごく不自由を感じていたから、今は人並み外れて、普通じゃないぐらい食に執着しています。妄想だらけだし、食恐怖症も克服し切れていない。一生チャレンジしたいっていうことです。

食の結婚前・後

宇田川　昔の話に戻って、ご実家は洋食風にパンとコーヒー、それともご飯と味噌汁の和風の家だったんですか。

松任谷　どっちかと言えば西洋風だけど、実際は真中ぐらいだったんじゃないかな。

宇田川　食卓の風景としては特別なしきたりとかがあった?

松任谷　全員バラバラで食べてましたね。うちの父の食事の時間と僕と弟が違うというように。父は魚をよく食べる人で、弟も魚派だけど、僕は肉食。違う料理を食べているっていうことです。でも、ご飯と味噌汁は一緒で。母は料理がすごく下手だったんです。本当に下手で、カレーなんか作ろうものなら誰も食べない。だからすごく簡単なもの。たとえば、僕の場合は肉のバター焼きだけとか。みんなで食卓を囲むってことはほとんどなかったですね。子どもの頃は祖父がまだ生きていたりして、囲んだこともあったけれど。ただ、うちでは直箸が禁止だったから、必ず取り箸を使っていました。汚いから取り箸を使いなさいとか叱られて。だから、いまだに僕は直箸は得意じゃないですよ。実家は華やかな食卓とは違ってました。

宇田川　食恐怖症だったから失敗談の一つや二つはあるでしょう？　その昔、由実さんと食べた、当時は珍しい納豆スパゲティの失敗談もその一つ。

松任谷　由実さんと結婚する前の話だけど、あの頃も僕がレストラン嫌いだから、二人でレストランに入るってことができなくて、じゃ僕の車で食べようねって。今でこそみんな納豆スパゲティを知っているけれど、当時は「壁の穴」という店でしか食べられなくてね。そういうことを耳にしていたから、由実さんは自分が作って持って来たというわけ。ある冬の日、多摩動物公園に近い、見晴らしのいい高台に車を停めて。納豆の入った容器と、パスタを入れた容器を持って来て、混ぜようとした。でも、納豆が異常にヌルヌルしてて、ミックスしようとしたら、あれよあれよという間に、納豆がシートとコンソールの狭い間に全部こぼれちゃったんです。冬でヒーターをつけてるからものすごく臭い。当時は洗車なんていう商売があまりメジャーじゃなくて、毎日どんどん臭くなってきちゃって、何年もその臭いは取れなかった。しかも車は黄土色、ウンチ色だったから悲惨だったな（笑）。

宇田川　由実さんの実家は商家で、賑やかな雰囲気に満ちていた様子。彼女は何でもテキパキ作っちゃう人なんでしょう？　松任谷さんが外食嫌いだから、料理を作るようになったんですか。

松任谷　それで彼女が料理を作るようになったんですよ、一生懸命。彼女はどっかのレストランで食べてきたものを再現したりするような、名前の付いていない料理が得意だと思いますよ。これなあに？っていうような料理が。余ったものをこういう風に作ってみましたみたいな。すごい驚きがあったりしますね。

宇田川　松任谷さんの食の世界が単に狭かったからじゃないの（笑）。

松任谷　いまだに狭いけど（笑）。彼女が料理が上手なのは生まれつきかな。

宇田川　「賢い女性は料理がうまい」なんて言葉があるけど、料理は合理的な面が多いから、確かに頭のいい人は手際がいいかもしれません。

松任谷　絶対的にそうですね。やっぱり料理にはそういうものが出てきます。ただし、由実さんの今までの大きな間違いは「薄味」を勘違いしていたこと。薄味を味なしだと三〇年間勘違いしていたんです（笑）。マツタケご飯は薄味であるべきことって、僕にもある程度のことはわかるんですが、お醤油味って言うか、あの味が薄すぎると臭いだけ。あれがいいバランスになるからマツタケが香り立つんじゃないですか。薄口醤油を使うと色も薄いから、見た感じ味が薄いと思うけど、実は食べるとしっかり味がついてるじゃないですか。それを見たまんまの味つけにした。それで三〇年間、僕は薄い薄いって言い続けてきて、彼女は正しい、正しいって言い続けてきて。一緒にご飯を外に食べに行けるようになってみて初めて、「ほらみろ」って（笑）。これを三回ぐらいやったら濃くなってきました。

宇田川　結婚して一番変わった食卓の風景は？

松任谷　一緒に食事をするようになったこと。それと、由実さんが料理に興味を持っている人だったから、それまで食べていたものと全然違うものが食べられるようになったこと。たとえば魚が食べられるようになった。アジの塩焼きとかも食べられるようになりました。昔は絶対に食べなかった。食べられたのは鮭だけです。ほかには、今は大皿が食卓にドンと出て、それを取り分けるみたいなことも。実家の食卓は一皿一皿並べてましたから。

宇田川　先ほど殿様料理って言ってましたが、松任谷さんが独裁者ですか（笑）。

松任谷　彼女は今は僕のほうがグルメだと思っています。だから、メニュー係は全部僕だし、レストランを選ぶのも僕。

宇田川　えらい出世しましたね（笑）。

松任谷　はい、ついに（笑）。彼女は自分で作るけれど、お取り寄せに関しては、手配から管理や調理まですべて僕が担当していて、彼女には手を出させない。でも、どんなにお取り寄せにお金や労力をかけても、付け合わせの野菜や食器がダメなら味はグンと落ちる。だから食器なんかにもこだわって工夫しますね。

宇田川　松任谷さんはものごとを突き詰めて考えていく、内向的なタイプのような気がする。ことん深く愛情を注ぐ文学青年的なところもあって（笑）。反対に由実さんは明るくて華やかで社交的という感じ。民族で言えば松任谷さんが農耕型で、由実さんが狩猟型みたい。

松任谷　自分は肉好きの狩猟型だとずっと言っていましたよ。狩猟型であるべきだって思ってきたんじゃないですか。仕事柄、自分は狩猟型であるべきだと。でも、今訊いたら絶対農耕型だと言うと思う。あるいは僕のが移っちゃったとか（笑）。まあ、赤の他人ですからね（笑）。

宇田川　松任谷家の大晦日とかお正月の飲食の定番は何かありますか。

松任谷　ありますよ。奈良に「玄《げん》」っていう蕎麦屋があるんです。一日一組しか予約を取らないんですけど、そこのオヤジと長いこと知り合いで、朝打った蕎麦が三一日に酒と一緒に届くんですよ。それも食べきれないぐらい死ぬほど大量に届く。それを僕が茹でる。

宇田川　ひたすら？

松任谷　うん。これは定番ですね。年越し蕎麦ってのは一二時ちょっと前に食べるものだと由実さんが言い張っていて。僕は夕飯でいいのにって思っていたんだけど、みんなが一一時頃に集まって来て、年をまたいで食い始めるもんだから、食べ終わると二時ぐらいになる。それから歩いて、みんなで近くの神社に行ってというパターンかな。

宇田川　さて、最後の晩餐は？

松任谷　「世良田《せらた》」の焼き鳥にするかな。この店のオヤジが立教大出身で、由実さんの先輩だから、ため口をきくんですよ（笑）。僕はあそこに行くと、小僧みたいな感じになって可笑しいんですけど、レバーは本当に美味しい。昔はレバー大嫌いだったんだけど。

宇田川　本日はありがとうございました。

二〇一二年一月

対談後記

健啖家・松任谷さんの噂は私の耳にも届いていた。雑誌のお取り寄せ審査会が開かれる前に大量のエントリー商品を全部食べ尽くしたとか、労力と時間をかけて「予習」に挑んだのはすべて読者のためとか。お目にかかり食にまつわる話を訊きながら、音楽に向き合う真摯な姿勢と食べ物に対するひたむきな姿勢に共通点があることに気付いた。そして、「誠意」と「不退転」という言葉が浮かんだ。少年時代に食べ物恐怖症に悩まされた松任谷さんは、そのトラウマから脱却しようと、自らのアイデンティティを探し求めて長い旅を続けていたのだろう。それにしても、由実さんとの納豆スパゲティの一件は可笑しい。

3

五味太郎

モボ＆モガの正統なる嫡子

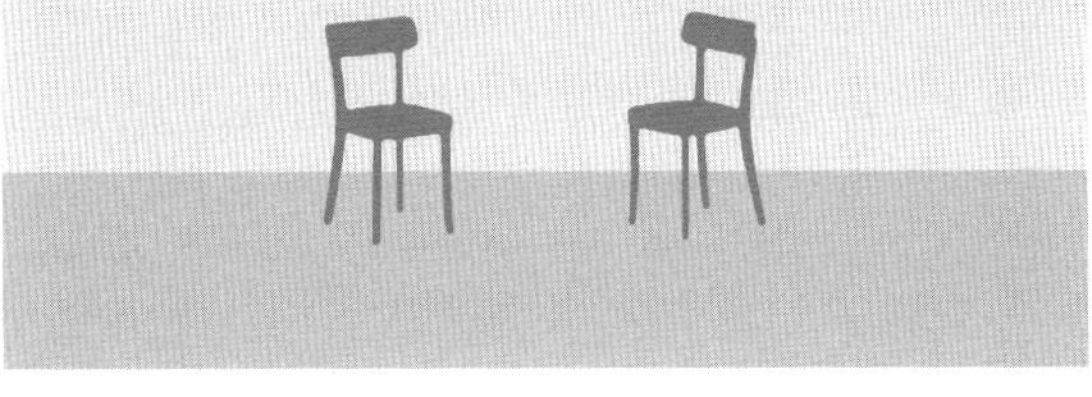

五味 太郎

ごみ・たろう　一九四五年、東京都生まれ。絵本作家。桑沢デザイン研究所ID科卒。工業デザイン、エディトリアルデザインのデザイナーを経て、絵本の創作活動を始める。現在までに四五〇冊を超える絵本を手がけ、受賞作に『たべたのだあれ』、『かくしたのだあれ』（第二五回サンケイ児童出版文化賞）、『ときどきの少年』（第二二回路傍の石文学賞）、近刊に『百人一首ワンダーランド』『ことばのいたずら』『きをつけて』などがある。

楽なほうに行け

宇田川　五味さんは今も昔も深夜型なんですね。夜中になると仕事を始めるとか？

五味　夜は元気よ（笑）。朝起きるのが嫌いで、夜起きてるのが大好きなので、夜寝るなんてもったいないと思ってるの。将来何になりたいですかって訊かれたら、「夜起きている人」と答える（笑）。オオカミとかオポッサムとかみたいな夜行性なんじゃないかな。夜働いて文句を言われない仕事をやりたいとずっと思っていたんです。こういう仕事をやっていて、みんなに褒められて（笑）。だから幸せなんだよ、本当に。でも、いまだに人類ってどれが一番いいか証明されていないよね。昔辛かったのは昼間に銀行に行くこと。だって、起きるのが二時だから、駆け付けなきゃいけないわけだから。今はそういうのがないから、時代が僕に追い付いてきているのかなって（笑）。

宇田川　実際に何時頃から仕事を始めるんですか。

五味　だいたい夜の一時、二時過ぎたらパチッとしてきて、朝六時ぐらいまで起きていることもありますよ。早朝のテレビ番組なんかを観てから寝たりとか。二九歳頃のしんどい時に、夜になって絵本を書いたら気分が穏やかになって、それが絵本との出合い。それから夜に作業するのが好きになったんです。物理的には年食って指や背中が痛くなるし、目がチカチカしてくるし、お尻も痛くなる。人に「結構お忙しいですか」と訊かれたら、「はい、そうです」と答えるし、「暇そうですね」って言われたら、「はい、暇です」と答える。「よく寝てますね」って言われたら、「はい、寝てます」って返答したり。わがままな体質に忠実に生きているからハッピーであるんだろうね。

宇田川　絵本やエッセイなど四五〇冊くらい出版していますが、仕事も速そうだし、いったいアイデアの源泉はどうなっているんですか。

五味　アイデアとかじゃないんですよ。僕にとって絵本を作ることは、もう暮らしだから。ただ得意なんだと思う。「こういうのが好きなんだもん」って、ただそれだけの話。「楽《らく》」と「楽しい」って一緒の漢字で表すでしょ。つまり、楽しくやるってことは楽にやるってこと。僕にとって絵本を作るのが一番楽なんだ。描きたいと思ったらいつでも描けるくらい、暇にしておきたいね。だから続けている。「楽なほうに行け」っていうのが五味家の伝統でもあるんだけどさ（笑）。夜、作業していて、「これいいな」って誰かに見せたくなると、それが気持ちのピーク。で、そのついでに「暇だから文でも書いてみるかな」という感じ。できたものを編集者に渡すと、「はい」と持って行っちゃうからつまらないじゃない。そうするとやることがなくて、テーブルのところに何もないからまた書き始める。それで気が付いたら四五〇冊くらい書いていたというわけ。殴られてもいいけど、絵本を作るのは本当に簡単なんだもの（笑）。

宇田川　構想してから書き上げるまでの時間は？

五味　まったく決まりはない。今までの記録は、思い付いてからできあがるまで六時間。五年もずっと放っておいたアイデアもあるけど、順調にいけば約一週間。一日一枚ずつ絵を描きながら考えていくのが好きだけど、うまくいけば、描きながら、主人公がどうしようこうしよう、でも物足りない、じゃあ一ページ増やしましょう、なんて感じの一週間。だから、雑誌のページが飛んじゃった時など、困った時は五味さんにってていうのが業界にあって。絵を描くのが速いっていうのはあるよね。同じように料理をうまく作る人も仕事は速いよね。魚の煮付けなんて下手したら三時間も煮ているのかと思ったら、一〇分もかからないぐらい。

宇田川　五味さんは小さい頃から、ともかく人間を見ることが好きだった。昭和二〇〜三〇年代の町の商店街にはいろんな職業の人たちが働いていた。たとえば、今川焼や駄菓子屋のおじさんやおばさんとか、そんな人たちの動きをずっと見ていたそうですね。

五味　大人の立派さを見ているわけでもなく、批判しようと厳しく見ていたわけでもなくて、ただそこにいるから見ていたの。結果、人間のバリエーションを見ていることになったんでしょう。今でも、その時の佃煮屋のおばちゃんがどんな模様の洋服を着ていたかとか、細かくビジュアルに覚えているから、イラストを描けと言われたら全部描ける。お惣菜屋がどんなレイアウトだったか描ける。たぶん思い出というのはそんなもんでしょう。中には違うという人もいるけれど、彼らも心に残ったものを風景として全部覚えているはず。なるほど考えたら、僕はそういう性質なんだとあと付けしたんだよね。今は大人のバリエーションが、すぐ厭きてしまうくらい少ないような気がする。

団結しない、仲良し家族

宇田川　数々の絵本を出版している五味さんの、少年時代の家庭の食卓風景に興味があります。五味家の家訓「自己中心」通り、食事もてんでんバラバラに食べていたそうな（笑）。

五味　家訓というのはジョークで言っているんだけど、基本的に家族は団結しないでみんなダラダラしていて、無理無理にまとめ上げようねっていう波動が全然ないわけよ（笑）。僕もそうだし、そんなの幻想だと思っているもの。日本人は団欒という言葉が好きでしょ。でも我が家は違ったな。鍋を囲んで一家団欒なんていう風景はほとんどなかった。みんなで一度だけ団結して温泉に行ったことがあるけど、帰りに親父が、「もう、これで終わりでいいよな」って言うから、全員揃って「いいよ！」（笑）。そういう家庭で育ったから、あえて食卓を囲まないとまずいなんていうことはなかったんです。「ご飯だよ」って言われても、誰かが遅れたら、遅れているんだなぁってことで終わり。親父がウロウロやって来ても、みんなが食卓に揃うこともないし、ただ食べているという程度のゆるい家庭だったんです。かといって仲が悪いわけじゃないよ。「親しい人にも礼節を」っていうのは、祖父くらいからの伝統だしね。

宇田川　五味さんは喋りの達人と言われているけれど、大学でイギリス文学を教えていた父上も結構喋る方だったんですか。

五味　いや無口だった気配もあるけど、おふくろは、親父はゆっくりだけど結構よく喋るなんて言ってましたね。ただ、人の話を「うん、うん」と聞いていて、なるべく早く終わらせようとしていた節がある。だから、他人が我が家の話に入ってくるのは大変だったんじゃないかな（笑）。

宇田川　昭和二〇～三〇年代の食卓と言えば、家族みんなが集まる唯一の重要な場所。ちゃぶ台を囲んで、せめて一日一度はみんなでガヤガヤ言いながら食事をしていた。

五味　確かに重要な場だったでしょう。我が家の構造も少しモダンになって、ちゃぶ台がテーブルに変わったあとでもおふくろとはよく喋っていた。喋りつつ、「またお茶いれようかしら」なんて言いながら、「学校遅れちゃったわね」「まあいいか」とかそんな感じだったんですよ。親父とも別の時に喋ってましたよ。

宇田川　母上は積極的に料理を作りましたか。それともあり合わせで済ませちゃうタイプ？

五味　そう考えるのは大間違い（笑）。積極的に作るとか作らないとかじゃなくて、昔は作らなきゃいけなかったんだよ。だって日本中が飢えている時代だったから、食べられれば何でもいいわけ。食べられるだけで幸せじゃんという感じで、選択の余地がないの。町には惣菜なんてあんまり売ってなかったんだから。でも、食べなきゃ餓死するじゃない（笑）。それでも積極的に作らない大胆なおふくろだったから、代わりに姉や親父が作るとかさ。おふくろも作る時はスピーディーだし、チャッチャッときれいに作る。おふくろは弁当をすごくきれいに作るわけ。卵焼きとかを入れてカラフルに。中学から男子校だったから、男の子っぽい弁当を作って来るヤツがいる。たとえて言うなら海苔弁なんだけどさ。そんなのがいいなと思って、おふくろに男らしい弁当を作ってくれと頼んでも、彼女のプライドが許さなくて、そんなのわからないから自分で作りなさいと言われて、自分で海苔弁を作ったり。おふくろは今も九〇歳で一人暮らしでいるけど、「料理なんて簡単なのよ」ってサッサッと作っちゃう。昔からそんな呼吸は変わらないみたい。まあ、うちはバラバラだったから、親父がトーストにバターを塗っている横で、誰かが味噌汁を食べているというような家族。

モボ・モガの正統なる嫡子

宇田川　当時としてはかなり風変りなマイノリティ家族ですね（笑）。

五味　うちの親父とおふくろは、モボ・モガをやっていたわけ（笑）。青春時代に大正ロマンチシズムをやっていたの。たしか僕が高校生を過ぎたくらいだったか、昔の写真を見ていたら、「あららら—」って感じでそういう写真が出てきた。「これ誰？」っておふくろに訊いたら、「私よ」って（笑）。肩パッドが入っていて、タイトスカートがちょっと長めで、親父はソフト帽なんか被って靴をピカッと光らせて、二人とも断然格好良かったよね。親父は明治四四年に生まれて、若い時分がちょうど昭和のモボ・モガの頃。だから「松本楼」とか「資生堂パーラー」とか、今の「明治屋」なんかで飯を食ったりしていたわけ。だけど両親は、お前なんか連れて行ってもしょうがないと。僕を導こうなんて気が全然なかったからね。でも、結果的にそれが良かったんじゃない。だから、彼らとは最初から戦えない、不戦勝なわけよ（笑）。

宇田川　モボ・モガの正統なる嫡子ですか（笑）。当時の最先端でファッショナブルな不良少年少女だったわけだから、確かに戦えません。モボの憧れの男はバレンチーノ（ルドルフ・バレンチーノ。一八九五〜一九二六。サイレント時代のアメリカ映画界で活躍したイタリア出身の俳優）。その頃、ヨーロッパの生活文化が東京の生活の中に入ってきたんです。でも、地方はモボ・モガってだけで石持て追われる立場だったらしい。奇妙な文化ですね。

五味　気持ち悪いしね、実際は（笑）。当時のすべての文化の中心は「丸善」（明治〜昭和期の日本における西洋の文化・学術紹介に貢献した）。不思議と言えば不思議な時期だよなぁ。銀座辺りから日比谷公園界隈を闊歩するような暮らしがあって、何かの折にはレストランに行ってたんでしょう。だから、家庭には和とか洋とかあまり区別がなくて、食べるものも、洋食にしても中華にしても、そういうのが割と平均してあった家。地方だと、「洋食といえばトンカツだよね」みたいなのがあるでしょう。そういうのはなかったね。子どもの頃にはトーストと紅茶の朝飯を食ったりしてたかな。

宇田川　家にはオルガンやオーディオ、オーブンやコーヒーサイフォンが置いてあったりするモダンな家庭だったし、両親はモボ・モガだったから、とっぽい少年になったとか（笑）？

五味　とっぽいのは僕の責任じゃないよ（笑）。親父はコーヒー好きだからね。化学の実験みたいにアルコールランプに火をつけて、しばらくじっと見ているみたいな。自宅の構造が和風の家だったから、今から思えばそのミスマッチングが楽しい。あえてモノ的に言うと、トーストにバター、コーヒーみたいなことになるかもしれないけど、精神的にはそうなんだと思うよ。つまり、自己中心とは言わないけど、大事なのは自我なんだよね。自我があっての社会なんだよなと思うわけ。それまでは社会があっての自分という意識があって、その時代から自分があっての社会なんだよねっていう感覚が入り始めた。まあ、日本では個人主義はあまり花開かなかったけど。むしろ個人主義は、否定的な悪い意味で捉えられていたわけ。うちの親父とおふくろは、割とのんびりしていたから、個人主義的なものが中心になっていたんではないだろうか。

宇田川　モボ・モガは西洋文化のイミテーションだから、どこかに割り切れない感情を持っていたと思います。五味家では洋間じゃなくて和室みたいなところで、母上はモーツァルトやシューベルトとかを聴いていた、当時としては極めて珍しい家庭。

五味　親父はそういうのはあんまり聴かなかったけどね。歌舞伎が好きで落語をよく聴いていたんですよ。古今亭志ん生とかね。だから家庭という形の中では当然、和洋折衷みたいな変なことになるわけ。親父は大学でシェイクスピアを教えていたけど、歌舞伎も近松門左衛門も面白いよと。僕の、物事をパラレルに考える癖は親父から引き継いだものかもしれない。一種の文化の散らかし方を、彼から学んだ気がする。

宇田川　今では想像できないそんな文化があったんですね。VAN創業者の石津謙介は岡山の紙問屋の息子で、のちの夫人となる女性と地元でモボ・モガをやっていた。でも、家では大好きな落語を聴いていたという。

五味　我が家は「ねばいけない」っていうんじゃないんだよ。自然にいいとこ取りをしていたんじゃないのかな。

宇田川　マルセル・プルーストの〝紅茶にマドレーヌ〟の話（著書『失われた時を求めて』で、主人公が熱い紅茶にマドレーヌを浸して食べた瞬間、忘れていた過去の記憶が甦ったという話）は有名ですけど、五味さんにとって少年時代を想起させる紅茶とマドレーヌに匹敵するものは何ですか。

五味　夏になるとおふくろが作ってくれた、ミカンの缶詰を固めたみたいなものが懐かしいね。ある時、人に作ってもらったらすごくガリガリしていて驚いたけど、あの時はうまかったんです。寒天を使ったのかゼリーだったのか思い出せないし、決して原点というわけじゃないけど、切ない思い出ですね。同じように、「あの時に食べた竜田揚げ」とかあるじゃないですか。でも、できれば戻りたくない味だよな。ほかにもエッセイで書いたけど、ミルクティーの思い出とか。ある日、女の子のうちに連れて行かれてミルクティーを飲まされたわけ。自宅に帰ったら、おふくろが洗濯物を干していて、雰囲気として「じゃあ、そろそろお茶にしましょうか」って感じで、おふくろと僕が縁側に座って紅茶を飲んだ。でも、うちの紅茶はミルクが入っていない澄んだ紅茶。女の子のうちのミルクティーはお菓子に近い感覚だったのだけど、その澄んだ紅茶の感じが印象に残っている。うちにはほうじ茶、番茶、紅茶っていうのが並行してあって、選択できたの。別に気取るわけでもなくて、日常の中に、緑茶もほうじ茶も、番茶も紅茶も、そして時々コーヒーがあってというのが、やや象徴的かもしれない。ミルクティーは色がきれいじゃないから好まない。紅茶はガラスの食器で飲むほうがいいよね。

宇田川　深夜の仕事で疲れたら紅茶とかコーヒーとかを飲むんですか。

五味　酒を飲まないから飲みますよ。インターバルに楽しくコーヒーをいれたり、紅茶をいれたり、緑茶をいれたり、その時その時で変化する。

宇田川　紅茶やコーヒーという西洋文化を取り入れながらも、緑茶や番茶を残すというのは和洋折衷の証なんでしょう。

五味　ところで、日本で不思議だなと思うのは、僕たちが食っているものをわざと「和食」って言うじゃない。日本には中華もフランス料理も、アメリカっぽい料理もあって、なおかつほかにたくさんの料理がある中で、日本っぽいのをあえて「和食」と言う感覚。そうすると、全部がディスプレイされているようなものになって、その中から選ぶって感じになっちゃう。ではいったい、普通に食べるものを何て呼ぶのってなるわけ。「和食を食べる」と言ったら気持ち悪い。つまり、料理の世界が乱れちゃって、ドルが機軸通貨であるのと同じような、機軸食品がないんだよね。一般には、日常的に食っているものがまずあって、今日は変わったものを食べましょうという流れで、インド料理とか中華とかが出てくるのなら話はわかる。でも、わざわざ「和食」

という言葉を使わざるを得ないのがおかしいと思うんだ。

名曲はないけど名演はある

宇田川　人間の好き嫌いの感情や距離感は、小さい頃からあまり変わらないってお書きになっているけれど、食べ物に対する好き嫌いに関しても変わらない？

五味　変わらないでしょう。食べ物どうのこうのって話は趣味の域でしょう。僕は割とニュートラルな位置でいたいから、食べ物の好き嫌いというわがままも、あえて表現したくないなという感じがある。でも話は簡単でさ、食べ物はまず、うまいかまずいかでしょ。だから、あんまりうまくないけど、我慢して食べるっていう話はないと思う。それから単純に言うと、腹が減ったら何か食いたいとなるでしょう。そういう時に必要なのは、やや古典的な言い方だけど、肉体だなぁと思うんだよね。要するに、うまいものがあるんじゃなくて、〝うまく食べる体がある〟ってことが大事だよね。ジャズの名言で言えば、「名曲はないけど名演はある」。同じように名食品なんてないの。世の中の食べ物で何が一番トップなのかわからないけど、たとえばフォアグラとかでも、うまく食える体がない限り、何の意味もない。割と好きなのは、くだらないものを「うまいな」って思って食える状態ですね。

宇田川　なるほど、フォアグラもキャビアも所詮はただのモノですからね。

五味　むしろ体には最悪の食品にもなるからね（笑）。だから、本当に腹が減っていて、体の油が今まさに切れているという時にあれがドーンと出てきて、「これはうまいよな」っていう風に食いたいよね。ほかに、シェフが一生懸命に作ってくれたものに出合えるのは人生に五、六回、つまり一〇年に一回ぐらいしかない（笑）。今でも覚えているんだけど、昔、本当に寒い時にスキー場に行って、友達が汽車で来るのを待っていたの。だけれど到着が遅れてて、足がジンジンというよりは固まってきたような時に、向こうに湯気が出ていて、何だろうって近寄ったら立ち食い蕎麦。こちらはまだ高校生の頃。そこのオヤジが蕎麦に揚げかすをバッと入れて、それを子どもたちが、ワーッと湯気が立ち込める中で食っている。その時、「いやー、生きていて良かった」と思ったわけ（笑）。安いし、どんなだしを使っているか関係なく、うまいなと。食べているうちに足の辺りがジワジワ暖かくなってきてさ。ほかにも昔、新宿駅前の「二幸」というショッピングセンターで、生まれて初めて外国産の干し肉を見たのよ。まあ、コンビーフの乾燥したみたいなもの。当時僕は高校のワンダーフォーゲル部。その干し肉をいい加減に作ったスープで茹で戻すと、普通の肉みたいになって。その食べ物はよく覚えていますね。

宇田川　五味さんは小学生の時は園芸部だったそうで。校庭の隅で野菜とか豆を作っていて、

青春時代はワンダーフォーゲル部に所属していたから、山を歩きながら料理を作っていた。食べ物とのからみは続いていたわけですね。

五味　やはり時代だと思う。小学校の園芸部といったって、教師とか用務員さん、正体不明の兵隊帰りとか、すごい人がいたじゃない。芋を植えたり、いろいろ野菜を栽培していたの。食えるものしか植えてないという園芸部だったな。山に行く人は自分で料理を作るじゃない。だいたい煮てしまえば大丈夫だけど（笑）。キャンプ料理は嫌いじゃないけど美味しくない。お腹が空いているから美味しいだけで。ヘミングウェイの文章は料理のところだけ面白いけど、ほかは全部つまらない。たとえばハムの脂がパンに染み込んだやつとか、キャンプ料理に関してだけは最高。

宇田川　それにしても、いろんな条件がうまくかみ合って一〇年に一度ですか（笑）。

五味　それにはいくつか条件が整っていなければいけないから、うまいなぁっていうのが連続していけば幸せだね。うまいが連続していくんじゃなくても、たとえば今日の朝は温かいうどんをパッと茹でて食べてみようかなとか。それに鴨が入っていればベターだけど（笑）。朝の五時ぐらいにそんなのを食べて、午後はバタバタして、ちょっと小腹が空いてきたら手間

暇かけたものを食べるとかさ。だって個人個人の体には事情があるわけで、朝、食いっぱぐれる人も、たっぷり食っちゃう人もいるわけだし、そんな時は昼飯で調整すればいいわけ。今日はそんなに食欲がないから少しだけ食べるとか。そういうようなことを細かくやっていく発想がまったくないんだよね、今は。その自由がまったくないところで、食べ物文化なんかが注目された。自分で工夫しながら、それなりに食べていくという楽しみがなくなっちゃったと思いますね。

産業化されない面が魅力

宇田川　レストラン情報とかを探して、世間で美味しいと言われる店にわざわざ出向くことはありませんか。レストランに一人で行くってことは基本的にないとか？

五味　僕はこう見えても引きこもりだもん。特別外に行く理由があれば食べに行くけど、わざわざ遠くまで行く感じではないですね。だからレストラン情報もほとんど興味がない。「いい感じでお腹空いたね」っていうのを大事にすると、美味しいレストランの前にいるわけがないの。予約してまで食べたかないよね。その時にピタッと腹が空くって保証は何もないじゃない。予約というシステムに体を合わせるのは辛いよね。

宇田川　そのタイムラグの中で意気消沈しちゃうこともあるかもしれません。だけど、世間との付き合いや人間関係で、どうしても予約しなければいけないこともあるじゃないですか。

五味　予約というシステムは、今の産業資本主義的な形の中では成功していないんだよね。つまり、予約を取ってシェフが用意しなければならない。あるいはそのためのローテーションとして食材を冷凍しておかなきゃいけない。食べ物で商売っぽくいこうと思っている気持ちはわかるけど、本来食べるということとズレているんだろうなと思う。だから、外食産業としては美味しいレストランは必要ないと思っているの。仕方ないから、ファストフード的に簡単に食べられればいいという人がいるけど、理想としては自分の家にシェフを雇うのが一番いいと思うよ。

宇田川　贅沢だけど感動的な提案ですね！

五味　今はそれをレストランが代わってやっているわけでしょう。でも、シェフはフリーランスで働いたほうがいいと思う。昔の芸人さんみたいにね。うちの叔父貴なんてそんな金持ちじゃなかったけど、落語家をよく自宅に呼んでいたもの。普通の家の八畳間と八畳間を繫げて、鍋なんかを食べながら宴会しているうちに、「こんばんはー」なんて芸人がやって来る。お座敷がかかる。芸者なんてのは来なかったけど、芸人さんを家に呼ぶなんて素敵な文化だと思う。

宇田川　今は何もかも産業化されてしまって、それに人間が合わせなくちゃいけないから辛い面がある。

五味　確かに食べ物は産業だけど、実は産業化されてない面が魅力なんだよね。店によってはシェフがフロアまで出て来るような、いいバランスを取っている店が外国には結構あるでしょう。イタリアでもそうだし、ニューヨークでもイタリア人がシェフのレストランに行くと、「どうだった?」って手を拭きながら出て来てくれる。あれはご馳走だよな。オーダーを取ってから、別の係がやって来て、「あのねミスター、それとこれは同じビーフだから」「じゃあ、これに変えようか」とか。ニューヨークの真中にある有名な店に四回くらい行ってね。「今日のはどうだった?」って訊かれたから、ちゃんとしたこと言わなきゃいけないでしょ。だから、通訳さんに「これはしょっぱ過ぎる」と言ってもらったら、「うーん」と唸って(笑)。そうすると面白いことに、「悪かったから、ワインをもう一本」って持って来るわけ。まあ、会計には入っているんだろうけどね。でも、しこたまお金を取るけど、しこたま楽しくするっていうのが産業なんだね。これを日本でやると、シェフの頬の辺りがピクピクって(笑)。

宇田川 あざといやり方が透けて見えちゃう(笑)。産業化とか言いながらも食べ物商売だから、多少なりヒューマニズムがないと困ります。店の在り方はアメリカ型とヨーロッパ型があってタイプが違う。ホテルなんかがそうで、フランス型だと大きなホテルもあるけれど、主にプティ・ホテルだから支配人の目が行き届いている。レストランも同じで、高い店でも、「どうだった、美味しかった?」って最後にキッチンから出て来ることもある。昔、パリで唯一フロアに出て来なかったのがジョエル・ロブション(「フレンチの皇帝」とも称されるフランスの有名シェフ)。彼は絶対に出て来なかったですね。

五味 いや、出て来なくてもいいヤツもいるけどな(笑)。いかにもうまい料理を作るなという見かけがあるわけ。忙しそうで、ウェアが汚れていて、ちょっと脂ぎっている感じで(笑)、手を拭きながら、あちこちのテーブルを歩き回っているようなシェフ。

宇田川　そういう意味で日本の寿司屋は特別な場所ですね。究極のレストランの一つのスタイルでしょう。

五味　そうだよな、オープンキッチンだもんな。寿司屋は屋台の発展形、さらに言うと箱に入れて売る「売り屋」さん。マンツーマンのスタイルだから、親方の人格ですべて決定する。いい店と嫌な店の差が大きい。僕が好きな寿司屋は、あんまりベラベラ喋らないで、食い物に対してはっきりしているタイプ。親方に今日のネタを任せられるところがいい。こっちが何を食いたいかっていうのもあるけど、割と途中でどうでも良くなっちゃう（笑）。初めは絶対アナゴとかを頼むけど、途中で特に食いたいものがなくなるから、任せるほうがいいじゃない。そういう客の好みをすぐわかる職人がいいよね。

宇田川　目の前で職人がひと言ふた言喋ると、その人の器量とか裁量とかがある程度バレちゃうこともある。

五味　そう。ダメはダメだよな。タクシーと同じで、ずっと喋りっ放しの変なタクシーに乗っちゃう悲劇があるじゃない（笑）。寿司屋でも基本は職人の天性だけど、中には有名になったことを鼻にかける嫌なヤツもいて、格式とか何とか言ったり。まあ、最後は客が悪いんだよなと思うわけ。客が成熟していない。プロ野球だって相撲だって、最後はお客さんの責任だと思う。国内外でサッカーの試合をよく見るけど、日本の観客は本気で見てないもの。ヨーロッパではイタリア、スペイン、イギリスでサッカーを見ているけど、日本人はサッカーをやめたほうがいいと思う。向こうの観客はすさまじいよ。そこにいるだけで幸せっていう言い方は違うかもしれないけど、「すごいもん見たな」っていう感じ。一〇万人も入るスタジアムの興奮の中で、ヘトヘトになるもん。スペインでは、さすがにお酒は飲んではいないけど、コーラとかプラスチックのコップを持っていると、ブーイングや歓声でコップが本当にビーって震えるの。そのぐらいの中で彼らは九〇分戦っているわけです。

宇田川　それに比べたら日本は静かですか。

五味　静か静か。ビーっていうのがないし、そもそも客が悪いんだよ。

命がけで食う文化

宇田川　日本は実にさまざまなジャンルに大勢の評論家がいて、一億総評論家なんて揶揄されることもあります。食やワインの評論家が蘊蓄《うんちく》を語っている姿が、なぜ卑しく見えるんでしょうか。

五味　そのことで豊かになろうと思っているからですよ。食やワインに触れることで、西洋風のものを手に入れることで、自分を豊かに見せようと思ったところが、すでに卑しいわけ（笑）。そういうのは自然に時間を待つしかないんだけど（笑）。うまいものを食うというより、うまく食うということを大事にする食文化がない限り絶対に無理。そういうものを寿いできた人間とは差は出てくるよね。

宇田川　ブリア＝サヴァラン（一七五五〜一八二六。フランスの法律家・政治家。『美味礼賛』を著した美食家として有名）の、「君がどんなものを食べているか言ってみたまえ、さすれば君がどんな人間であるか言ってみよう」なんて文言は信じませんね（笑）？

五味　実に嫌な男だね（笑）。当ててもらって全然構わないと思うよ。間違いなく、割と勝手な男とか、自己中心的なんだとかわかると思う。

宇田川　五味さんは名店とか美味しい店に一度も並んだことがないんですか。

五味　みなさん予約してくださるじゃないですか、残念なことに（笑）。税理士さんが言ってましたよ、「もっとお金を使わないとダメですよ」って（笑）。別にキザな話じゃないし、半分は本当なんだけど、たとえば外国に仕事で呼ばれて行くと、招待側が飛行機代とか出してくれちゃうじゃない。レストランだってみんなご馳走してくださっちゃう。そうすると「いやー、うまかった」なんて言わなくちゃいけないじゃないですか（笑）。

宇田川　子どもたちに向けて絵本を描く時に、「食べる」というのは人間の基本的な行為だから、当然しつけとかの話が出てきますよね？

五味　昔、『みんなうんち』っていう絵本を描いちゃったのね。あの本が世界十数カ国で出版されて、累積で二〇〇万部ぐらい出てるわけ。だからもうあの視点には戻れない。でも、まだ食べ物のことを描こうかなとも思ってるんだよね。食べるってことがあって、最後にはうんこが出てくるから、サヴァラン先生が言うように「うんこを見れば食べ物と人格がわかる」よね（笑）。

宇田川　これらの喩えはいくつもあって、「キミの友人を紹介しろ、さすればキミがどんな人間か当てよう」とか「書斎を見せろ、さすればキミがどんな人間かわかる」とか、永遠に続きそう。

五味　たとえば、らくだはうんこしてないわけよ。うんこするほどろくなものを食っていないからさ。ラクダから出てくるのは、一〇〇％消化した植物の芯みたいなもの。らくだのうんこを集めたら燃料に充分使えるっていうぐらい、体内で摂取し尽くしている。本当は人間もこうありたいんだけど、これほど過酷な状態にはいないから、俺たちいっぱいうんこしちゃうよね（笑）。人間はうんこの量がすさまじく多いんだよ。

宇田川　食べ物がうまかろうがまずかろうが、最後は糞尿になって排泄されちゃう。民族によって糞尿の量や臭いも変わってくるでしょうね。たとえば、ヨーロッパの不毛地帯で戦って食料を手に入れてきた民族と、五穀豊饒の瑞穂の国で貴族なんかが風流に和歌を詠んでいた民族とでは。

五味　そうだろうね。昔の中国の皇帝や貴族なんかはすさまじくて、今で言うグルメの究極みたいなことをやってきたわけじゃない。あの頃は暇だったってこともあると思うけど、食いたいっていうすさまじい意志があって、食材を探し尽くして作った。もっとうまく食べるにはどうしたらいいかと結構命がけで。ガチョウの中にカモを入れて、そのカモの中にハトを入れて、三層にして食べるとか。うまいものの中にうまいものを入れればうまいだろう。そしてどうやったら美味しそうに見えるかとルックスも考える。意外とくどいだけでうまくないんだけど（笑）。何かうまいもんないかなっていろいろやっていて、命がけで料理を作っていた一つの文化が続かなくなって、結局、ラーメンが勝ったわけだ。

宇田川　中国の場合は、そういう料理のレシピは民族の遺産として残っているわけですか。

五味　そうじゃないけど、そういう腕を持っている職人さんがいるわけ。どの皇帝の時に何を作ったとか書き残されたものがあるから、それを見れば料理を再現できる。日本にも『玉子百珍』（江戸時代に出版された料理本で、一〇三種類に及ぶ卵の調理法が紹介されている）があるでしょう。あれの分厚いのが地方地方にあるの。何しろ食う浪人みたいなのがいたんだよな。食いながら歩いて、時々詩を詠んだりして。たとえば魚料理ならどこそこの何とかという料理人のがうまいというので、みんなで食べに行く。そこに二カ月ぐらい滞在して、食うだけ食って、また旅に出る。そういうことを中国はやっていたんだよね。今の中国とは全然違うものが昔はあった。フランス料理もそんな時があったと思う。それに比べたら、日本人は基本的に食欲はなかった。芭蕉なんかの連中が食べてた料理を見ててもわかるよね。

宇田川　戦闘で食べ物を獲得してきた肉食系の民族に比べたら胃が弱いんでしょうね。

五味　みんな胃が弱いな、確かに（笑）。だから理屈のほうでいくよね。内田百閒なんてのを読むと貧しいなって思う。遊ぼうっていう気分は残っていると思うけど、食べられればいいって感じでしょう。殿様なんかくだらないものを食っていたと思うよ。見栄えはきれいだろうけど、たいした料理じゃないでしょう。運動不足だろうな、殿様は（笑）。そのために「エイ！」とか剣術をちょっとやって、お腹を空かせていたわけじゃない。

宇田川 日本人は今も昔も大食いじゃないし、基本的には体にいいものを食べたいという意志を持っていると思います。それに食べ物も含めて欧米に追い付き追い越せなんてもう無理だとわかったから、みんな疲れちゃったんです。

五味 最近は玄米がブームじゃないですか。「お前ら、先祖たちがやっと頑張って白米にしたのに、今さら玄米を食うのか」と思うけど。一〇〇回噛めって言われても疲れちゃうよね（笑）。まあ、僕は普通に食べていても生まれつき太れない体質。調子が悪くて太った頃もあるけど、高校生の頃から同じサイズのズボンをはいていて、本当に変わらない。

宇田川 さて、明日地球が滅亡するとしたら最後の晩餐は？

五味 見栄を張ろうと思わないからさ（笑）。明日が滅亡とか、死ぬ前の最後の何とかって言っても、死ぬのがわかっているのは、たぶん処刑される時ぐらいでしょう。レオナルド・ダ・ヴィンチの「最後の晩餐」で、キリストは何も食ってないよね。最後の打ち合わせみたいな感じ。死ぬことを前提にものを考えるって、思考ゼロのような気がする。死ぬことを考えることと、実際の死とは全然関係ないじゃない。だから前提としては、今日でもう食べ物は終わりですよと言われるより、自由に食っちゃいけないんですよと言われるほうがいいよ。

宇田川 五味さんは江戸っ子だから蕎麦や鰻が好きでしょう？

五味 お蕎麦は大好き。天せいろってちょっと豪華じゃない。みんなで中華料理を食べて、お腹いっぱいになってご馳走さまのあとでも、せいろなら一枚食える。帰りに、「デザートにせいろ一枚どうですか」って（笑）。鰻も大好きで、肝吸いの付いているのがいいな。よくあるじゃないですか、鰻丼の脇に小さなカツ丼が付いてたり、お蕎麦が付いたりするメニュー。すごくいじましいけど気分はわかる。カツ丼を頼んだ時に隣の人がお蕎麦食べていたら、あっちのほうもちょっと食べたいなって思わない？ ミニっていう感覚がいいよね。

宇田川　最後の晩餐は蕎麦と鰻とのミニミニメニューという日本的な風景。それを堪能して極楽行きですか。

五味　僕はどう考えても極楽行きしかないだろうね（笑）。いろんな意味でこれだけ貢献しちゃったじゃない。でも、地獄のほうが面白いだろうって思ってる。地獄の池で一回泳いでみたいし、やらないけどさ(笑)。極楽は裏で必ず悪いことしているんだよね。清らかな国は裏がひどいでしょ。宗教的に清らかな国って道筋四本ぐらい中に入るとドロドロになっているんじゃない。

宇田川　本日はありがとうございました。

二〇一二年四月

対談後記

都下で生まれ育った五味さんの両親は、昭和のハイカラなモボ・モガ。そのせいか和室でモーツァルトやメンデルスゾーンが流れ、サイフォンでコーヒーをいれるようなモダンな家庭だった。家訓も風変わりで、各自が「自己中心」に生きるという諧謔的で反時代的なもの。家族団欒とは程遠く、食卓ではみんながてんでんバラバラに食べていた。そんな環境が五味さんの価値観の根本を築いたような気がする。「仕事を始めてからこの人生、問題を起こそう、波風を立たせようとやってきた」と言う。日本の管理社会や教育制度に対するユニークな舌鋒鋭い批判は痛快だ。私も異才・五味さんのファンである。

4

佐藤可士和

創造の原点「前提を疑え」

佐藤 可士和

さとう・かしわ　一九六五年、東京都生まれ。アートディレクター・クリエイティブディレクター。多摩美術大学グラフィックデザイン科卒。博報堂を経て二〇〇〇年に「サムライ」設立。活動のフィールドは企業広告、プロダクトデザインから大学や地域産業、町のブランディングなど多岐にわたる。ニューヨークのユニクロ旗艦店立ち上げを皮切りに、同社のグローバルブランド戦略を統括するほか、「カップヌードルミュージアム」を総合プロデュース。東京ADCグランプリ、毎日デザイン賞ほか多数受賞。慶應義塾大学特別招聘教授。著書に『佐藤可士和の超整理術』『佐藤可士和のクリエイティブシンキング』など。最近お気に入りの食べ物は、兵庫県芦屋市「トラットリア・ラ・バラッカ」のアクア・パッツァ。

土に触れる

宇田川　佐藤さんが農業にかかわるようになったのは二〇〇八年ですが、どんないきさつがあったのですか。最先端の仕事をしている佐藤さんと農業のイメージがそぐわないような気もしますが（笑）。

佐藤　友人に千葉県にある貸しファームを紹介されたのです。子どもが一歳の頃に訪れました。真冬だったにもかかわらず、気持ちの良い空気と土の香りに満たされた素晴らしいファームというのが第一印象でした。それから週末農園みたいなことをやり始めて、面白くてだんだん興味が出てきましてね。そこで採れた野菜なんかを食べたりすると、驚くほど味が違っていてびっくり。近頃、僕と同じぐらいの年頃のクリエーターの仲間も、「男の料理をやろうぜ」となってきていて、みんな少しずつ食べ物や料理に興味を持ち始めています。みんなから、「可士和さん、食べ物や料理にすごく向いていると思うよ」と勧められて。僕の場合、一回でもかかわり始めると、ガーッと深く入り込んじゃうタイプなんです（笑）。

宇田川　農業と言うと、ちょっと堅苦しい言葉のような気がしますね。

佐藤　確かに農業と言うと職業みたいで違和感があるから、僕は土いじりと言ってるんですけどね。喩えて言うのは、釣りをやっている人のことを漁業をやっているとは言わないでしょう。だから、僕は貸しファームはアグリライフと呼んで、「農のある生活」みたいな言い方をしています。そっちの言い方が感覚としてしっくりくる。

宇田川　初めてのファーム体験はどうでしたか。

佐藤　僕は東京の練馬生まれなので、近くに石神井公園があったり、家の前がキャベツ畑だったり。だから、小さい頃から畑で遊んだりしていましたけど、今の子どもは東京の真中で生まれ育っているから、畑なんかに触れる機会は滅多にないなと思っていた矢先だったんです。だから、漠然と求めていたこととヒットしたわけです。子どもが自然の中で、素手や素足で土に触ったりする経験はいいだろうなと。それでファームの見学に行ったのですが、コンセプト的にも素晴らしいなと思って。ともかく、無理のない範囲でアグリライフを楽しめばいいと。全部任されてやるとヘビーになってしまうし、また仕事みたいになっちゃう。あとはサポートしてあげますよという考え方、そのポリシーに共感しました。

宇田川　子どもが生まれる前は、一般に都会に住んでいると農にかかわらない生活を送っているわけですが、やはり潜在的な欲求はあるんでしょうね。子どもにとって土とのコミュニケーションは？

佐藤　印象的なのは子どもがものすごく楽しそうだったことかな。僕自身の場合も、小学生の頃に目の前の畑で遊んでいた感覚が甦りました。農業用水になっている、ちょっとした小川みたいなものがあるし、水を撒けるので子どもは泥だらけになって遊ぶ。放っておいても、ずっと友達同士で仲良く遊んでいる。都会生活の中で何時間もそういうことをやるのは不可能でしょう。公園でもあまり水遊びとかはできない。怒られちゃうじゃないですか。ビショビショにしちゃったりすると文句を言われて。こういうところはほかにないと思うので良かったです。

宇田川　都会での仕事から土いじりというアナログ的世界へ移ると、インスパイアされることはありますか。

佐藤　ありますね。ファームに行ったりすると、その夜はよく眠れるんです。何ていうか感覚が一回リセットされる感じがするわけ。ずれていたチューニングがまた正常に戻るような感じがあって、それが僕には心地良かったですね。

宇田川　私なんかは相当都会ずれしているから、一生そういう機会が訪れることはないと思う（笑）。普段、仮にデジタル的世界でバーチャル的に生きている人間にとって、土をいじったりフィッシングするというのは、土との戦いであり、魚との戦いであるわけだけど、かなりリアリティのある世界を味わえるものですか。

佐藤　まさにリアリティを感じられますね。都会で普通に生活しているのは、いわばリアルな世界に生きているということです。その感覚をより純化された状態で経験できるのが土いじりだと思います。純化というのはある意味で非日常的なことですが、実は日常って、非日常でないと逆に感じられないような気がする。僕の普通の生活からすると、土いじりという非日常的な経験をすることによって、自然の中の土という物質的なもののリアリティを感じられるのだと思います。

宇田川　リアルな世界とバーチャルな世界とでは、当然得られる情報の質と量に差があるでしょう。情報はどちらから得られるほうが多いですか。

佐藤　ネットなどで簡単に情報が入手できる現在だからこそ、リアルな実体験を通じて発見したり知ることが大切だと思う。しかもそのほうが情報量が圧倒的に多いし、説得力があります。僕がアグリライフを始めて、一回雑誌に出ただけですごくインパクトがあったらしく、新聞、テレビや雑誌などのメディアに取材された。一時期は農業取材のほうが増えちゃって（笑）。「なぜ今、農業なんですか」といろいろな人から質問されたり、さまざまなところに呼ばれて話をしている間に、僕のほうもどんどん詳しくなっていく。なるほど農業問題とはこういうことだったのか。食べ物のことから雇用の問題まで、食にまつわる環境の中で全部繋がっているじゃないですか。そういう一般的な知識は、今まで本を読んだりして漠然と知っていただけで、特に興味があったわけでもない。でも畑に行って、子どもと一緒に大根なんかを抜いて、ファームで働く専門家の人たちとバーベキューしながら会話して半日過ごすだけで、莫大な量の情報を手に入れられる。実は休耕地のファームが多いとか、日本の農業政策はこうなっているとか、農薬の現状はこうだとか。そんなに難しい話じゃなくても、ファームで働く人たちから話を聞いているだけで、今まで新聞やテレビやネットのニュースで知っていたような知識が、本当の意味でリアルな情報になる。

宇田川　収穫したばかりの野菜は、私たちが日常的に家で食べたり、外食で食べる野菜とは違うフレッシュ感があって美味しいでしょう?

佐藤　一番驚いたのは、採れたての野菜がこんなに美味しかったのかと。初めての経験だったのでびっくり(笑)。たとえば、人参が嫌いな四、五歳の子どもでも、採れたての生の人参をポリポリ食べられる。スポッと抜いて、冷たい水で洗って、皮もむかず塩もかけずに、一本丸ごとかじっちゃう。大根でびっくりしたのが、採れたその場で洗ってスパッと包丁で切って、シャリッて食べたら、梨を食べてるみたいに瑞々しい。でも、美味しいからといって家に持ち帰っても、翌日は水分が抜けて美味しさは半分になっちゃう。人参も抜いた瞬間はうまいのに、家へ帰った翌朝には、ドレッシングとかマヨネーズがないとちょっと一本は食べられない。

宇田川　ファームの野菜を食べると、血がきれいになって体にプラスのエネルギーが回るような気持ちになるとか?

佐藤　土に触ったり草の匂いを嗅いだりしていると、眠っていた五感が目覚めるような気分。血がきれいになるような感じがします。本当に大袈裟ではなくて、野菜の養分がそのまま味わえる。要するに地球の味が凝縮しているようで感激しました。

宇田川　私も以前、雑誌で佐藤ファミリーの初めてのファーム体験記事を読みました。その後、あと追い記事を見ていなかったので、どうしたのかなと思って。日本のマスコミはすぐにケロッと忘れちゃうから、佐藤さんは続けているのかなと(笑)。

佐藤　季節のいい時に友達を誘って、レクリエーションとして野菜を採って、バーベキューして帰って来るぐらいですけどね。ただ、息子の幼稚園の友達がファームに入会したいと殺到して、僕たちが紹介した家族のほうが僕よりもよく行っていたりする。それで、「可士和さんのソラマメ、採っておいてあげましたよ」と持参してくれたり。

宇田川　大人の遊び場としてはなかなか捨てがたい（笑）。

佐藤　ポジティブでパワフルな遊びですよ（笑）。みんなどんどん情報を集めて、ファームの近くで美味しい肉屋や魚屋を見つけて、行きがけに肉を買って行って、ファームで収穫した野菜と一緒にバーベキューで食べたり。ファームも僕が入会した時は始まったばかりだったので、施設はあまり充実していなかった。それが今ではすごい人気ファームになって充実して、宿泊用のロッジもできたし、バーベキューセットを貸し出してくれたりと、便利になりました。

「ちゃんと朝ごはん」家族

宇田川　会社から独立して、生活を夜型から朝型に変えたそうですね。会社勤めの頃はどうだったんですか。

佐藤　もうメチャクチャです。昔は家に帰るのが朝の三時、四時。陽が昇る前に寝ようなんて六時頃に寝たり（笑）。会社勤めの頃は昼ぐらいに起きて出社。みんながそんなサイクルになっているから、たとえば一人で朝九時に行っても誰もいない。出社しているのは管理部長と局長だけだから、結局打ち合わせもできない（笑）。

宇田川　ということは食事もガタガタ、まともな生活じゃなかった（笑）。それが一気に朝型にはまったきっかけは？

佐藤　独立して事務所を設立した時のメンバーは三人。クライアントと直接やりとりする仕事も増えてきたので、朝から電話がかかってくるから、誰もいないのでは困る。物理的にそういう状況に置かれたことと、独立したことが嬉しくて目が覚めちゃう。誰よりも早く行って、事務所を掃除したりするのが楽しくて（笑）。人の気持ちってこんなにも変わるものかと初めて気付きました。

宇田川　同じように食生活も変わりましたか。

佐藤　変わりました。生活リズムが大きく変わったのは子どもが生まれてからですね。ジョギングにはまっていた頃は五時ぐらいに起きて、ストレッチとか軽い筋トレ、腹筋や腕立てをしたりしてから走っていました。だけど少しセーブしたほうがいいということになって、今は運動は軽くするぐらい。朝は六時ぐらいに起きて必ずお風呂に入ります。朝ご飯は最近は子どもと一緒にちゃんと食べるようになりました。ご飯を食べたら子どもを幼稚園へ送り出して。

宇田川　世に長生きの秘訣はいろいろあるようで、たとえば予防医学の専門家によれば朝食がとりわけ大事らしい。運動とか生きがいとかもあるけど、どうやら朝食がキモ。長生きしている人は朝は野菜ジュースとか水物を摂っている。昼も野菜ジュースとかがいいらしい。

佐藤　僕も野菜ジュースとかすごく好きですね。朝食は妻が毎日メニューを変えて作っています。週末以外は三人一緒に食卓を囲めるのが朝しかなくなった。昼はもちろん無理だし、夜も子どもが食べる時間に帰るのは不可能に近いので、年に数回あるかないか。子どもが僕と一緒に食べようと待っていると子どもの生活リズムが崩れるので、せめて朝飯だけは三人で食べようと。だから、朝飯はちゃんと食べるようにしていますね。そうしてからは夜の食事は重くなくても平気になりました。

宇田川　「早起きは三文の徳」と言われるけれど、私は根が怠慢だから三文得するくらいじゃ早起きしたくない（笑）。朝食はきっちり家で摂れるけれど、やはり昼夜は外食が多い？

佐藤　ほとんど外食ですが、今は食事の内容より食べる時間が気になるようになりました。昔は気分的には、仕事が全部終わってから夕食をゆっくり摂りたかったけど、そうすると夜の一〇時とか一一時とか遅くになってしまう。それだと体に良くないので、平日の夜はなるべく早い時間に食べるようにしています。その後、また仕事をして、帰りにラーメンとかは絶対に食べない（笑）。

宇田川　朝型になって何が一番変わりましたか、精神的なものも含めて。

佐藤　体調が安定したかもしれない。自分の身体の状態はイコール精神状態になるので、それをどうキープするかが一番気を遣っている問題です。ものすごいスピードでたくさんのことをこなしているので、僕がちょっとでも調子が悪くなったりすると仕事が破綻しちゃう。絶対に立ち止まれないから、脳味噌と精神に直結している身体をいい状態でキープするのに気を遣っています。だから体調がまずいと思ったら休むとか。

宇田川　平日にハードスケジュールをこなさなければならない分、週末にはリラックスしていますか。

佐藤　週末は平日よりちょっと遅いくらいに起きます。前は週末でも昼まで寝ていたりしましたが、そういうことをやめたのは子どもが生まれたことが大きいでしょう。自然と朝早く起きるようになって。朝飯をゆっくり摂って、昼夜も子どもと一緒に食べて。

宇田川　佐藤さんの育った実家の食卓はどんな雰囲気でしたか。祖父が大学教授で父上が建築家という家族だから、知的な雰囲気のような気がするけれど。

佐藤　そんなことないですよ。実家には祖父と祖母も一緒に住んでいて、僕の兄弟は三人だから全部で七人家族。母親はすごく大変でしたね。ちゃんと毎日ご飯を作ってくれていた。食卓では家族七人全員が揃って一緒に食べていたんですけど、みんな違う話をしている（笑）。おかずも大人と子どもはバラバラで、ピッチリとは揃わない。でも、それも良かったかなと思う。祖父が食べているものも食べたいと言ったり、とにかくものすごく賑やかな食卓でしたね。さすがに子どもは、早く食べ終わったら自分の部屋へ行くとかテレビを観るとかしてましたが、基本的にはみんなで食べる。父親が唯一、若い時は忙しかったから帰宅が遅かったくらい。

宇田川　家族という見えざるハーモニーの中で、みんなが個人的に自立しているみたいな（笑）。

それから歳月を経て、今はお子さんと三人の生活。お子さんができてからの食卓の風景で、たとえば以前に比べてしきたりとか食習慣で変わったことはありませんか。

佐藤　変わりましたね、雰囲気が。子どもが生まれる前は妻と二人きりで、別にそれで寂しいと思ったこともないけど、人間が一人増えるというのはすごいことだなと思いました。本当に、たった一人増えるだけでえらく違います。

本質をあぶり出すコミュニケーション

宇田川　デザイナーという仕事柄、外食している時に、和食店でもフランス料理店でもデザイン的な視点で見ていませんか。

佐藤　デザイン的というよりクリエイティブとして見ちゃいます。だから料理人の方と話したりするのがすごく好きですね。人気店が流行るのはデザインがしっかりしているからだと思う。味もそうだし空間デザインも含めて、すべてがいいバランスの上に成り立っていて、その結果として「カッコイイ」とか「素晴らしい」とか判断する。仕事のせいかもしれませんが、食を取り巻く空間のデザインから、調理器具や料理そのものまで、生活を豊かに演出するデザインとして幅広く考える傾向があります。

宇田川　いろいろなことを考えたりしていると、落ち着いて食事ができないとか？

佐藤　そんなことないです。充分楽しめます。でも、ハッとするほど美味しいものに出合うとすごく気になりますね。どうやって作っているのかではなくて、何を考えて作っているのかと気になる。

宇田川　私も外に食べに行くと、その店がいいかどうかトータルで判断する癖がある。料理だけでなく、インテリアやカトラリー、サービスなどにどうしても目が行っちゃう。たとえば、レストランを選択する場合、その基準は何ですか。

佐藤　リピートする店については割とシビアですね。味も含めてすべてを考えると、いい店というのはなかなか難しいですね。だいたい僕は自分であまりリサーチしないほうで、それでなくても仕事で会食したり、相手が設定した店に行く機会が多い。そうすると僕のプライベートでは行かない店も結構あります。だから、普段食べに行く店は編集の人や仕事先の人から教わったりですね。もともと僕は教えてもらうことが好きで、いろいろ教えてもらって厳選する。でもプライベートで行くとなると難しくて。子どもと行ける店は限られてきますから。

宇田川　ミシュランの三ツ星「カンテサンス」によく行かれるとか。

佐藤　結構行ってます。さすがに予約が取れないから、行った時に次の予約をして帰ったり。その機会を逃すと予約が難しい。

宇田川　「カンテサンス」の岸田周三さんやパティシエの辻口博啓さんなどと対談してますね。みなさんしっかりした考えを持っているけれど、彼らの共通点は？

佐藤　たくさん料理人の方と知り合っているわけではないけれど、対談してみたいと思うような人は、素材に対してガーンと向き合うような人が多い。余計なことをしないで、本質みたいなことを引き出そうとしている。彼らの話を聞いていると、大雑把に言うとそういうことを言います。クリエーションとして惹かれます。家庭料理とは違うし、わざわざ食べに行くということは、作品を見に行くようなものでしょう。厳選されたギリギリのところで作って、その結果としてポコッと大根が一個置いてあったりするわけじゃないですか。塩もつけないみたいな。でも、それを食べると、ああなるほどなと納得する。いろいろ挑戦しないと出てこない料理だから面白い。この間、「NARISAWA」の成澤由浩さんと対談したけど、僕が男の料理を始めたいと話したら、メニューから先に考えるのではなく、何も考えずに買い物に行って、そこで出合ったもので何かを作るみたいなほうが僕には向いていると。

宇田川　素材に対して深く考えて問う姿勢はデザイナーと共通するものがあるでしょう？

佐藤　対象の本質に迫るやり方が似ているかもしれません。今僕がやっている仕事は、基本的に依頼される仕事なので、クライアント側から自社を見てくださいとなる。素材とは違いますが、まず対象ありきという面では同じじゃないですか。依頼なしにデザインを考えたりできない僕らの仕事は、依頼されたものを打つと言いますか、投げられたものの本質をバシッとつかんで、それを見える形にして出すというやり方です。クライアントがこのプロジェクトを通じて、何をやろうとしているのかを明確にしないと前へ進めない。真摯に対象と向き合って本気で考えなきゃいけない。いろいろな人の話を聞くことが大事です。とても労力のかかる作業。でも、クライアントが求めていることの本質をあぶり出すことは、僕にとってとても大切なプロセスなんです。

宇田川　本質をつかみ取ることこそデザインの極意であると。デザイナーはクライアントの話を徹底的に聞き、そのためにはコミュニケーション能力が欠かせない。佐藤さんはデザイナーに大切なのはそのセンスだと言ってるけれど。

佐藤　当たり前の話のような気もするのですが、デザイナーは自分の話がクライアントに伝わったような気になっているけれど、実はほとんど伝わってない場合が多いような気がする。日本人には以心伝心という考え方があって、話さなくてもお互いに結構共有できているんだと思いたがる。でも、仕事を厳密に進めていくと、ちゃんと共有できていなかったり。最後になって全然違うじゃんみたいになる。両者をパチッと一致させるのはとっても難しい。クリエーター側にコミュニケーションの仕事をしているという意識がないと、仕事はうまく行かない。大事なのは多様な考えや価値観の違う人たちとコミュニケーションできるセンス。それが常に問われているのだと思います。

象徴を介して伝える

宇田川　たとえば、総合プロデュースされた「カップヌードルミュージアム」は食の世界の話ですが、どうやって表現していこうと思いましたか。創業者の安藤百福の創造的思考をどうコンセプトにしていくか。

佐藤　ゼロから完成するまで二年くらいかかりました。「カップヌードルミュージアム」は食の面というよりも、どちらかというと発明とか発見とかにフォーカスを当てました。もちろん日清食品がやっているので、カップヌードルとかチキンラーメンとかの食品を通して考える。もともとコンセプトを「クリエイティブシンキング」と設定したのは僕ですが、クライアントが最初に使っていた言葉は「ベンチャーマインド」。安藤百福氏は、戦後、みんなが生活に困っていた時代に、腹を空かして闇市のラーメン屋に並んでいるのを見て、ラーメンを手軽に提供できたらきっといいだろう、みんな喜ぶだろうと考えた。しかもビジネス的にもチャンスがある。そう考えてチキンラーメンを作ったそうです。その発想から商品を完成させるまで、質素な掘っ立て小屋を建てて研究に没頭した。そこで一、二年ぐらい苦労しながら作ったのが、世界初のインスタントラーメン。その創造的な思考を日清食品は「ベンチャーマインド」という表現で非常に大切に受け継いできました。そんな発明、発見の楽しさを子どもたちに伝えたいというのが始まりです。でも今の日本では、ベンチャーと聞くとITがらみのベンチャーみたいなイメージが強い。本当は間違っていないけれど、その言葉を使うと誤解を生みやすいから、クリエイティブ

シンキングみたいな言葉に置き換えたほうがいいと提案したんです。それで「クリエイティブシンキングボックス」というコンテンツを考えて、安藤百福氏の諦めない精神とか逆転の発想などをエンターテイメント化して、子どもたちに面白そうだなと思ってもらえればいいなと。

宇田川　自分でデザインしたカップに好みの具材をトッピングして、世界で唯一のカップヌードルを作れる「マイカップヌードルファクトリー」。その組み合わせは何と五四六〇通り。ほかにも製造過程を体感できる「カップヌードルパーク」とかエンターテイメント花盛り（笑）。ディテールまですべて佐藤さんのアイデア？

佐藤　全部そうです。僕にプロジェクトを依頼してきた副社長（当時）と二人でガッツリ二年間、ああでもないこうでもないとやりとりしながら（笑）。

宇田川　いろいろな仕事をプロデュースしているけれど、立川市にある幼稚園の園舎もユニークな仕事ですね。

佐藤　設計は建築家に頼みました。僕は総合プロデューサーという立場で、園舎自体を巨大な遊具にするというコンセプトを考えました。園庭をぐるりと囲むように楕円形の園舎があって、その丸いドーナツ型の屋根の上を子どもたちが走り回れる。けやきの木が屋根を貫いて空に伸びている。園舎全体をフル活用しています。おかげさまで多くの賞をもらって、ＯＥＣＤから世

界の教育施設の最優秀賞に選ばれました。

宇田川　今の話を聞きながら、昨年佐藤さんが茶席に入った時の記事を思い出しました。数時間で現代アートを体験した感覚について書いた記事ですね。

佐藤　昨年の震災後の席だったので、特にそう感じたのでしょうが、お茶をひと口飲んで驚いたのはその癒すパワーでした。懐石は「なぜ最初にご飯を食べるのか」に始まって、すべての「なぜ」に意味がある。理にかなっています。茶では、何かに見立てて伝えることを重視していますが、それは深いところで共感し合うのに有効だなと思ったんです。

宇田川　佐藤さんがプロデューサーとしてユニクロをニューヨークに出店する時に、ロゴを片仮名にしたのもそんな思いがあったからですか。

佐藤　そうですね。片仮名を外来のものとしてアメリカに伝える象徴と見立てたんです。クールジャパンに関心を持ち始めた世代なら、「カッコイイ」と受け取ると思った。職業としてクリエーターを選んだ自分の中に、利休の時代のＤＮＡが入っていると感じました。彼らの築いたものの上に、僕たちの表現があるのだと。

宇田川　千利休は日本人には珍しく合理的な人間です。そういう合理性は佐藤さんの仕事にも通じていますか。

佐藤　合理的なことが好きというのはありますが、なるべく無駄が出ないようにしたい。でも、無駄とか余白みたいなことが魅力に繋がることもあります。割り切れないところだったり、共感だったりとか、合理性から外れたところも、実は魅力を形成する上ですごく重要だったりする。だから僕からすると無駄じゃなくて必要なもの。そういうこととは別の次元で無駄なことはいっぱいあります。普段仕事をしていると無駄だらけ（笑）。

宇田川　特に日本の文化にとって無駄や余白や間は極めて重要なファクター。日本はそういうものから文化が生まれる社会だから。

制約の中で

宇田川　さて、佐藤さんは雑誌「ブルータス」が開催している「お取り寄せグランプリ」の審査員。同じく審査員の秋元康さん曰く、佐藤さんが商品を手にしながら、「このパッケージのデザインがもったいないなぁ。もっとカッコ良くすればいいのに……」とつぶやいていたとか（笑）。

佐藤　普段やらないことだから、いろいろな意味で面白いなと思いました。たとえばメンチカツを一六種類食べるとか、カツサンドをたくさん食べるとか。あんなに大変だと思わなかったし、最初の年はお腹を壊しました（笑）。日本はある意味すごいなと思う。ジャンルは何でもいいですが、違いがこんなにあるというのが面白い。僕がパッケージと言っているのは、美味しいのにパッケージが下手なところ。そうすると美味しそうに見えなかったり。売るということを考えると、パッケージデザインは猛烈に重要なことだと思います。消費者ときちんとコミュニケーションを取れることが大事で、間違ったイメージを与えていてはもったいない。すごく美味しいのに、何を考えているんだって（笑）。これじゃ絶対に買わないだろうなと。小さなお店で評判が良くて行列のできる店だから、その店としては余計なお世話かもしれないが、一般論として考えると、もったいないと思うことがたくさんあります。

宇田川　パッケージデザインで言えば、たとえばコンビニでは清涼飲料水がたくさん陳列されている。現在出回っている清涼飲料水は一万種類を超え、コンビニでは売れない商品は二週間くらいで棚から下ろされると言われる。パッケージデザインの難しさはどんな点ですか。

佐藤　僕も飲料のパッケージデザインをしていますが、飲料のデザインで重要なポイントは二点あります。キーワードはスピード。そのポイントの一点は消費者が選ぶまでの時間がごく短いこと。それからもう一点は棚に並ぶ商品の入れ替えが非常に早いこと。わかりやすく言うと、お茶のペットボトルはたいていグリーンで縦書きの漢字が入っている。ひと目で日本のお茶ということがわかる。こういうことが、飲料のデザインには必要とされています。でも、飲料のデザインは制約が多くて難しい。ほかの人が思い付かないような色や形やシステムを、美しく機能的にデザインすることなのに、すでに販売されている商品と似せながら作って、しかも目立たないとすぐに棚から下ろされちゃう。こんな難しいことってないと思いませんか（笑）。

宇田川　なるほど、パッケージデザインの難しさは素人でもわかるような気がする（笑）。

前提を疑うことが原点

宇田川 それにしても、先の「お取り寄せグランプリ」じゃないけれど、日本全国津々浦々に美味しいものがバラエティ豊かにあり、それぞれがちゃんと差別化を図って個性的な食べ物になっている。でも、その割に食べ物を通じて作り手の顔が見えてこないのが残念。

佐藤 本当にそうですね。不思議です。日本人はものすごくデリケートな感性を持っている。それを共有できて、しかも作り手だけでなくて、普通の人でも味の違いでは結構なレベルまでわかったりしているのに……。

宇田川 日本人の味覚センスは世界でもトップクラスです。フランス人に比べても遜色がない。国民全体で比べたら日本人のほうに軍配が上がると思う。フランス人ですごい味覚のセンスの持ち主は極めて少ない。明らかに食のエリートはいて、彼らには日本人が束になっても敵わないけれど。

佐藤 日本人はすごいですよね。

宇田川 それだけデリケートな味覚を持っていて、味の違いがわかるというのに、社会の価値観は均一化していて、個々人は既成概念とか規制とかに縛られている。その点で佐藤さんが書いている『佐藤可士和のクリエイティブシンキング』は刺激的ですね。たとえば、「自分の生き方を疑え」「自己改革」「常識を変える」。でもそれらは当たり前に聞こえるけれど実現するのは難しそう（笑）。難しそうだけど佐藤さんの発言に耳を傾けちゃう。なぜ疑わなければいけないのか。あるいは自己改革をしなくてはいけないのか。

佐藤　クリエイティブシンキングって何だか難しそうと思われるけれど、自分には関係ない、自分にはそんな才能はないと感じている人たちに、ぜひ僕の本を読んで欲しい。読者の方に新しい視点を提供し、いつも見ているものが違って見え、そこから新しいアイデアを得られるような思考法だと思っています。決してアーティスティックな感性や表現方法のことじゃありません。ひと言で言えば、創造的な考え方で問題を解決していくことが、つまりクリエイティブシンキング。基本的には、今よりちょっとでもいい状態になろうという前提がある。そこがないと僕の本を読んでもあまり意味がないでしょう。少しでも現状より前に進みたいと思った時に、前提を疑えと、本の中で最初に書いています。そのことがあらゆるクリエイティブの基本かなと僕は思う。新しいものを作っていく時に、現在置かれている状態が、本当にいいのかどうか見るところから始めないと次へ進めない。現状肯定となったら、新しいものを創造する必要はないでしょう。でも、新しいものを作る必要がない世の中はあり得ないわけですから。

宇田川　歴史を見ても社会の改革を唱えたり異議申し立てをしてきたのは、常識を疑ったアウトサイダーが多い。世の中に受け入れられない彼らが常識をひっくり返してきた。既成概念や既得権にどっぷり漬かっている人たちから、そんな発言は出てきようがない（笑）。

佐藤　ある概念を壊して新しいものを作り、やがてそれがスタンダードになる。でもそれも固まってしまい、時代が進んでいくとともに不具合が出てくる。だからまたアップデートしないといけなくなります。

宇田川　では、最後の晩餐は何？

佐藤　なかなか難しい質問ですね（笑）。僕は結構白いご飯が好きです。おかずは何でもいいが、ご飯が食べたい。たぶん白いご飯を腹いっぱい食べられたらすごく満足な気がする。まあ、ご飯だけだと物足りないかもしれませんね（笑）。

宇田川　本日はありがとうございました。

二〇一二年七月

対談後記

佐藤さんとの初対面は、私が雑誌に連載していたコーナーに出てもらった時である。書斎を覗いたら、一般の書斎のイメージと異なりシンプル極まりなく、書棚に資料用の本や雑誌が置かれている以外、目立つのはパソコンとスピーカーとギターだけ。聞けば、必要な情報はスキャンして作者の思考回路の本質を把握すると。唸った。佐藤さんの書いた『佐藤可士和の超整理術』はベストセラーへ。やがて時代のトップランナーが農業にかかわっていることを知り、そのコントラストに興味を持った。子どもの誕生が関与していることは想像できたが、非日常的な「土いじり」でリアルな感覚が甦ってくることに驚いたという。

5

大岡 玲

糠味噌臭いワインも好き！

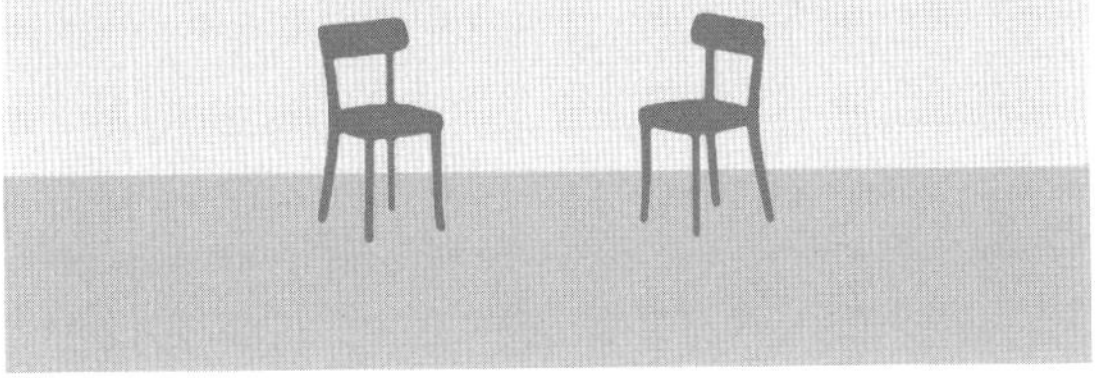

大岡 玲

おおおか・あきら　一九五八年、東京都生まれ。作家・東京経済大学教授（日本文学）。東京外国語大学イタリア語学科、同大学院ロマンス系言語科卒。八九年、『黄昏のストーム・シーディング』で三島由紀夫賞受賞。九〇年、『表層生活』で芥川賞受賞。趣味の釣りで材料調達をし、包丁を握るという料理好き。食文化にも造詣が深く、『日本グルメ語辞典』『ワインという物語』などの著書がある。釣りに関しては『文豪たちの釣旅』を上梓。ほか著書多数。最新刊は『たすけて、おとうさん』。最近は、地方の美味しい飲食店を巡るのに凝っている。お気に入りのお店は、滋賀県長浜市の「徳山鮓《ずし》」、青森県弘前市の「オステリア・エノテカ・ダ・サスィーノ」、佐賀県唐津市の「つく田《た》」など。

グルメとグルマン

宇田川　まず一九九九年に文庫に収められた、大岡さんの著書『日本グルメ語辞典』について。食味にまつわる「まったり」「はんなり」「こだわり」など三六の言葉を取り上げています。それらを解剖する手際の良さは天才外科医並みで、素晴らしいレトリックに脱帽（笑）。今日は食を通じていかに大岡玲という人間が作られてきたのかを解剖したい（笑）。

大岡　あの本は、最初は編集者からレストラン紹介みたいなものを書いてくれないかと言われたんですね。私はへそ曲がりなので、自分で楽しめる趣向がないと嫌だと。というわけで「言葉で遊ぶ」という企画に変えて始めました。

宇田川　この本は私がパリで生活していた頃から座右の書で、東京との間を何度か往復した。教えられること大の名作で、言葉の深い意味を知らずに、私はぬけぬけと食味表現を使っていたのだと冷や汗いっぱい（笑）。その中でも気になるのが「グルメ」という言葉。今もしぶとく生き延びている、その理由は何ですか。

大岡　日本人は食べることがすごく好きな国民性。もちろんフランス人も当然食べることが好きですが、食べるのが好きなのは都市で生活している一部の人だと思います。田舎では、普段の食事を美味しく食べていればいいのであって、ああだこうだと論じることはないようです。ところが日本人は物見高い国民性なので、都市部で流行ると田舎でも同じことが起こる。かつてバブル崩壊後の経済状況の中で、地域振興にグルメという考えが組み込まれたけれど、その典型がB級グルメ。たとえば、ラーメンもグルメと言われると、私などはどうしていいかわからない（笑）。グルメという言葉が経済論理の中に組み込まれ、そこに閉じ込められている感じがする。それが生き延びている一つの原因かもしれません。私もグルメという言葉を使うのは気恥ずかしい。「グルメでいらっしゃいますね」なんて言われると、いやいや食い意地が張っているだけなんですと、必死で否定するのが常です（笑）。

宇田川　まさに一億総グルメ状態（笑）。グルメに匹敵する日本語に「食通」がありますが、使う時に同じような違和感を覚える。昔は似たような言葉に「通人」とか「粋人」なんてのがあった。実は「老舗」という言葉も似たようなもので、昔は四、五〇年、それなりに続いている店を指した。今では三〇年程度でも老舗と呼ばれる。横丁の豆腐屋が老舗と言われると笑っちゃうけれど、今や老舗なんて幻みたいなもの。大岡さんにとってグルメとグルマンの違いは？

大岡　グルメとグルマンは語源的に言えば兄弟みたいなものですよね。グルメの語源はラテン語の食通とか喉を指す言葉で、グルマンは大食いや食欲の意味。たとえば、一九世紀のアレクサンドル・デュマが書いた作品を読むと、大食らいが出てくる。そんな場面でグルメとグルマンの違いを感じたり。その感覚からすると、私の中ではガルガンチュアみたいな大食漢がグルマンのイメージですね。グルメは繊細微妙なものという感じがする。

宇田川　グルマンの道を通ってグルメに至る、という道筋があるような気がする。食べ手としての最終形がグルメで、いわば日本語の通人の域に達する。だから一生グルマンで終わっちゃって、グルメに辿り着かない人もいる。となると、独断と偏見で言えば、食べ手のヒエラルキーの中でグルメが格上で、格好いいということになります。

大岡　私はひねくれているので、グルメとグルマンとどっちになりたいかと尋ねられたら、グルマンでいたいというタイプ。いつまでも大盛りを食っていたい（笑）。

宇田川　デュマをガツガツ大食するグルマンのタイプだとすれば、マドレーヌと紅茶のプルーストはグルメのタイプ。比喩的に言えば、一九世紀のグルマン的な大食の世界から、二〇世紀の都会的に洗練されたグルメ的世界へという流れになる。その後一〇〇年を経て、グローバル化された価値観の崩壊した二一世紀のグルマン、グルメはどうなるのでしょうか。

大岡　私が思うに、現在はグルメという立場を確保することがほとんど難しくなっています。これだけ食の状況が危うい状況にあると認識せざるを得ないわけですから。昨年三・一一以降、放射性物質が飛散した問題もある。それだけじゃなくて、世界的なグローバリゼーションの中で、巨大な食品会社が食料を安く買い叩いて、大量のハンバーガーとかフライドチキンを作ることが当たり前になってしまった。消費者もちょっとでも安いほうがいいという風潮になっている。そういう循環の中で大量の食料が廃棄される。つまり、一円でも安いものを美味しく食べたいという、いやらしい根性の消費者がいて、それに迎合する食品会社と、それを支える生産メーカーがいるといった構図。では、巨大な食品産業が悪かと言うと、一概にそうとも言えなくて、単に消費者のニーズに応えているに過ぎない。グルッと一回転すると、消費者自身が自分の首を絞めているわけです。そう考えるとグルメについて論ずる以前に、美味しいものを食べるシステムが壊れているんじゃないかと思うわけです。

宇田川　食をめぐる世界的な環境が根底から崩壊しつつある状況の中で、個人として生き延びていくための方法は？

大岡　私の場合は、この十数年の間によく地産地消という言葉を耳にするようになりましたが、それに便乗して美味しいものを作っている地方とネットワークを結び、ほかとも連携しながら、美味しいものを仕入れるシステムを作り上げてきました。それが人生のメインテーマになっていたり（笑）。さらに巨視的に見た場合、自分だけが良ければいいのかという問題もあります。生産者を孤立化させてはいけないと思うし、大量生産と同じ土壌で競争しなければならないのを、どういう風に守っていかなきゃいけないのかと考えたり。

宇田川　大量生産・大量消費という考え方に、もはや限界が来ているのでしょう。ただ生産流通方法を変えるにしても、すべてが大きな構造の中に組み込まれているので、単に努力だけでは成し得ないような気もする。

大岡　日本の場合、生産者は政治がグラグラしていると、自分たちの基盤が落ち着かなくなる。昨今の流行は、生産者も行政も、なだれを打つように日本流グルメという側面を売ろうとしています。先ほどのB級グルメもそうだけど、手っ取り早く県の名産品を作っちゃおうと。どんな構想で作ったらいいのか、仮に都市部のグルメコンサルタントなんかに依頼しても、結局はグチャグチャにされる。私はそれは違う、ダメだと思う。生産者は、「美味しい食べ物を作っているのは俺たちで、お前らが何をやったって関係ない」というような強固な基盤を失っていると強く感じます。

宇田川　農作物を生産する行為はほかの産業とは意味合いが違う。

大岡　最近考え始めているのですが、純然たる経済にして良いものと、純然たる経済にしては良くないものがある。そこを分けて考えたい。たとえば、金融とか為替相場のような純然たる経済にして良いものは、ご勝手にバクチでも何でもどうぞ（笑）。でも、人間の生命の根幹にかかわること、食べることや寝ること、あるいは子どもを生み育てること、そういう重大事は経済がらみで考えて欲しくない。結局は経済の中に組み込まれざるを得ないにしても、金融と同レベルで論じられては困る。こういう時代だからこそ、ネットワークを考えるわけです。それはある種、おすそ分けの思想みたいなもの。つまり、都市に生きる人たちは、基本的に生産者が作ったものをおすそ分けしてもらっている、という感覚を持っていたほうがいい。もちろん生産者が商売として作っていることはわかっているにしても、作っている人たちは偉いんだと私は思っています。より生命に近い人たちに対して、都市住民は常に尊敬心を持った上で、友和的な態度を取りながら、たとえお金を払うのであっても、おすそ分けをしてもらうんだという感覚は失うべきではない。財政難だからといって、県産品を作って税収も上げたいなんて考えて欲しくない。消費者の安いものを食べたいという気持ちはよくわかるけど、全部お金の論理でやっていったら、潰れてしまうものがいっぱいある。潰したくないものを残すためには、お金の論理で語ることはやめて欲しいというのが、私の切なる願いなんです。

宇田川　本来は食べ物っていうのは、グローバリゼーションの論理に組み込まれない分野ですものね。最後の命綱なんだから、そういう声が大きくなるといいけれど。今は食糧事情が深刻な状況に陥っているから、最後は個人の営為で何とか美味しいものを確保しなければならない。グルメやグルマンの前提となる経済的、政治的、食文化的な基盤が明らかに壊れている。だから、私たちはフィクショナルな世界でかろうじてグルメになった気でいる。私の場合も、グルメや食通という言葉を使うことに恥ずかしさを感じます。だからもう居直っちゃって、食通とは人生の達人なんだと思うようにしたり。食も知っているし、色道も知っている達人くらいでごまかして(笑)。フランス人はグルメという言葉を、むしろそういう意味合いで使っているような気がする。単に美味しいものを食べてなんぼの世界じゃなくて、人生全体を俯瞰できる人みたいに。もちろん私はそんな大層な人間じゃありませんよ(笑)。ところで、フランスはグルメとグルマンの本家。フランス革命によって料理人がパリの町に出て来て、レストランが登場した。その頃からフランスではグルメ、グルマンという言葉が認知されたという解釈で間違いないですか。

大岡　私はそういう理解です。一九世紀初めのウィーン会議で、タレーラン(シャルル＝モーリス・

ド・タレーラン＝ペリゴール。一七五四〜一八三八。外交の天才とも称されるフランスの政治家。美食家としても知られる）がブルジョワ料理を使って権謀術数を繰り広げた。その頃はまだグルメとかグルマンといった言葉を細分化することはなかったと思う。ゾラの『パリの胃袋』でもわかるように、料理文化は一九世紀を通して爛熟して、一九世紀末頃にグルメとかグルマンといった言葉が成立する。エスコフィエ（オーギュスト・エスコフィエ。一八四六〜一九三五。それまでの料理技術を簡素化・体系化し、現在のフランス料理の基礎を確立した）といった料理人たちの登場もどこかでリンクしているでしょう。こうして一九世紀の終わりから二〇世紀初めにかけて、ブルジョワジーの最終形態としてのグルメ、グルマンが完成したと。

宇田川　それから一世紀後、フランスもグローバリゼーションでグラグラになっている。一方で相変わらずエリート教育が残っていて、大統領のサルコジもオランドも政官財のトップクラスはみんなグランド・ゼコール出身。今なお階層社会で、とりあえずエリート主義と民主主義が両立している。それとパラレルにグルメとグルマンが車の両輪のようにあるわけです。大袈裟に言えば、グルメがブルジョワジーのエリートコースで、グルマンが庶民的な革命派コース。おっしゃったように今でもグルメは一部の人間なんです。それに比べて大衆社会の日本は違う。

大岡　えらい大衆社会です。それこそ江戸時代の大食いや大酒飲みの番付本がそうですが、そういうものを庶民が読んでいたわけですからね。以前、地図を使って食べ物を紹介する番組があったんです。パラパラと地図を開いて、いろんな町にある有名店を紹介する番組を面白がって観ていました。江戸のカタログ文化の延長でしょう。そういう意味で日本は本当に民主的で、民主的過ぎてよくわからなくなるということがしばしば（笑）。

宇田川　日本人は昔から番付が好きだったんだから、わざわざミシュランガイドは来なくても良かった。余計なお世話だって（笑）。江戸のカタログ文化に関して言えば、大岡さんがフランス人の食に対する徹底的な戦いについて象徴的にお書きになっている。つまり、普仏戦争の頃、動物園で飼っていた動物まで食べちゃって、カバとかラクダ、ネズミやオオカミをね。そういう激しい食経験を経ないと、やたらに「美味しい」なんて言えない。江戸時代に行われていた過酷な食の体験が、明治以降になくなったと。

大岡　そういう気がものすごくしますね。グルメやグルマンって、死と隣り合わせになっても贅沢するという不屈の根性がなければ成り立たないと思う。死と食を一緒に平然と飲み込んでしまうようなね。そういう点で江戸期に行われていた大食い大会なんてのは見所がある。ご存知のようにフランスは本当に農業大国で、食べることや食べ物に関する土台がはっきりしています。でも、食べ物を作っている人たちがグルメ、グルマンという方向を理解しているかと言えば、そうじゃない。むしろ「どっしりと食うぞ」とか「俺は百姓だ」という誇りを持っていて、自分たちが生産した食べ物を、上流階級が暇と金にまかせて食いまくるみたいな構造が成立している。そんなフランス人は上下関係で交じわり合ったり、下が上をうらやんだりといったことはないでしょう。

宇田川　ないですね。縦社会の日本と違って、横社会のフランスは上下が交じり合うことはありません。階層間の妬みや嫉みはそれほど感じない。ちなみに男女関係で言えば、アッパークラスの女とロークラスの男が恋に陥るなんてのはない。男女関係の嫉妬は天下一品だけど（笑）。

フライフィッシングにハマった

宇田川　さて、大岡さんは本まで出版するくらいの釣りバカ（笑）。何でも四〇歳を過ぎてからフライフィッシングにハマったとか。結構遅い？

大岡　釣りは子どもの頃から好きで、ある時期までずっとエサ釣りをやっていたんです。でも忙しくなって、釣りをする余裕もなくて沙汰やみになっていた。三〇代半ばから海へ行ったりして再び釣りを始めた頃に、フライフィッシングをやっている方に会って教えていただいた。

宇田川　いろいろ試行錯誤しながらフライフィッシングに辿り着いたんですか。

大岡　少年時代から著書を読み耽ってきた開高健さんがルアーフィッシングをやっていたので、疑似餌を使った釣りをやってみたいと思っていたんですね。ただ、フライフィッシングに対する最初のイメージは「気難しい釣り」というもの。だって爺臭いというか、何をやっても変人ぽくて（笑）。そのほかの釣りと比べると、多少技術的に難しいところがあるから、技術を競ったり、一度試訳知りがたくさんいる。そんな釣りなんかやるかよ、バカバカしいなんて思っていたら、一度試してごらんなさいと言われてハマっちゃった（笑）。いまだに気難しいことを言う人たちのことは好きじゃないけれど。

宇田川　釣り仲間には、一種の宗教みたいな連帯感があるんでしょうね。釣り人がヒソヒソ話している雰囲気は気持ち悪いとよく言われる。エロ話しているような感じで（笑）。世間的な評価はどうですか。

大岡　基本的にあんまり尊敬されないですね。趣味としてはオペラやバレエのほうが高尚な扱いだし。

宇田川　お父さんたちの趣味がゴルフなら、お母さんたちにも許されそうだけど、釣りとなると評価は分かれる。釣り人口は多いのですか。

大岡　昔は二〇〇〇万人とか言われていたけど、今は四分の一くらいに激減しているようです。少子高齢化じゃないですけど、釣り人は異常に高齢化している。釣り船に乗ると平均年齢の高さっていったらどうしようもない。この人たち、海に転げ落ちちゃうんじゃないかと心配になるくらい（笑）。

宇田川　フライフィッシングの魅力は何ですか。

大岡　一つに生餌じゃないから魚を騙す快感がある。ほかには見える魚を釣ることかな。よく見える魚は釣れないと言われるけれども、フライフィッシングの一番の醍醐味は浮かべた疑似餌に魚が寄って来ること。つまり、一対一で向かい合って生命をやりとりする感覚が非常に強い。

「いるいる！ 来た来た！」ってガールハントと似ているかも（笑）。

宇田川 ハンティングみたいに罠を仕掛けるわけですね。

大岡 相手を甘言でたらしこむみたいな楽しみです（笑）。あとは完全に竿と糸だけの釣りという原始的なもので、直に魚と糸の引っ張り合いをする。その感覚が非常に強い。生命の実感みたいなところに接近していくような感じが、一番好きなところだと思います。

糠味噌臭いワインも好き！

宇田川 大岡さんはワインにもとても詳しい。大岡説によると、堅実で好戦的だった古代ローマが、ただれた贅沢によってバブリーなゼネコン国家へと変貌した。そんな国でワインに大変化がもたらされた？

大岡 世の中が享楽的な気分に満ちていたんですね。ギリシャ人はワインを水で割って飲んでいたのですが、割らないようになった。同じようにギリシャではワインの味を表現する言葉はあまりなかったのに、ローマでは美味しいとかまずいと言う鑑定家が登場する。贅を尽くした食べ物が出回り、ワインの貯蔵法に改良を加えて、長く熟成したワインを楽しむようになりました。酸化防止のために、オリーブオイルで蓋を作って密閉する醸造法を考えたり、アンフォラ（古代ギリシャ・ローマ世界で用いられた陶製の容器）に詰めてラベルを貼ったりとか。アンフォラに詰めておくと水分が蒸発して、アルコールの分子の濃度が上がる。当時の年代物のマロニアワイン（ギリシャ・マロネイア地方のワイン）はネットリと甘くてうまかったそうです。ローマ人はグルメだった（笑）。でも結局は滅んでいった。まあ、あれだけ長く続いたんだから。

宇田川　勘弁してあげてもいい（笑）。日本はバブル時代に現代のローマ帝国みたいだとおだてられた。たかだか五、六年しか続かなかったけれど。近代的なワインが生まれたのはイギリスの功績だとか？

大岡　ええ。ワインを貯蔵するためにコルクとガラス瓶を開発したのがイギリス。こうしてコルクとガラス瓶のカップリングで醸造法が定着して、鑑定に耐えられる品質を持ったワインが登場したんですね。イギリスは一二世紀から約三〇〇年間、ボルドーを領有していた。それが百年戦争に負けてフランスに取られてしまった。それでワインからポートワインなんかに目を向けた。

宇田川　ここ数十年、ワインプロデューサーと呼ばれる人たちが作るワインと、自然派ワインの対立は何かと話題になっています。賛否両論かまびすしい（笑）。私なんかはプロデューサーが作るワインは、非個性的でダメだろうと思ったり。

大岡　私も自然派。プロデューサーワインは苦手だし、八〇年代のカリフォルニアワインもダメ。そもそもワインは農産物だから、ままならないことをままなるようにすることに努力して、でも「やっぱりままならなかった」とすればいいんです。最初から計算し尽くして作るのは違うと思う。私はどうも本能的にしか生きていないので（笑）。

宇田川　それなら人間の手を借りずに、すべてコンピュータを操作して作っちゃえばいいだろうと。人間の才覚や知恵や汗の結晶は必要なものと思うわけです。ところで、ワインを選ぶ時に、上品なものを求める時とそうでない時とありますか。それとも官能的なワイン一筋とか（笑）？

大岡　私は人生で一貫して上品だったことがないようで。だから、女性にも上品さを求めないのかもしれませんね（笑）。自然派ワインで、「うわ、くっさー」と言われるものも飲んだりします。いかにも糠味噌臭かったりとか、そういうものを好む。

宇田川　近現代までワインを支配していたのは神ですが、それに代わる現代の神は何ですか。

大岡　やっぱり金ですね。唯一の判断基準は金になるかならないか、金を持っているか持っていないか。確かにそれは究極の民主主義であり平等主義かもしれないけれど、それが基準になると生命の根源をバサッとやられるみたいな気がする。

宇田川　一九世紀からこの方、ずっと大きな影響を与えたのが、一八五五年に制定されたボルドーの格付けという亡霊（笑）。最近の拝金主義になるまで、その亡霊が神の代理人でしたね。フランスも経済エリートは拝金主義だから、欧米のほかの連中と同じで高い上等なワインを飲んでいる。でも、田舎の人たちはゴロゴロしたワインを飲んでいる。現在は難しいところに来ているけれども、両者はかろうじて均衡を保っています。日本は？

大岡　拝金主義のほうだけですね。少し話がずれるかもしれませんが、私にとって印象的な写真があります。昔、タイムライフ社で『世界の食文化』というシリーズが出ていて、その中のスペイン編に掲載されていたものがそれです。その写真に写っていたのは、シェリーのブドウを作る労働者たちが、昼のお休みタイムに、きれいな透明な瓶に入ったかなり濃い色のシェリーをがぶ飲みする姿。それを見た途端、これっていいよなと。まだ一〇代の頃でしたが、強くそう思ったのを覚えています。私の場合は、お酒は常に生活実感と結び付いている。野外に置かれた木製のテーブルに、銘柄物じゃない名もないワインをドカンと置いて、つまみに脂身たっぷりのソーセージとかハムなんかを食べて、ライ麦パンをかじる。そういう「ざっかけない」イメージが理想形かもしれない。

宇田川　ワインを飲む時は、食べ物とのマリアージュも考えなくちゃいけない。ただ、日本だとワインを気軽に引っかける場所が少ないですね。

大岡　パリだとカフェのカウンターでひっかけることができるじゃないですか。ああいうシチュエーションだと何も食べなくても構いません。だけれども、悲しいかな、日本にはそんな場所がない。だから仕方ないからホテルのラウンジでビールを飲んだり。

宇田川　フランスのブランデーと呼ばれるコニャックは飲みますか。

大岡　実は、美味しいブランデーを飲んできたという自覚はあまりないんです。本当に美味しいブランデーは、多分日本では飲めないんじゃないかと。フランスの田舎のお金持ちの貯蔵室

なんかに入ってる、何十年も寝かせた、それこそ名も知れぬブランデーは美味しいのかもしれませんけど、一般に流布しているもので美味しいと思えるのに出合ったことがなくて。私はコニャックよりマール（ワイン用に絞ったブドウのかすを蒸留して作る酒）が好きです。フランスの田舎に行くと、すごく美味しいマールを飲むことがある。ブランデーでも、コニャックよりもアルマニャック（コニャックと並ぶフランスの二大ブランデー）が好きで、アルマニャックよりは荒々しいマールが好きでして。いつもそっち方面に行っちゃう（笑）。

宇田川　お酒は国民性を図らずも反映する。フランスの酒はワインにしてもコニャックにしても、あまり一人で飲む酒じゃないような気がする。コニャックの甘いトロンとした味わいは、一種の官能性を連想させる。まあ、ワインもコニャックも極端に言えば、男女がいないと構図としては成立しないでしょう。でも、ウイスキーはそうじゃない。都会のバーで一人でゆっくり飲んでもおかしくないですね。

大岡　コニャックは野外で飲む酒じゃないですけど、ウイスキーは野外でも可能です。私が大好きなシェリーやポートワインは半野外と室内と両方でいけますね。甘くないフィノ（スペイン・アンダルシア地方へレス周辺で作られる辛口白ワイン。シェリー酒の一種）は野外でも、レストランでアペリティフとして飲

んでもいい。少し重めのシェリーなら室内にこもって飲んでもいいと思う。ウイスキーはバーで飲むことはあるけど、理想形としては、たとえばシングルモルトは釣りに行った時に、フラスコからチビッと出して飲む。ただ、どういう方法で作ったものが好きかって訊かれたら、基本は醸造酒ですね。

宇田川　大岡さんの酒は年季が入っている。何しろ酒に目覚めたのが一四歳。早すぎる（笑）！

大岡　五歳ぐらいで、ボトルに残っていたバーボンウイスキーを全部飲んで、ひっくり返っちゃったこともありますよ。まあ、正式デビューが一四歳くらい。飲んだのはプロヴァンスのロゼじゃないかと思うんですけど、世の中にはこんなにうまい液体があるのかと思って（笑）。その前にも父親が正月なんかに飲ませてくれたり、隠れて盗み飲みしたり（笑）。父親が各方面の人たちと知り合いになって、お酒のもらいものが増えた、特にワインが。父親はその当時、よく外で飲んでて、自宅ではあまり飲まなかったので、自然に貯まっていくわけです。このまま置いといたらもったいないねと母親に言ったら、飲んだらいいんじゃないのって（笑）。父親が留守の時に母親と一緒に開けて飲んじゃったりして。一時は私がワインのケース買いを仕切っていました。

宇田川　ワインに関しては年端もいかず狡知が働いたと（笑）。それからどんどん深みにはまり込んでいったわけですね。ワインの情報がまだ多くない時代に、フランスの格付けを飲んでましたか。

大岡　時々は、肉体労働をして稼いで貯めたお金で買ってました。初めてカミさんとデートしたのは大学に入ったばかりの頃で、清水の舞台から飛び下りる気持ちでしたが、当時京王プラザホテルにあったレストラン「プルニエ」に行った。本当にとんでもないことをしまして、そこにプイイ・フュイッセ（フランスのソーヌ＝エ＝ロワール県中央部で生産される辛口白ワイン）がサービスワインとしてあったので、「よしっ」て頼みました。値段が五〇〇〇円ぐらいで、当時としては非常に高い。その辺り、二〇代から三〇代にかけて、大学ノートにワインの味とか香りを書き記すようなつまらぬことをやっていた。その頃はボルドーの格付けも飲んでましたよ。ブルゴーニュとかまだボルドーの銘醸物を無理して買うのは、もうちょっと年がいってから。九〇年代初め頃までは、ボルドーの銘醸物が安く手に入った時代ですから。恐ろしいことに、五八年物、五九年物、六〇年代物を集中的にコレクションした時代もありました。そういうワインを飲んでいるうちに友達も増えてきて、彼らとユニークな面白いワインを飲んでいくうちに、だんだん銘醸物から遠ざかって、タクアンみたいな個性的なワインへと進んじゃった（笑）。

食いしん坊の目覚め

宇田川　ワインと同様、食べ物への目覚めも早い。大阪万博に行って、スイス館やブルガリア館などで美味しいものを食べて驚いたとか。当時の状況を覚えていますか。

大岡　小学校六年生の時で、何回か連れて行ってもらいました。親と行った時はいい思いができたんですが、母方の祖母と行った時は握り飯なんかを食べさせられて、「もっと美味しいものがあるのに！」って欲求不満になった。スイス館で食べたのはビーフストロガノフだったかな。でも、ブルガリア館なんかはよく覚えていて、腸詰系のソーセージと、保存食系の肉料理がものすごく美味しくて感動した。

宇田川　それから正真正銘の食いしん坊へと一直線（笑）。食い意地の下地はできていたようですね。

大岡　実は私の親類縁者には食関係の人が多いんです。沼津出身の母親の伯父が「精養軒」で修業したコックで、その弟が和菓子屋。私も子どもの頃から遊びに行った家ですけど、大叔父が鰻の「神田川」で修業してから、最初は沼津の御用邸のそばで博多の水炊きをやった。でも商売が下手でつぶしまして、そのあと深川に移り、そこもつぶして、結局都落ちみたいに神奈川の座間のそばで小料理屋を開いた。小学校時代はよく遊びに行きまして、朝に鶏をさばくところから一緒に手伝って、ご褒美にモモの塩焼きをもらうのが楽しみでした。

宇田川　その頃から肉好きだったんですね。今でもよく食べますか。

大岡　昔よりは食べなくなりましたね。一〇年前に取材で南米に行った時には、一日に一・五キログらい肉を食っていました。ワインも三本ぐらい飲んで。だけどさすがに四〇代半ばを過ぎてから難しくなって、最近は五〇〇グラムの肉を食べるのに苦労する。年を取ってだんだん食えなくなることが悲しい。

宇田川　辻静雄邸で行われた伝説の晩餐に招待されていたとか。絶品料理を食べたと思うんですが、辻さんの料理に関してひと言？

大岡　やっぱりすごかった。あれこそ料理というものだなと感動しました。緊張感はすごかったけれど、辻さんは私のことを気に入ってくださって、食事の時は必ず私を傍らに据えてくださった。料理が出てくると、「玲くん、これ知っている？」「いや、わかりません」と言うと、作り方を教えてくださったり。

宇田川　大岡さんが、「辻さんの一番好きだったのはお好み焼きだと夫人がおっしゃった」と著書の中で書いているけど、その一文は泣かせる（笑）。

大岡　切ないですよね。だって全身全霊をかけて、あれだけの業績を残された方じゃないですか。料理の精髄でも、フランスの三ツ星レストランの精髄を超えていたかもしれない。そのために身を削られていた方が、一番ホッとする瞬間にお好み焼きを食べていたと思ったら……。人が生きている中で食べ物がいかに大切かということを、そのエピソードでかえって痛感したんです。辻さんにとって食事はお仕事だったわけで、そのお仕事を自分の身が亡びるまでおやりになった。それはある意味で食べ物を仕事にしちゃった悲劇です。とことんやり切ったという点では、すごくご満足だったとは思いますが。でも、自分の命を繋いでいるものとしての食事は、そこにはなかった。その感じが切ないですね。お好み焼きは、もちろん命を繋ぐっていうほど大袈裟なものじゃないかもしれないけど、人が生きていく上で拠り所にしている食べ物みたいなもの。捨身になっているお仕事の背後にお好み焼きがあるんだと。

宇田川　うーん、なるほど。

大岡　世界中には、先祖代々お金持ちに生まれた方で、美味しいものや洗練されたものだけを食べている人もいるでしょう。でも、そういう方たちとお食事をしたとしても、私はあまり感動しない。辻さんみたいに本当に必死でのめり込んで、お仕事として自分の命を捧げた人が、その対極の息抜きとして、言ってみれば雑なものを置いてらっしゃったという重みに感動したわけです。

台所と本棚しかない家

宇田川　ところで、大岡さんのご実家はどんな食卓だったんですか。父上が高名な文化人（詩人の大岡信氏）だから、たぶん高尚で知的な食卓風景じゃなかったかと、みなさんそう思いますよ。

大岡　いえいえ、まったくそんなことないですよ。うちは原稿料をいただいて、何とか糊口をしのいでいたという感じですから、ずっと貧乏でした。今でも覚えていますが、雨が降ってる中、長靴に雨合羽姿で、母親と一緒に質屋に行ったりした思い出があります。なんで俺はこんな格好してまで行かなきゃいけないのって（笑）。私が物心つく頃までは、いつも結構ピーピーしていました。私が子どもの頃に、父親がフラッとフランスに行っちゃったんです。本来は二週間で帰って来るはずが、数カ月も帰って来ない。それで帰宅するなり、「バゲットにシャンピニオンの朝食」なんて言ったり（笑）。でも、料理上手な母親はうまく対応していたようです。私が子どもの頃はオムレツ用のフライパンを別に持っていたり、誕生日になると、友達を呼んで必ずケーキを手作りするような母親でしたから。その頃から母親が料理を作るのは見ていましたね。

宇田川　たまにはナイフとフォークを使って洒落た洋食なんかを食べたり？

大岡　まったくそんなことはなくて、来客の時は使うことがあったけれど、それ以外はお箸で食べておりました。私が楽しみにしていたのは年に一回の誕生日で、その日ばかりは外食させてくれる。たとえば、「横浜ニューグランド」のダイニングでエスカルゴを食べたり、伊勢丹会館でロシア料理を食べるとか。それが本当に楽しみでしたね。

宇田川　大岡さんの妹さんによれば、食卓ではバカ話しかしていません（笑）。食卓の風景は明るかったんでしょう？

大岡　暗くはまったくなかったですけれど、父親が一緒にいることがなくて、子どもは子どもで勝手に先に食べていましたから。中学から高校ぐらいの頃は、父親と食卓が一緒だったこともありましたけど、いつも居候の方とかがいたりして、ワサワサって食べるような状態で。父親は、食べながらテレビの「天才バカボン」なんかを観てへらへら笑っていたりして、そんな感じでしたよ。赤塚漫画の信奉者として言わせてもらえば、極めて高尚な知的活動ですけれど、一般的には逆にしか思えない（笑）。

宇田川　今の自宅は蕎麦で有名な深大寺ですが、ご両親の住まいをリフォームされたとか？

大岡　私たちは住むつもりはなかったんですが、両親が転居して空き家になるからどうにかしろと。最初はあんな不便な場所に住むのは嫌だなと思っていたんです。でも、スタジオ・キッチンのような形で住めればいいかなと家を設計しました。家のコンセプトは「台所と本棚しかない家」。毎年私の家では、父親の代からやっているんですが、年末に餅搗きをしてお餅を食べる。多い時は三〇人ぐらいの方がいらっしゃる。そのあと、昔から親しくしている近所のお蕎麦屋さんに行って、年越し蕎麦を食べるんです。その店はとても人気があって、盛りがすごく多いんです。良く言えば「グルマン」系ですね。

独学料理

宇田川　奥様の冬木れいさんは料理研究家として知られています。とりわけ全国各地の食材に関しては一家言をお持ちで、生産者と強いネットワークを築いている。時には食材の味見をさせられたり（笑）？

大岡　させられますよ。娘は母親に対して耐久力があるけれど、息子と私は耐久力がないので、またこんなもん食わされるのかって、実験台扱いにゲンナリすることも結構あります（笑）。昔、カミさんがお酢を使ったレシピを開発しなきゃいけないことがあって、その時は毎回お酢の料理を食べさせられて、息子はすっかりお酢を使った料理が嫌いになったり。
宇田川　ゲテモノもお好きだとか？
大岡　昔は蛇も虫も食べましたね。好奇心もあったし文学的スノビズムがあったんでしょう。大好きだった開高健さんが変なものを食べていたっていうのが念頭にあって、ある種負けまいというか、師匠のあとを追うように、「俺も変なのを食ってやる」みたいな気持ちもあったと思います。最近はさすがに好んで食べたいとは思わなくなりました（笑）。
宇田川　料理はお作りになるのですか。
大岡　子どもの頃から自分で作らないとダメだと思っていました。たとえば、ワインに精通した有名な方が「でも、料理は作らないんです」とおっしゃるのを聞くと、なんだかなぁと思います。
宇田川　まあ、自分より上手に作れる人が、男でも女でも周りにいれば、余計なことをしないで、その人に任せてもいいような気がする。そういえば一九七〇年代のテレビCMにありましたね。「私、食べる人」とか何とか。フェミニズムのはしりの頃でしたけど。
大岡　私は自分で作りたがっちゃうんです。昔は三〇人分ぐらいのフルコース風を作っていました。カミさんも手伝ってくれたけど。今は作ることはほとんどカミさん任せ。下ごしらえや包丁を研いだりは私がやりますけど。
宇田川　昔といえども、それがすごい！　パーティー料理のようなもの？
大岡　着席も立食パーティーもやりました。ちょっと前までは、年に三回ほど八人ぐらいの食事会を開いてました。コンソメは辻静雄先生に教えていただいたレシピできっちり作るとか、前菜からデザートまでフルコースで作ってみたり。

宇田川　そういう高等技術をどこで習得したんですか。

大岡　ほとんど独学ですね。料理やワインに興味を持っていたから、どんどん料理人の友達が増える。図々しく料理場に入って行って、「どうやって作るの、やらせてよ」とか言いながらちょっとずつ盗んでいった（笑）。

宇田川　お人柄がいいから、キッチンに入って行っても自然に打ち解けちゃう。さまざまなジャンルの友達との輪を持っているんでしょうね。

大岡　作家の友達は少なくて、料理人と生産者と、なぜか写真家が多い。写真家と一緒に取材に行くことが多くて、みんな食べ物に執着するタイプ。友人の写真家は、香港の「福臨門」のことも書いていて、五〇〇回も通っている。香港に住んでいる人より回数が多い。だから玄関で待っている女の子たちが「あ、先生が来た」って、すぐに腕組まれて。私も一緒に厨房に入って、メニューなんか見ないであれとこれとなんて頼んじゃう。だから「福臨門」へ行っても食べるのは高級食材じゃなくて、家常菜（家庭料理）とかですよ。見ていると作り方がわかってきて。

宇田川　さて、最後の晩餐は？

大岡　何を食いたいのかなと考え続けて。昔読んだ本で印象的だったのが、サミー・デイヴィス・ジュニアの『ハリウッドをカバンにつめて』という素晴らしいエッセイ集。一種の自伝で、サミーの友人でワイン好きなハリウッド俳優がガンに侵されて、余命いくばくもない。余命半年ぐらいと宣告され、奥さんと離婚して単身ヨーロッパへ渡る。訪ねたいと思いながら行けなかったワイナリーを全部巡って、美味しいワインを好きなだけ飲んで死ぬ。彼が一番美味しいと思ったワインを、サミーに遺産として残すんです。そしてそのワインを死後、自分を偲ぶ会を催したら開けてくれと。で、天国にいる彼に向かって、サミーたちがそのワインで乾杯するところで本は終わる。洒落た演出にすごく感動したんです。そういうのを読むと、「あっ、食べるものじゃなくて、ワインもあるな」って軽薄に思ったりして（笑）。ワインを飲んで死ぬ、みたいなことをちらっと考えたのですが、最近はそうでもないかなと（笑）。

宇田川　どんな風に変わったんですか。

大岡　死ぬ時の理想形が食べている状況じゃなくて、少し釣りのほうに偏ってしまって。つまり、川で釣りをしていてヨタヨタしているうちに、水がガボッと胸まである長靴に入る。長靴に水が入ると二度と起き上がれないぐらい危ない。それで「あっ！」と言う間もなく流されて死んでしまう（笑）。家族全員に絶対やめてって言われているんですが、そんなバカな死に方をしたいという風に思いつめています。そうすると食べている暇がない（笑）。だから、その前に食べたものが最後の晩餐になるかな。

宇田川　そうなると、何を食べるかわからない。

大岡　インスタントラーメンを食べているかも。

宇田川　それが魚たちにとって最後の晩餐になるかも（笑）。

大岡　私が晩餐というわけですね（笑）。

宇田川　本日はありがとうございました。

二〇一二年一〇月

対談後記

パリに暮らしていた頃、大岡さんと何度かニアミスした。あまり人付き合いの良くない私がパリ時代に親しかったのが、日本人画家の菅井汲《くみ》（一九一九〜九六）。世界的な絵画展で数々受賞した画家で、彼の愛車ポルシェに同乗してドライブしたものだ。そんな菅井氏の自宅を東京から訪れていたのが、父親の信さんに連れられた若き日の大岡さん。だから、大岡さんに親近感を持っていた。それに、傑作『日本グルメ語辞典』は私の座右の書である。数十年の時を経て対談は実現したが、とりわけ驚嘆したのがワインとイタリア料理への熱愛ぶり。篤実な人柄に秘められた醒めた熱狂が小説家の性を思わせた。

6

吉本ばなな

命のきらめきを食す

写真：Fumiya Sawa

吉本ばなな

よしもと・ばなな　一九六四年、東京都生まれ。日本大学藝術学部文芸学科卒業。八七年『キッチン』で第六回海燕新人文学賞を受賞しデビュー。八八年『ムーンライト・シャドウ』で第一六回泉鏡花文学賞、八九年『キッチン』『うたかた／サンクチュアリ』で第三九回芸術選奨文部大臣新人賞、同年『TUGUMI』で第二回山本周五郎賞、九五年『アムリタ』で第五回紫式部文学賞、二〇〇〇年『不倫と南米』で第一〇回Bunkamuraドゥマゴ文学賞を受賞。著作は三〇カ国以上で翻訳出版され、海外の賞も多く受賞している。著書に『スナックちどり』『花のベッドでひるねして』『鳥たち』『サーカスナイト』『小さな幸せ46こ』などがある。最近お気に入りの食べ物は、代官山「龍坊」の丸餃子と土鍋煮込みご飯。

レストランを書く

宇田川　以前、お父上の吉本隆明さんと、私が聞き手になって、「食」を通じて吉本さんの人生を探るといったような共著（『吉本隆明「食」を語る』）を出しました。その頃から、「宇宙一の食いしん坊」と言われるばななさんに、ぜひお話を聞きたいと（笑）。

吉本　「宇宙一の食いしん坊」というのは他称なんです（笑）。知らなかったんですけど、台湾に行って自分の本を書店で見たら、帯にそう書いてあったんで、そう思われていたんだって（笑）。漢字だからうっすらと意味はわかるんです、宇宙一って。でも、そこまでじゃないですよ。

宇田川　他称とはいえ、いかにして「宇宙一の食いしん坊」と書かれるまでに育ったのか、その一端にでも触れられたらと思います。ばななさんは食をテーマにした作品や食べ物にまつわるエッセイをずいぶん書いている。デビュー作の『キッチン』というタイトルも象徴的だし、最近作『もしもし下北沢』と『ジュージュー』もそう。『もしもし下北沢』の舞台になっているビストロ「レ・リヤン」は実在していたとか。

吉本　はい。でも、今は移転して幡ヶ谷で、「オー・ペシェ・グルマン」という名前に変えて、同じメニューでやっています。大繁盛しているみたい。もともとの店名「レ・リアン」はフランス語で絆とか友達みたいな意味で、ハワイ語で言うところのオハナです。店がなくなったのがショックだったので、何かに残しておきたい気持ちもありました。

宇田川　ストーリーは、主人公の若い女性の父親が見知らぬ女性と心中して、そのことに苦しみ悩んで、ビストロで働きながら再生していくというもの。舞台にビストロを選んだ理由は何ですか。

吉本　わたしが食べるのが好きな上に、長い間いろいろ食べてくると、だんだん食べ物屋さんの友達が多くなってきて。そうするとその人たちの努力というか、苦労や精神性が意外に書かれていないのがわかってきたんです。書かれていても、どうしてもお客さんとの話になってしまう。お店を保つための精神性っていうんですか、それについて書いてみたいと思ったのが正直なところです。ステーキハウスが舞台の『ジュージュー』も、そこで書き切れなかったことを書いた。

宇田川　ばななさんは下北沢の近くに住んで十数年。ここ数年、この界隈が激変しているそうですね。

吉本　そうですね、あんまり雰囲気は良くないです。町が破壊されていくとか、そういう感じがあります。連載中もどんどん個人商店がなくなっていきまして、チェーン店が増えている。そういうことって悲しいですよ。まあ、下北沢に限ったことではないと思うけど。

宇田川　『もしもし下北沢』では、主人公は母親ともども、ビストロで出す料理とか、町の人間関係などに癒されていく。ちゃんと食べて、悲しみや悔しさから少しずつ日常へと回帰していく。最初からそういう設定を考えていたのですか。

吉本　はい、そうですね。ほかに父親が心中した茨城の、お年寄りが夢を見て移住して来たところの、荒れた感じとかもちょっと描いてみたかったので。日本ではあまり文化が育ちにくいみたいな、時代的な背景を書いてみたかったんです。

宇田川　近所のみんながビストロに集まって、鎧を脱いで素のままで付き合うということもテーマの一つだと解釈してもいい？

吉本　うーん、それはそうでもない。食事をする場としてのリラックス感は、経営者側というか、働く側から書いているので、あんまり出せなかったなと思うんです。

細部は清潔に

宇田川　ばななさんは食べ物に関して相当な蓄積を持っている。ビストロを内側から書くために、経営みたいなことも綿密に取材されたんですか。

吉本　そうですね、かなり。お店をやっている人の話を聞くのは好きです。面白い。いい店って、まず、清潔感ですかね。それがない人に美味しい料理はあり得ない。お店の清潔感と本人の清潔感というような、物理的な清潔感でしょうか。爪がちゃんと短いとか、お店に埃がないとか。清潔感が持てる人なら、技術はあとから付いてくると思います。

宇田川　清潔感というのは基本中の基本でしょう？

吉本　でもそれはね、長く続けているとだんだんわからなくなっちゃうんです、人間って。そこをやっぱり基本として誤らないというか。いい料理人さんってみんなそうだと思います。あと立地条件が悪くて、たとえば地下だったり、窓がなかったりしてこもりがちなところでも、清潔感を出しているところは相当な店だと思いますね。

宇田川　つまり、料理人と店が清潔なら、人間関係も清潔だし、料理も美味しいだろうと。

吉本　そんな気がしますね。世界中をいろいろ見てきてそう思う。よく台湾の屋台は、汚くても美味しいところがあるじゃないかとか言われるんだけど、本当によく見てみると、美味しいところは清潔ですね（笑）。たとえばね、トイレとかメチャクチャだったり、ヤモリがピューッといたり、バケツからティッシュがバーッとはみ出てたりしていても（笑）、厨房は清潔です。

宇田川　究極的に言えばキッチンさえ清潔であればいい？

吉本　最悪な言い方ですけど、そうですね。

宇田川　食べることの好きな人にいろいろ話を聞いてきたけれど、清潔感を第一に挙げる人は珍しい。

吉本　例外がないかと常に探しているんですけど、やっぱりないですね。一軒だけ、すごく汚いんだけど美味しいって言われている店に行ってみて、店は確かに汚いんだけど、厨房はきれいだし出てくるものはすごく整っていて、例外はないですね。

宇田川　私も日頃ずっと思っているんだけど、いい料理を出していてもトイレが汚かったりすると、途端にがっかりする。私は根性が悪いから、店に行くと必ずトイレに入って粗探しする（笑）。窓枠とか花瓶の裏側とか鏡の脇とか、必ず汚れをチェックする（笑）。

吉本　大切ですよね！

宇田川　結構がっかりすることが多くて。高級な店でも目立たないところに汚れが溜まっていたり。神は細部に宿ると言うけれど、細部は清潔にしておいて欲しい。料理人の精神性のたるみみたいなものが表れているような気がするから。

吉本　必ず味に反映しますすね。オープンした時は誰でもやるけれどね。だんだんたるんできているんだなっていうのがあります。これに気付かないということは、ほかのことにも気付かないってことだろうなって、正直に言ってそう感じてしまいます。おトイレの窓の縁にね、埃が溜まっていたり、ドライフラワーみたいなのが埃だらけになっていたりすると、気になるっていうか、この店はここまでだなって感じてしまう。

宇田川　お客はそこまで気にしてないと思うけど。

吉本　人の家だったら気にしないですよ。ただ、食事をする場所に関してはそう思ってしまいます。

宇田川　清潔感以外に料理人に必要なことは？　客とのコミュニケーション力とか。

吉本　意外に必要ないと思います。本当にいい料理人さんで、口下手な人は結構多いですからね。

宇田川　酒を飲まないとかして、自分を抑えている人もいると思う。それは清潔感と結び付くことですか。

吉本　うーん、どうでしょう。よほど自信がなければ、そのほうが安定した味になるんじゃないでしょうか。実はお酒を量としてたくさん飲む料理人は意外に少ない。中には店に出る前日はお酒を控えたり、コーヒーのように強い味のものを飲まない人もいる。塩の味がわかることなんかも、ちゃんとした料理人のような気がしますね。

その場の最低の人間になれ

宇田川　ご実家の話を少し聞かせてください。私の誤読かもしれないけど、小学生の頃からお酒を飲んでいたとか（笑）？

吉本　いや、飲んでませんよ。それはデマです、ガセです（笑）。

宇田川　食卓には小さい頃からビールが出ていた？

吉本　大人はそうでしたけど。私はもちろん子どもの時は飲んでいませんでした。

宇田川　いつ頃から飲むようになったんですか、ご実家では？

吉本　二十歳過ぎてからだったように思いますが。

宇田川　お父上もおっしゃってましたが、家族の仲は良かったと。特にばななさんは吉本さんと仲良しだったんですか。

吉本　父とは仲が良かったと思います、最後まで。うちは割とみんな仲良かった感じだと思いますね。もともと両親は「かけおち婚」だったんです。だから、双方の実家との交流がなかった分、初めのうちは孤立した感があったので、家族が密だったんだと思うんです。実家ともだんだん打ち解けていきましたけどね。

宇田川　お酒に関して吉本さんがおっしゃった言葉に、「大勢で飲む時はその場の最低の人間になれ」がある。どんな意味ですか。

吉本　最後まではっきりしていろってことじゃないかと思うんですけど、酔いつぶれないで。誰がどうなっているかよく見ていなさいと。それと、そういう酒席ではへりくだった態度を守りなさいとも言われました。

宇田川　ほかに飲食に関して教訓のようなものを言ってくれましたか。

吉本　あまりに日常的だったので、そんなに自覚して聞いていなかったですね。今思うともったいないことですけど。むしろほかの家に行って、なんとなく会話をしていることのほうが理解できないぐらいというか。意味のあることしか言わなかったというか。

宇田川　自宅が谷中銀座に近かった頃、吉本さんがばななさんの手を引いて買い物に行ったり？

吉本　小さい頃に住んでいた千駄木の頃はそうでした。食材を買うっていうよりは、お惣菜やコロッケ、ポテトサラダなんかを買って来るという感じに近かったですけどね。すごく環境が良くて、引っ越してからは谷中銀座も遠くなってしまって、寂しくなっちゃいましたね。

宇田川　ばななさんによれば、お総菜は日本の力、日本の味？

吉本　そうですね。私は買って来たのを食べていたんです、谷中銀座で。コロッケとかメンチカツとか、お肉屋さんで売っているそういうものを。谷中銀座に伝説の名店が一軒あるんです、今もたぶん有名だと思うけど。そこのものを買って来て、あとは味噌汁とご飯みたいな感じだったと思います。でもそういう特別なところ以外は、外で買って来るお総菜はたいてい塩分か油分か糖分のどれかがすごく強いので、自分の家で作るのが一番美味しいなと。ただ、お総菜は私たちが育った昭和の普通の食卓の味でしょう。すごく大事な食べ物で、こういうのは一番厭きない。そういう「抜け」こそが、毎日店に通える味の秘密、なんていうことはグルメ雑誌には載っていませんけどね（笑）。

宇田川　吉本さんによれば、揚げ物は昔の日本人にとって重要な食べ物で、ほかにカレーライスと煮物などもそうだと。ばななさんは揚げ物に対して抵抗はなかったんですか。

吉本　特になかったですね。今は、そうだな、大人になって舌が肥えてきてしまったから、お弁当に入っている古い油の味のものは食べないですけどね。もちろん、出ちゃえばいただきますけど。

宇田川　一時期、吉本さんはお体の弱い奥様の代わりに数年間、料理を作ったり、子どもの弁当を作ったりしていたそうですね。

吉本　父は揚げ物が大好きで、特に晩年までハムカツが大好物でしたね。まあ、料理を作るといっても、お好み焼きの素で作る、肉なしキャベツなしの「素」のままのお好み焼きのようなものとか（笑）。

宇田川　私との対談では、煮込み料理や揚げ物、自慢のカレーなど五つか六つのメニューを少しずつ変えながら作っていたと。最後はご家族にも厭きられて、「マンネリうどん」なんてあだ名をつけられた（笑）。お弁当も風変わりなものを作っていたとか。風呂敷を開いたらカップヌードルが入っていたり（笑）。

吉本　ほかにもうぐいす豆だけとか、三分の二がイチゴ、三分の一がご飯で、おかずなしとかね（笑）。実際にあったみたいですけど、あれって姉の代の話でした。ちょうど父が料理をしていた時代だったんで、本当にすごいお弁当を食べてたみたいで。私はちょっと時代がずれていたので、数回しかそういうのに出合ったことがなかったですが。私のは母が作っていましたから、割と健康的なお弁当で。

宇田川　お母様は完璧主義みたいな方だったそうですね。

吉本　お弁当を作る時に、きっちりしていないと嫌というか。当時は今みたいなシリコン・カップのようなものがなかったので、しきりを作ったりしていましたね。料理はそんなに好きではなかったみたいでしたが、そういうきっちりした感じが好きみたいな。

宇田川　お母様がおせち料理を作るシーンをばななさんが書いているけど、鬼気迫るものがある（笑）。

吉本　本当にすごいんです。母は体が弱くて、でも責任感は人一倍強かったので、年末はおせちを作るのに命をかけていたと言っても大袈裟じゃなかった。おせちの内容よりも、四角い箱の中にいかにきれいに詰めるかっていうことのほうに凝っていて。完璧主義でしたね。きっちりしたのに合わないとヒステリーを起こされたり。その分、周りは大変でしたけど。

宇田川　そういう食にまつわる記憶や、小さい頃に経験したことは今も強く残っていますか。

吉本　子どもの頃はお惣菜が多かったので、逆にあとから味に関しては詳しくなったんじゃないかな。お惣菜が嫌だったからだと思うのですが（笑）。

宇田川　一種の反動みたいなものがあった？

吉本　そうですね。だから、家で作ったほうが簡単でうまいんじゃないという感じにはなってきたと思います。

宇田川　和やかな食卓の風景が浮かびますが、食卓から学んだことは？

吉本　うちの場合、ご飯を早く食べるということですかね。あんまり時間をかけないで食べるというか。それは結構大切なことだなって。料理に関しては時間を置いて美味しくなるものってあんまりないので。お漬物とか、シチュー的なものとかカレー的なものとかは別として。でも、シチュー的なものでも、盛られてからあまり時間が経たないほうがいい。それを訓練されて良かったと思いますね。

宇田川　早食いということですか（笑）。

吉本　早食いとまでは言わないですけど。父は食べるのがものすごく速かったので。だから、それがもう普通だと思っていてね。大リーグボール養成ギプスみたいなもので（笑）。合宿とかに行きますとですね、私が一番早く食べ終わるんですよ。ほかの人はこんなにゆっくりご飯を食べるんだって気付いたのが中学生以降なんで。それまで知らなかったんです。この能力が飲食店で、とても喜ばれる。すぐ食べてくれたってね。お寿司屋さんや天ぷら屋さんなんかは、特に早く食べて欲しいのに。天ぷらとかお寿司を前にお喋りをして食べない人を見ると、ここは飲むところだから仕方ないけれど、本当のところは悔しいということをよく聞くんですね。あとで親しくなってから本音を聞くとですよ。

宇田川　最近はさすがに少なくなったけれど、寿司屋のカウンターに陣取って、タバコをプカプカなんていう御仁もいるし。

吉本　だから料理人の方は我慢していると言うんです。だけど、あなたは何を作っても早く食べるから、本当に嬉しいっていう言葉を各国の料理人に言われることが多くて。確かに美味しさというのは、できたてとほとんどイコールのところがあるから。たとえ熟成されたものでも、肉でも何でもね、結局、出てきてから食べるまでの時間が短いほうがいいわけですよね。その結論に達したのはかなり最近なんですけど。

宇田川　吉本家の食べるエスプリが遺伝されているみたいな？

吉本　うーん、ほかにもっといいものを遺伝されたかったなぁ〜（笑）。

宇田川　大事なことですよ、お客がタイミングよく早く食べるのは。ばななさんが幼い頃は、時代的にご実家が裕福じゃないこともあったと思います。でも、実家ではまずくて安いものは決して食べない。たとえお金がなくても、高くてもいい素材を買って食べる。つまり、消えるものに関してはお金を使う、ということを吉本さんはおっしゃっていた。それはどういう意味ですか。

吉本　私は父にも母にも、その思想を詳しく聞いたことはなかったのですが。お金に困ることもあるけれど、そういうことを削って、いいものよりもまずくて安いものを食べていくなら、生きていく意味はないと言ってました。消えていくものだから、大事にすべきという考え方だったようですね。たとえば肉とかをね、肉屋さんとかに行って、一番いい肉とかを買っているので、これをこっちにしたらもっとお金が貯まるんじゃないのと、子どもの頃に言ったことがあったのですが、こういうものをケチるぐらいなら、死んだほうがマシなんだっていうことをよく言ってましたね。

宇田川　なかなか言える言葉じゃないですよ。

吉本　そうですよね。まあ、公ではもっと柔らかく言ってたと思うんですけど。家族の内だから、こういうことをケチるんだったら、生きていかないほうがマシなんだという表現でしたね。

宇田川　食べ物に対する決然たる姿勢ですね。

吉本　そうですね。その頃はちょうど昭和の高度経済成長期で、子だくさんでやりくりするのが美徳とされていた時代だったので、私はテレビで観て、素直にそう訊いたんだと思います。そんなにお金がなくて、もっと働かなきゃと言っているんだったら、もっとそういうのを節約したらって言ったら、こういうのを削るもんじゃないって言われましたね。こういう能力をね、私もレストランについて書く時に活かせたらいいんだけれど（笑）。悪いことを書かなきゃいけないのが嫌で、あまりそういうのはやらない。

宇田川　自分が否定的というかネガティブだから、最後はハッピーエンドで終わりたい、締めくくりたいという気持ちがあるんですか。

吉本　若い頃はそうでしたね。今はさすがにそういうことはないですけど。底の底はものすごく明るいんだと思います。

店選びは面白すぎる

宇田川　ばななさんは肉好きで揚げ物好き、刺身や寿司は体が冷えるからそれほど好きじゃない。

反対にご主人は魚好きで肉は苦手なほう。刺身や寿司なら毎日でもOK。結婚した当初は地獄でした(笑)？ どう帳尻を合わせたんですか。

吉本 どうしていいかまだわからないんですけど……。昼に好きなものを食って来い、みたいな感じでごまかしてますね(笑)！ でも、好みの幅は少しずつ広がって、最大公約数を発見していったんですね。時間をかけて工夫すれば、解決できないことは基本的にないって思っているから。ただ、唯一嗜好が似ているのが健康志向というか、そこだけは共通しているので、そこで何とか折り合いをつけています。健康的な調理の仕方というのはありますものね。素材とか調味料を良質なものにすれば。

宇田川 乗り越えられると。お子さんが生まれて、食卓の風景が一変しちゃったなんてことはありますか。

吉本 小さい頃はまず座っていませんでしたからね、食事の間。そこからして失格ですよ（笑)。失格というか、食卓がないんですよ、座らないですから。食べ物はどちらかというと大人のほうに合わせてもらっている。育児中のご飯は家族のご飯で、家族を一つに結ぶひものようなものだと思う。

宇田川 食卓のしきたりとか習慣は？ こうしちゃいけない、ああしちゃいけないとか。

吉本 残さないってことは言いますけど、あんまり無茶な盛り付けでもないんで。あと、今うちの事務所の人に教わって野菜ジュースを作っているんですけど、それが家族に不評で。それを無理やり飲ませているのが、嫌がられていることで（笑）。

宇田川　お弁当もお作りになって。

吉本　そうです。

宇田川　夜のメニューもいろいろ考えてお作りになる？

吉本　あるものでサッと作って出すだけで、全然真面目にやってないですけど。でもね、家庭料理こそが、世の中を作って育てている美味しさだと思う。そういう美味しさは唯一絶対なもので、その人が死んだらもう残せないものでしょう。主婦が作るご飯は、レストランで作るのとまったく同じだと思いますね。確かに芸術とは見なされにくくて、低く見られやすい毎日のアートですけど、そういうのが一番好き。

宇田川　外食はよくするんですか。

吉本　あんまりしないんですけど。まんべんなくしているだけで、月二回でも積み重なればみたいな感じで。もちろん美味しくないところには行かないですけれど。本当に美味しいものを出そうとしている店って、作っている人が自分の人生を削ってでもエネルギーを注いでいますよね。お客さんが幸せになって、喜んでくれる時間や思い出を作ってもらおうと思ってね。私はお金にケチじゃありませんけど、食べ物にはすごくうるさいので、外食する時は絶対に味の面で損をしたくない。そしてね、何を食べるかよりも、誰と会うかが絶対に大事だと思っていて。

宇田川　外食する店をどうやって見つけるんですか。

吉本　自分の足で。失敗していることもありますね。

宇田川　店を見極める力というようなものは？

吉本　店はバランスがすべてだと思います。舞台のようなもので、奥が深くて、面白過ぎるから、新しい店のドアを開け続けることがやめられない。店選びの第一は、やっぱり清潔感ですよ(笑)。あとメニューの書き方や組み方でもわかりますよね。小説に関してこんなに自信を持った発言はしたことがないですけど(笑)。

宇田川　時には大食期と小食期が交互に来たりしますか。

吉本　本当にすごくあります。食べない時は三カ月くらいあまり食べない。量がとても少ない。旅行に行くと外食で胃が疲れるから、帰国したらしばらく食べないという単純なことですかね。

宇田川　食べ物は健康と直結しているものだから、食べ物を通じて健康を維持するように心掛けていますか。

吉本　体に悪いものを食べると、一挙に具合が悪くなりますからね。

宇田川　「最低の中に最高の味がちょっと入っているものが好き」って話しているけど、どういう意味？

吉本　コロッケとか焼きそばとか餃子とか、そうですね。最悪のラーメン屋の中にも最高のと言いたいことっていうか、ニュアンスはあるよっていうことですよね。最低のものを見ると、最高のものは何ぞやと思い描けます。

宇田川　ちなみにフランス料理はどうですか。

吉本　フランス料理なんていうのは、かつてあんまり美味しいって思ったことがなくて。でも、だんだんわかってきました。美味しいところに行くようになったので（笑）。最初はどういうところが美味しいのかよくわからなくて。

宇田川　フランス料理の美味しさって何だと思いますか。

吉本　あれはね、やっぱりキレじゃないですか。うん、キレがあるかどうか。コクもダラーッとではなくて、皿の中でピシッとなっているというか。でも、それもね、なかなか長い間わからなかったですけど。フランスで食べて失敗した料理は、だいたい味も盛り付けもどろーんとしたものが多い。それから、スペインとかイタリアにおけるタパスとかバルに当たるようなビストロに出合ったことがなかったので。でも、最近少しわかってきました、こういうことが言いたかったのかって。

宇田川　フランスは良くも悪くも階層社会だから、日本とは料理の成り立ちが違います。料理のエッセンスが崩れていなくて、まだちゃんと残っている。日本のフランス料理はすごく美味しくなったけれど、気候風土が違うから難しいところがありますね。

吉本　気候が合わないですよね。この湿度と相まってしまうと、ダラーッとなってしまって。

宇田川　吉本さんが私に言った言葉に、「フランス料理は得体が知れない」。

吉本　父は会席料理とかフランス料理とかがあまり好きじゃなくて。でも、私は大好きなので。

フランス料理って素材を組み合わせて作るものだから、素材そのままを出して素材の味を食べろっていうものじゃない。そこは見ていて面白いですよね。

宇田川　京都の料亭は一見さんお断りと言われるけれど、フランス料理はどんな高級店でもすべての人に開かれている。歴史や国民性の違いなんだろうけど、情報を公開しながら、その中で世界の料理を摂取していくというすごさ。

吉本　そうかもしれませんね。たとえば、コンサートとか絵とか音楽とかは、前もってチケットを買って行くんだから同じですけど、ある意味では選ばれた人しか行けない。そういう意味では、基本的に飲食店というのは開かれていますから、誰にでも。だからいいなって思いますけど。

命の力を思う

宇田川　ばななさんは和洋中何でもという広角打法で、ピンからキリまで食べている。そういう幅の広さは、何かを求めて意図しているものなんですか。

吉本　自分が小説を書いているような気持ちで調理している人がいるんじゃないかと思って、希望を常に持っているんですよ。小説はそれほど自信がないんですけど（笑）、こういう気持ちを持って生きている人っていうのが、小説家よりもむしろ、料理人の中に探せるのではないかという気持ちを常に持っています。気が合うというか。自分は料理を作れないわけですから。

宇田川　小説を書くことと料理を作ることは似ていますか。

吉本　まず季節、旬のものを使わなければならないということ。そして素材を集めて何をどう組み合わせていくか。あと同じようなものでなければならないけれど、毎回、違っていなければならない。それに少しずつ美味しくなっていなければならない。それに取り組む、たゆまない努力というか修業というか、その姿勢にはかなり近いものがあると思います。こんなことをしていて何の役に立つんだって思っちゃったらおしまいですよね。本物の料理人は、どこのスーパーで買ったものでも、美味しいものを作る。でも、鮮度だけはよく見ている。本物の作家は、パソコン一台と紙があれば小説を書いちゃう。

宇田川　生まれ変わるとしたら、料理人になってみたいという気持ちは？

吉本　むしろ美食の王様に生まれてきたかったですよね（笑）。だって、あんな風に毎日美味しいものを……楽しそうだなと思って。でも、外食ばっかりだと疲れるかな？

宇田川　小説にしてもエッセイにしても、食に関してここまで全身全霊でこだわっている人って珍しい。小説もすごいけど、食い物への執着もすごい。

吉本　これって評価されているのか(笑)？　いや、割とみんなそんな感じですよ、作家って食いしん坊だし。お店も料理も人間が作った作品ですからね。いい作品を生みたいっていう気持ちだと思います。いいものを見ていると、ああ良かったなと思うんですけど、ほかのジャンルでそこまでのことはなかなかない。あるにはあるんだけど……。

宇田川　お書きになっているように、料理は一枚のキャンバスに描かれた作品。しかも消えていくアートですものね。

吉本　描かれた絵は、その日のうちに消えてなくなっちゃうけど、食卓をともにした人たちの頭の中には、かけがえのない思い出が刻まれる。その消えるものに毎日を注げるということが見所、ですか。いいっていうか、自分も頑張ろうって。

宇田川　料理の「だし」について書いていますね。だしは和洋中を問わず料理の命。ちゃんとだしを取ったものを食べていれば健康にもいい。でも、「だし教」なんて作らないでくださいね（笑）。

吉本　作りたいですね（笑）。世界中の料理にだしは貢献しています。重要だなと思いますね。生活ではだしがどうのこうのって、そこまでは真面目にやっていないです。だしって生きるために必要なあらゆる栄養が入っているような気がします。本気でだしを取ったものを少量食べていれば、体の欲求はかなり満たされると思う。友人が言ってるんですけど、食で満足する鍵とか体重をコントロールする秘密はだしじゃないかって。だしがダメなお店はやっぱりダメだから。世界のいろんな場所に行っても、みんなそうですね。うま味っていうんですか、それこそ人類が求めているものはうま味でしょう。

宇田川　食べ物に求めている本質的な欲求とは何だと思いますか。

吉本　たとえば、牛の中にある本当のきらめき、命のエッセンスは、死んだ肉からは消えちゃっている。でも、人間はそのかすかな力の匂いだけでも得たいから、肉を食べるんじゃないか。そんな命を食べたり、食べられたりしながらその力を思う時に、何かを知るんだと思うんです。命とは食べたり食べられたりするもの。本当に食べたいものが新鮮で、ちゃんと栄養素が足りていれば、それで満たされるんじゃないでしょうか。家庭で作ったものでも、ラーメンでも、肉でも野菜でも、力があって、まやかしも派手さもなくて、静かに自分を育んでくれるようなものを食べたいですね。

宇田川　そんな普通のものを食べるという環境が崩れていますよね。

吉本　そうですね。難しいことだと思います。わたしは野菜はオーガニックのものを基本的には選んでいますけれど。素材を見る目もあると思いますけどね。いろんな国でお店とか、市場とか、いろいろなところを見てきたので、何となくわかるというか。とにかく値段よりも、自分の基準を大事にしてきたんです。食べ物に卑しいので、その厳しさには自信があるかもしれない。美味しくないくだらないものでお腹をいっぱいにするのが嫌なんですね。

高級店からジャンクフードまで

宇田川　アジアもそうですが、フランスでも外に開かれた市場が日常生活のベースになっている。日本は開放感のない市場が多い。食いしん坊としては、これからどう食環境を整えていこうと思っているのですか。

吉本　自分に関しては、自分の周りのことしか知らないから、割と恵まれていると思っています。いいお友達も、あといいシェフにも恵まれています。こういう時にはここに行って、ああいうものを食べようとか、かなりいいネットワークができているから。だから今は、新しいところを探そうっていうのもないんです。だいたい家か知人の店で食べていますよ。

宇田川　高級レストランからジャンクフードまできっちり食べる理由は？

吉本　うーん、やっぱり観察してみたいという好奇心かな。割と家で仕事をする人ってそうじゃないですか、みんな。家にいると退屈しちゃうし。この前、漫画家の女友達と一緒に旅行に行くんで、東京駅のイベリコ豚弁当の店の前で待ち合わせて。それで、弁当屋に行って二個買ったんです。その時友達がお弁当にちょっと触って、「ほら、これが温かい。こっちのほうがあとに作っているよ」って。すごいなと思ったんですけど、そういう執念は物書きに多いんじゃないですかね。そしてより良いものを求める心みたいな（笑）。

宇田川　食事の思い出は人生最高の思い出の一つでしょう。

吉本　美味しいものが好きな人たちと、時間をかけて食べることは素晴らしい。本当に人生最高の幸福の一つでしょうね。家族や友人と食べる食事、好きな店、子どもの頃のお弁当の思い出など、食事は凝ったものでなくてもいいんです。大事なのは気持ちであって、そこから生まれる人との繋がりなんですね。最近、食べることをぞんざいに考えているような気がする。みんながまずくて脂っこいものをがつがつ食べている様子を見ていると悲しくなっちゃう。それで浮かんでくる言葉は「家畜」。何だか日本の社会がどうしようもない状態なのを、安い食べ物を雰囲気でごまかして与えることで、ごまかされているような気がするんですよ。

宇田川　仮にあと一週間しか余命がないと知らされたら、何を食べますか。対談したお父上は、それは絶対あり得ないって言う。元気な時に食べて、何日かあとに亡くなるんだったら、それが最後の晩餐だと。それで、お釈迦様が亡くなった時に、地球上のすべての動物たちが集まって、ワアーッと泣いたという伝説があると話してくれました。

吉本　父が最後のお正月に食べたのは、かまぼこを小さく刻んで、味の素をほとんど白くなるほどかけたもの。それから一週間後にものが食べられなくなっちゃったので、最後の晩餐はほとんどそれだったと言っても過言ではない。最後は「どん兵衛」だったんですが、途中まで食べて、もうダメだって言って入院しちゃった。だから、最後の最後は「どん兵衛」だったみたいなんですけど。

宇田川　ばななさんの場合は？

吉本　マウイ島のハレアカラ火山にバスツアーで行った時に、ツアーコンダクターのお兄さんが、みなさん最後の晩餐は何を食べたいですかって訊くわけです。私と一緒に行った女友達が、白いご飯の明太子のおにぎりだと。お兄さんに、「そりゃ今まで、ずいぶん食い散らしてきた人たちの意見ですね」ってひと言で言われて、すごいしょんぼり（笑）。私は今もたぶんそうだと思うんですが、食い散らかしてきた人々の最後の理想はその辺りに落ち着くかなと。

宇田川　本日はありがとうございました。

二〇一三年一月

対談後記

対談を申し込むと吉本さんは快諾してくれた。ところが、対談前日、お母様の逝去を知らされ、彼女の心中を察して延期を申し込んだら、ひと言「ぜひやりましょう」。その言葉に救われて対談の場に出向いた。食の原点であるご実家の食卓に触れざるを得ない私に、ばななさんは鷹揚に応じてくれた。今年（二〇一二年）はお父様の吉本隆明さんも亡くされたというのに。小説ではばななワールドに魅了され、対談では人間としての勁《つよ》さに頭が下がった。ばななさんは美しく輝いていた。

7

三遊亭好楽

何でも全員で食べる

三遊亭 好楽

さんゆうてい・こうらく　一九四六年、東京都生まれ。落語家。六六年に八代目林家正蔵（のちの林家彦六）に入門、林家九蔵を名乗る。七一年、二ツ目に昇進。七九年、「笑点」のメンバーになる。八一年、真打ちに昇進。八三年、五代目三遊亭円楽門下に移籍し、三遊亭好楽に改名。著作に『好楽日和。』、落語集CDに『三遊亭好楽 落語集 好日楽語（よきひにらくご）』などがある。落語家・三遊亭王楽は息子。最近お気に入りの飲食店は、台東区谷中の津軽料理「みぢゃげど」。

正蔵師匠の精進揚げ

宇田川　国民的番組「笑点」の人気の秘密はどこにあると思いますか。四八年という長寿番組ですね。

好楽　出演者の着物の色を変えたのが、まずヒットした大きな原因。それからスマートに座布団の取りっこにしたのも勝因でしょう。一番大事なことは、番組が長くないことでね、質問を次々に出して、その中で自分の個性を出すわけ。コマーシャルが入らないで一七分くらい。それ以上長かったら、とっくの昔に終わってますよ。中には大喜利だけでいいじゃないですかって言う人もいるけど、大喜利だけでやったら厭きちゃう。腹七分目八分目で満足させて、また来週と言ったほうがお客さんに余韻が残るんですよ。

宇田川　視聴率が二〇％を超えたり。個人プレーと集団プレーがうまくかみ合ってます。

好楽　そうですね。一人が喋ったら、みんなワーワー言いながらも、余計なことをしちゃいけないと思ってスッと引きます。クソミソに言っておきながら、その人が浮き彫りになるようにスッと引くでしょう。みんながほかの出演者にない個性を出しながら、チームワークがいい。

宇田川　家族八人のファミリードラマを見ているような気分になります。

好楽　だから世代を超えて楽しめる。若いのが入って来ても、みんなファミリーにしちゃうわけですよ。年も関係なく。上は歌丸師匠と木久扇さんが七〇代後半、私たちが六〇代で下は五〇代。

宇田川　好楽さんは一九六六年に八代目林家正蔵（のちの林家彦六。一八九五〜一九八二）に弟子入りした。プライベートではどんな方だったんですか。

好楽　なかなか洒落てましたね。ある時、お客さんが外国に滞在したのが長かったというので、座布団じゃきついだろうと思ってね、「おい、誰か、いないか」って。弟子の私が「何でしょう？」って訊くと、「椅子を持っておいで」って頼まれて、台所から椅子を持っていく。「どうぞ、どうぞ」なんて、畳の上に椅子を置いて座ってもらって、師匠は長火鉢の前に座って会話してる。師匠は気が利くなと思ったし、その姿や雰囲気が良かったたですね。

宇田川　正蔵は明治生まれの堅物だそうですが、コーヒーをサイフォンなんかで飲んだり、意外に粋なところがあったそうで。

好楽　お気に入りのお客さんが見える時なんぞは、「おい、コーヒーを出しておくれ」って言われて、私がサイフォンのアルコールランプに火をつける。でも、私はサイフォンなんてモダンなことやったことねえから、ネルドリップを洗剤で洗っちゃったりして、「なんか臭いな」と言われたり（笑）。

宇田川　古今亭志ん生（五代目。一八九〇〜一九七三）も同じ明治生まれ。考えてみれば、数十年前は江戸ですもんね。

好楽　正蔵師匠と二人でいろいろ遊んだりもしていたそうですよ。志ん生の子どもで残ってんのは、一番上の美津子姉さんだけ。三番目の馬生も、一〇歳離れた志ん朝も死んじゃいました。みんなに、私が志ん朝によく似てるんでかわいがってもらいました。志ん朝のね、再来だって喜んでくれんですよ。私が、矢来町に住んでた志ん朝の家に、志ん朝が若い時分に食べてたコロッケ屋のコロッケとか、おかみさんが好きだって言うところてんとか、いろいろ五〇個ぐらい持って稽古に行ってね。「気が利くね、あんたは」なんて喜ばれてた。メッチャクチャにかわいがられましてね。亡くなっちゃったから、悲しくて、悲しくて、落語界はみんな沈んじゃった。あの人がいるからっていう時代だったから。

宇田川　私も一番好きな落語家は志ん朝。みなさんおっしゃるように色気があってうまい。

好楽　銀座なんかに連れて行かれてね、一番下の志ん朝が、「おう、ママ、うちの弟、連れて来たよ」。そうしたらママが、「あれ、朝さん、弟さん、いたっけ？」って言うから、「うちの親父が道楽したから、方々に作ってんだよ」って（笑）。私はしょうがないから、「そうなんですよね」なんて。馬生師匠も初めて会った時から、「あれ、うちのやっこに似てるな」とか、美津子姉さんなんかは、「あんたを見てると、うちの弟と喋ってるみたいよ」ってすごい喜んでくれた。

宇田川　美津子さんが書いた本を読んでると、志ん生は四〇年以上ずっと貧乏してて、そのうち売れたけれど、食べ物の好みはほとんど変わらない。食生活って一挙に変えられないんですよ。落語に出てくる江戸っ子が食べていたものと似たり寄ったり。納豆、味噌豆、豆腐、塩むすび、昆布やアミの佃煮、おいなりさんとか、つましい食べ物。正蔵が食べていたのも、そういうものですか。

好楽　だいたい同じようなもんですよ。私とカミさんで一緒に師匠のうちに行くでしょう。すると師匠が「おい、ご飯食べて行きな」って言う。長火鉢にいつも炭がおきていて、そこで油揚げを一枚焼いて、おかみさんが食用鋏で短冊に切って、醤油をちょっと乗せて、みんなでご飯と食べる。おかずはそれだけなんです、味噌汁なんかなかったし。でもメチャクチャうまい。感動して食べたもん。

宇田川　好きな食べ物は？

好楽　まず牛すじを買って来て、弟子がみんなで切るんですよ。三日間かけてじっくり煮込むと、脂とか灰汁が抜ける。そのトロトロの美味しいやつをご飯にかけて食べるというのが、本当の下町の牛丼なんです。それが好き。全然お金かかんないけど、時間はメチャクチャにかかる。味付けは師匠のおかみさんがするの。一番贅沢なのはカレー屋から出前を取ること。もう一つ、おかみさんが精進揚げをするんですよ。そん中で一番美味しいのがレンコンで、師匠はレンコンが大好きだった。

宇田川　昭和の時代、町の惣菜屋で売ってた揚げ物ですね。

好楽　それを自分のうちでやるわけ。師匠の一番の好みが精進揚げ。だから私が今もね、ちょっとレンコンも食べたいなってなるのは、師匠のせいなんですよ。食べ物の好みも似ちゃう。ほかに師匠は楽屋入りでも何でも早く行くんですよ。トリなのに、前座と同じぐらいの時間に入っちゃう。そうすっと、みんなやりにくいわけですよ、偉い人が最初から座っていると。そういう方でした。だから私も師匠に似て早く行っちゃうのね。私のカミさんが、「お父さん、なんでこんなに早く行くの？」って訊くから、遅いよりはいいだろうと。

宇田川　死ぬまで、贅沢なんていう概念はなかったんでしょうね。

好楽　正蔵師匠はちょっとお金が入ったりなんかすると、お弟子さんにご馳走しようなんて言って。今でもあるんですけど、松が谷の「気賀亭」というトンカツ屋の大きなメンチカツが大好きで、弟子が三人いたら三個、それに自分の分と「四つ買っておいで」って言ってね。でも、大きいから「ばあさんと二人で食べるから」と。メンチカツ一個にソースをかけて、ご飯三杯も食べたっていうのが、林家の弟子たちの食事でしたね。

宇田川　正蔵は蕎麦通じゃなかったそうですが、せいろにこびりついた残り物の蕎麦の食べ方が上手だった。蕎麦を握り飯のように固めて、こんがり焼いて醤油につけて食べる。オチは、「別にこんなこと知ってても、それほど偉かねえ」(笑)。

好楽　師匠だったらやったかもしれないですね。何しろど貧乏して、昔の人はみんなそうだけど、食べるためには旅に出てって落語をやるしかないぐらいな。行けば何とか食べられる、お金はもらえなくてもって、そういう時代でしたからね。

酒の不始末と破門

宇田川　好楽さんは奥さんの実家に恵まれた。落語家を自宅に呼ぶような家だったとか。しかも奥さんは結婚してからも銀行に勤めていた。

好楽　カミさんのお父さんが道楽者で、小さん師匠（五代目柳家小さん。一九一五〜二〇〇二）をかわいがっちゃったりした。お大尽じゃないんでしょうけど、一〇円寄席みたいなのをやって、小さん師匠とかアダチ龍光さんとかみんな呼んじゃって。すごいんですよ、メンバーが。小さんの弟子だった談志師匠は、前座の時かなんかに挨拶に来た。

宇田川　好楽さんは前座時代から奥さんの実家に入り浸っていたそうで？

好楽　彼女の家へ行くと、ずっと寝泊まりしてんの。そのうち実家に帰らなくなっちゃった。だっておばあちゃん、お義母さんが料理を全部用意してくれるし、行くと必ず酒が出てくるの。その頃は毎日へベレケになって、元旦から酒を飲み続けちゃって、気付いたら大晦日なんて生活を何年も繰り返してた。普通はバカですよね。私みたいな飲んだくれでは絶対、結婚のけの字もないわけ。仲間もそう思っていて、私が結婚するって言ったら、みんな飛び上がって驚いて、「おまえ、そんなバカなことをするんじゃないよ。所帯なんか持ってどうするんだ、バカだね」ってクソミソに言われたもん。もし結婚する相手がいるとしたら、私が座った途端にお酒が出てきて、家族のみんなが私を見守ってくれるような、そういう温かいうちだったらいいなって言ってたら、あったんですよ（笑）。

宇田川　一般的にはそれを贅沢と言います（笑）。落語を聴いていると、本当に酒に関して寛容ですね。今でも世間では酒飲みに寛大なのは変わらない。最近は少なくなったけど公道で寝ちゃうとか。ヨーロッパでは公衆の面前で酔ってあられもない姿を見せたら、一巻の終わり。酒飲みに厳しいから。

好楽　私、二三回も破門を食らってて、落語界の記録だけど（笑）。破門の理由はほとんど酒の不始末。ちなみに談志が一七回。正蔵師匠も若い時分はさんざん飲んだ口で、いろいろ暴れたらしい。だから酒飲みには鷹揚だったんですね。

宇田川　正蔵師匠の自宅の前にあったスナックから、師匠に何と五万一〇〇〇円の請求書が届いちゃった。一日一〇〇〇円しか稼げないというのに。

好楽　それを聞いたおふくろがギャオッと言いましたね（笑）。おふくろがかき集めてくれた、千円札と五百円札と百円札の束がしわくちゃでさ。師匠に、「おふくろにこんなに迷惑をかけやがって、このバカ野郎」って怒鳴られた。でも、それでスナックへ払いに行ったら、「こんな子どもにね、こんな高い酒を飲ませるバカがありますか」って小言なんですよ。そうしたらマスターが、「すみません、すみません」って一万まけてくれた（笑）。

宇田川　ほかにも失敗談の一つや二つはあるでしょう？

好楽　若かった頃に、東北から寝台車で帰って来たんですね。大宮まで来て、パッと目を覚ましたら赤羽。間もなく終着駅の上野ですって車内放送が。朝六時に着くはずなんですが、まだ着かないのかなって。でも外は明るくて、すごい静か。パッと見たら、寝台車の周りに誰もいない。車内整理する人が毛布を畳みに来たんです。私の顔を見て、「あんた、何やってんだ、そんなところで」「上野ですか」「もう尾久の車庫、尾久の車庫」。尾久の車庫でずっと二時間寝てた（笑）。

宇田川　豚箱に入ったとか、そういうことはないんですか。

好楽　豚箱はないんですけどね。知らないガードマンがうちに泊まってたことがありましたね。どっかでガードマンと仲良くなっちゃったんでしょう。気が付いたら寝てんですよ。うちのおふくろがさ、「誰、この人？」「知らないよ、そんなの。飲むかいって言ったら飲むって言うから、連れて来たんだよ」「この人、何の職業なんだよ？」。そうしたらガードマンが起きて来て、「ここ、どこですか」って、焦って帰っちゃった。後日、楽屋の黒板を見たら、「落語の世界では、どんなことがあっても、ガードマンをうちへ泊めてはいけません」と書いてある（笑）。「誰でも泊めちゃうんだね、あんたは」ってみんなに笑われた。

宇田川　好楽さんの自慢の一つは酒乱とでも付き合えること（笑）。偉いですね。頭が下がる。

好楽　そうです。酒乱の人って絶対寂しがり屋だから、その人たちの中へ飛び込むんですよ。みんな寄って来ないから、そばへピタッとくっついちゃう。そうすると、「おまえ、おもしれえ野郎だな」って必ず言ってくれる。それで酒をついだりなんかしてると、「おまえ、気が利くな」

とか言って、ハマっちゃうんですよ。

宇田川　母親のしつけが良かったとか、家庭環境から来ているんですか。

好楽　やっぱりね、今も昔も人が集まって、賑やかに楽しくなきゃいけないっていう気持ちがあるの。子どもの頃はガキ大将で、近所の子を集めちゃ映画館に連れてったり。映画のフィルムを配達してるおじさんが知り合いだから、その人に頼んで入れてもらったり。「あのおじさん、俺の知り合いだから」って言って、いろいろなところに連れて行くの。面倒見のいいガキ大将だった。みんなで楽しいことやってるのが大好きで、楽しい顔を見たいためにやるわけですよ。

八人兄弟・九人家族

宇田川　小さい頃から食べ物の好き嫌いはありましたか。

好楽　ないんですよ。子どもの時分に、父親が早く亡くなって、貧乏だったから新聞配達してた。食べ物の贅沢なんか、そんなのなかったから、何でもありがたくいただく。旅先で、こんな料理食べられますかなんて言って、食べない人がいっぱいいるわけですよ、噺家でも。卵を持って来たから、生卵かけて食べましたって、そういう皮肉な噺家もいっぱいいる。でも私は何でも美味しく食べる。「師匠、本当に美味しそうに食べますね」って。だって本当に美味しいんだもん。

宇田川　新聞配達は小学三年からですね。当時の日本はまだ高度経済成長の前だから、みんな貧しかった。兄弟は八人ですか。

好楽　兄弟の中で私一人だけお喋りで、あと七人はみんな無口。親父も無口。おふくろはペラペラお喋りで、その血を引いたんです。おふくろは大好きな落語をラジオでよく聴いていたの。子どもを八人も育てて怖かったおふくろが、落語を聴いて笑ってる。私もその隣で笑ってる。

宇田川　食卓の上にはどんな食べ物が乗ってたんですか。

好楽　近所にコロッケ専門店があってね、四五円渡されるんですよ。そうすると一個五円だから九個買える。おふくろが一個、残りを兄弟八人で一個ずつにして、ご飯三杯で食べるわけ。その頃はソースを升で量り売りしてたから、一升瓶を持たされ酒屋に買いに行かされて、「甘いの三合、辛いの二合」って買う。それをうちで甘辛をブレンドする。それが我が家の唯一のご馳走です。だから嬉しくてたっぷりかけちゃうわけよ、小っちゃなコロッケ一個に。

宇田川　キャベツはどうしたんですか。キャベツぐらいはあったでしょ?

好楽　キャベツなんて、そんな贅沢なものはないの（笑）。キャベツというもの自体を見たことなかったもん。キャベツが付くってのは、デパートかなんかで買い物して、食堂へ行った時とかさ。初めてキャベツを見たのは、近所の洋食屋に入った時で、高校を過ぎてましたもん。昔はテーブルじゃなくて、丸いちゃぶ台を使ってて、みんなが交互に食べたり。コロッケにしても、おふくろは一個食べないわけ。食べ盛りの兄弟が、九個目のコロッケを取り合うのがわかってるから、半分に切ったり、四分の一に切ったりしてさ（笑）。

宇田川　いやー、涙なくして聞けない話ですね。

好楽　みんな笑ってましたよ。うちだけが変じゃないと思ってたから。どこのうちも貧乏だったから。店屋物なんて一度も取ったことはないですね。お寿司なんて、そんなものはとんでもない。

宇田川　蕎麦屋からおかめとか鍋焼きとか出前を取りませんでした？

好楽　とんでもない。せいぜいもり蕎麦かかけ蕎麦。

宇田川　じゃあ、カツ丼とか天丼なんかは？

好楽　とんでもない。ダメ、ダメ（笑）。外に食べに行っても、せいぜいかけ蕎麦、ラーメン、もり蕎麦くらい。それ以上のものは絶対食べられなかったの。林家正蔵のうちへ行っても、ギャラをもらったからって、おかみさんから何か取ってあげるって言われて、取ってもらったのがうどん盛り。もり蕎麦のうどん版。これが贅沢なんですよ。

宇田川　好楽さんの母親としたら、子どもが食べ盛り育ち盛りだから、食べ物の取り合いとか、さぞや苦労したんでしょう。ちゃぶ台は戦場みたいなもの。

好楽　おかずが少ないから、おふくろが、ご飯だけはいっぱい食べなさいって言って。当時は米屋にずいぶん借りてましたね。だって、警察官だった親父のたった一人の給料で一〇人暮らしてたのが、大黒柱が死んじゃったわけだから。おふくろはいろいろなことをやって、朝から晩までよく働いてた。私たちも新聞配達をやってたけど、みんな当たり前だと思ってたもの。

宇田川　初めて食べた天ぷらは「笑点」の木久扇さんにおごってもらったとか。それまで精進揚げしか食べていなかったから衝撃的だった?

好楽　びっくりしましたよ。普段は惣菜屋で冷たい精進揚げとかを買って来て、うちであっため直してた。それがね、二〇歳頃のこと、できたてのジューッと音のするものを目の前に置かれた時、「ちょっと兄さん、これ何ですか」って訊いたんだから。「知らないの、天ぷらだよ」「えっ、天ぷらってこんな温かいの」って驚いちゃって(笑)。よく看板なんかで見るじゃない、天ぷらって。私はすっかり惣菜屋の冷たいやつが出てくるんだろうと思ってたんですよ。ジューッと揚げて、アッチッチッというのは生まれて初めて。

宇田川　落語家になろうと入門してからは、先輩に食べ物屋に連れて行かれましたか。

好楽　そうですね。全部初めてのものばかりで、鰻だとか、ステーキだとか、天ぷらだとか、お寿司なんていうのも噺家になってから。どじょう屋なんて、どぜうと書いてるから、「このどぜうって何ですか」って訊いたら、「どじょう屋だよ、おまえ、そんなことも知らないのかよ、噺家のくせに」。先輩たちは散々行ってるからさ。だいたい昔の噺家はみんな、自分たちも散々言われたんだから、そんなこと知らねえのかってのが口癖ですからね。

宇田川　それから食にちょっと目覚めた?

好楽　先輩に連れて行かれた店は、その後、全部自腹で片っ端から行きましたね。一人で行かないで、みんなを連れて行って。だから金がなくなっちゃった。その癖がついちゃって、いまだに治らない。

名人上手の美味しいしぐさ

宇田川　ところで、落語家を私はね、ちゃんと尊敬してるんですよ。作家は独自の言語の世界を持っているけれど、落語家もそれぞれ独自の表現力を持っている。表現者としては一流です。それに落語の世界は相当深い。

好楽　それ、声を大にして言ってください（笑）。

宇田川　フランスに社会問題を風刺する、国民的人気のヴォードビリアン（舞台芸人）なんてのが結構いる。もう一つ、マルセル・マルソーで知られるパントマイムがあって、落語家は両者を一緒にしたようなもの。落語で描かれるのはもっとディープな世界です。しかも一代限りじゃなくて、芸は継承される。でも、残念ながら外国人には通じない。どうせ理解されないなら、日本独自の芸能として掘り下げていって、深化させればいいんですよ。

好楽　私も落語家になって「笑点」と同じ四八年目。やっぱり落語っていいなと思うのは、書物に書けないこともあるからなんですよ。たとえば、よく知られた「子別れ」。おっかさんと向こうで暮らしてる子どもに三年ぶりに会って、おとっつぁん、うちにおいでよって言われて、俺はおっかさんをひどい目にあわせちゃったから、会えないよと。あとで会うことになるんだけど、どこに住んでんだいと訊いたら、豆腐屋と小間物屋の間だって。それで、気を付けてなーって見送って、大きくなりやがったなと言った途端に、おっかさん、ただいまっていう場面転換になる。それだけですぐお客さんはわかるわけ。それで、おっかさんのご用をしてくれなきゃ困るじゃないかって、おっかさんの世界に入る。そういうのは文章では絶対無理なんです。それを落語家がやっちゃうわけですよ。師匠に教わった通り、私たちは当たり前にやってた。考えりゃあ、すげえことをやってたんだなって。

宇田川　落語家の演目が書物になって残ってるけど、書いても通じないもんがいっぱいあるわけでしょう。表情とかしぐさとか、手拭いや扇子の使い方とか、しかも噺家それぞれに違う。語りの部分以外に、そういう身体や道具の表現をどう文章に残すのか。

好楽　目線で全然違っちゃう。ここにいる人と喋ってんだけど、向こうから人が来ると、ちょっと目線が上がって、おまえさん、私になんか用があるんだったら、遠慮しないでこっちへおいでと言うと、その人の向こうに誰かいるっていう表現をしなきゃなんない。目線で勝負しなきゃなんない。そういうのは書けない。文章じゃとても無理だ。

宇田川　高座に上がって話術と演出で、たとえ客が一人しかいなくても、江戸っ子の世界を面白可笑しく描く、孤独な芸です。それも一人で一〇人をやっちゃう。そういう芸ってほかにな

い。三〇〇年の歴史を持つ落語は代表的な大衆芸能です。歌舞伎だって能・狂言だって、演劇もみんな集団で作る。歌舞伎とか能ってちょっと乙にすまして、気取った世界になっちゃったじゃないですか。

好楽　私がね、枕で喋るんですよ。昔、古典芸能鑑賞法というものを勝手に書いた人がいまして、能・狂言は最高だから、観に行くのに紋付き袴を着用し、威儀を正して鑑賞すべしって。大きなお世話ですよ。その下に歌舞伎。これも羽織を着用し、さすがに紋付き袴じゃないけど、行儀の悪くならない程度に鑑賞する。これはわかります。一番下が落語。浴衣でも何でも構わない。枕も置いてあります。寝ながら聴いてもいい。最後に、行かなくてもいいと書いてある（笑）。それを私が枕でやるんですけど、お客さんにドッとウケる。俺たちをバカにしやがって。でもね、そのほうがよっぽどゆとりがあっていいんですよ。日本独特なんですね、噺家っていうのは。日本にしか生息しない（笑）。

宇田川　私たちは暖かい家に住んで、美味しいものを食って、酒も飲める。でも、落語が描く江戸っ子は貧乏人だらけ。その昔、貧乏話をする落語家が贅沢な暮しをしていたらおかしいとか何とか批判された。

好楽　ベンツで帰っちゃったりするんだもの、トリを取った人がね。でも、豊か

な生活をしてたって別にね、貧乏を表現することは可能なわけ。だから、心掛け次第では貧乏と付き合えるという形がいいんじゃないかな。何か偉そうな顔してっていうのがちょっと見えると、嫌な噺家に見えるじゃないですか。顔に出ちゃう。助平なやつは助平な顔になるし、ケチなやつはケチな顔になるし、人間って正直だから、絶対そういう顔になる。あの人は面白いけど、ちょっとねとか、そういうのがあるんですよ。すごいうまくて、世の中にこんなうまい名人がいるのかって、人情話もお笑いも全部、完璧。ところが、鼻持ちならない嫌なやつだったりして、楽屋でもそばにいたくないって、みんないなくなっちゃう（笑）。

宇田川　よくあるけれど、性格が悪くて嫌なやつに限ってうまいとか。好楽さんにとって芸を磨くということは？　精進しても、なかなか到達点が見えないわけでしょう。

好楽　世の中のことをね、いろいろなものを見てるうちに、自分の心模様がどんどん変わるわけですよ。それに合わせて古典落語も、結局は同じだなと思うようになりました。だってパターンは一つに決まってるわけでしょう。だいたい、落語はなんで一両とか四つとか六つとか、そういう言葉を使うのかわかんないじゃないですかって理屈っぽい人がいる。そういう人を私は無視する。それでうちの弟子たちに言うの。絶対に説明しちゃダメだよ、古典落語を説明するぐらい野暮なことはないんだから。江戸時代の雰囲気が出ればいいなというぐらいのもので、説明なんてしなくていいの。

宇田川　もともと落語の演目はたくさんあったんですか。

好楽　昔は何千何万とあったのが、今堂々と古典落語として残ってるのは、怪談話と人情話と滑稽話で三〇〇ぐらい。それ以外はその時代を背景にして演じていたから、時代が変われば、何の意味だかわかんなくなっちゃって、淘汰されたわけ。私の持ちネタは二〇〇ぐらい。まだできないのがいっぱいありますよ。なんでこんなに江戸時代の話が残っているのかだいたいわかりました。まず主従の関係、つまり殿様と家来、旦那と番頭と丁稚、町内の大家と店子、あとは男と女、夫婦、親子、兄弟。中でも夫婦物はやたら多い。しがらみでもって、赤の他人の男と女が一緒になって子どもが生まれる。ここで別れ話が出る。ありきたりなテーマばっかりなんですよ。

宇田川　男女関係や親子関係は、今に至るもわかりやすい永遠のテーマですね。映画でも政治的なメッセージ映画は消えていくけど、たとえば小津安二郎監督の家族をテーマにした映画は長く残って高い評価を得る。しかしまあ、噺家の酒を飲んだり食べたりするしぐさは、生唾を飲み込むくらい惚れ惚れする。

好楽　たとえば、とっくりを使うにしても、こぼしそうだな、もったいないなと思わせるしぐさ。酒飲みは卑しいから、少しでも残したらもったいない。畳に吸わせるバカはいねえよって、オットットッてやる。お客さんがそのしぐさを見てて、あっ、うまそうな酒だな、飲みてえなって思う。落語が終わってから、近所の居酒屋に行きたくなるっていうのは、そういうことなんですね。だから、先輩にいい店へ連れて行ってもらうように努力しなさいって言うの。あの師匠はあの店が好きだとか、あそこの鍋が美味しいとか、あそこの鰻がメチャクチャうまいとか、そうやって覚えるの。先輩に連れて行ってもらって、自分が少しでも上に行ったら、ちゃんと後輩を連れて行く。たまには弟子にご馳走をしてあげる。そうすると、絶対に忘れない味だから、今度はその子たちがいろいろなことを覚えていくんですね。

宇田川　落語には酒と食べ物にまつわる噺がやたらと多い。「らくだ」「鰻の幇間」「時そば」「饅頭こわい」「長屋の花見」など挙げればきりがない。どうしてですか。

好楽　江戸っ子だって今の人たちと同じように、食べたいっていう人間の心理が働いたんじゃないですかね。だから食べ物がよく出てくる。酒はもちろん間違いなく出るでしょう。「二番煎じ」なんかはグルグル回っているうちに、鍋を背中に抱えたり、味噌を持って来たりして、猪鍋を完全に作っちゃうでしょう。火の番は寒いに決まってる。江戸の冬は寒いに決まってるから、ガタガタ震えながら火の用心をやって帰って来ると、飲みたくて、食べたくてしょうがない。

宇田川　昔は小説家は女性と食い物をうまく描ければ一人前と言われたとか。やっぱり落語でも食べ物を表現することと、男女関係をうまく表現するっていうのがウケるんでしょうね。

好楽　そうですね。枝豆を食べるのにさ、だいたいひと房に豆が三つでしょう。フッ、フッ、フッって食べて、カラが飛んでくるようなところまで、見せ方を工夫したりして。豆なんかも、うん、うん、硬いねとかいうのがあるじゃないですか。そういうのをやっていくわけですよ。たとえば、「明烏《あけがらす》」の甘納豆。黒門町（八代目桂文楽。一八九二〜一九七一）がやったら、お客さんが食べたくなったらしくて、売店の甘納豆が全部売れちゃった（笑）。名人上手を聴いているうちに、自分も食べたくなっちゃうとかね。

宇田川　食べ物が出てくる噺の中で、好楽師匠が好きな演目は何ですか。

好楽　私はね、食べ物の話はたまにしかやらないの。三席やる時に一つぐらい、たとえば「時そば」を入れたりしますけど。それを主にしてやるっていうことはあまりない。

宇田川　食い物の話で、これはすごいなと思っている作品がいくつかあって。リアルな生活感の人情噺じゃないほうの。たとえば「あたま山」とかは荒唐無稽、バカバカしくて不条理な話じゃないですか。「そば清」なんかはカフカの『変身』みたいに奇想天外な世界。

好楽　「あたま山」はみなさん大好きで、アニメ作家がそれで賞を取ったことがありますよね、外国で（二〇〇二年、山村浩二監督により短編アニメ化され、国内外で数々の賞を受賞）。「あたま山」を正蔵師匠に訊いたら、林家は鳴り物入りでやるんだと。頭のてっぺんでお花見をやるでしょう、ワーッて。どうせ軽い小噺みたいなもんなんだから、ドッと派手にやろうって言って、鳴り物入りでやって、楽屋で三味線と太鼓を叩くんですよ。最後は本人が、水溜まりに飛び込んで死んじゃう。師匠に、「どうして飛び込めるんですか」って訊いたら、「おまえ、袋を作る時、こうやって三辺を縫ったあとに、表裏をクルッとひっくり返すと本当の袋ができるだろう。あれと同じだよ」と言うんだけどさ、くだらねえんだよ、言うことが。めくれ、めくれて飛び込んだことになるって言うんだよ（笑）。おかしい表現なんだけど、すごいいい話です。

宇田川　芸人の基本は気を遣ったり、空気を読むことですか。

好楽　空気を読める、読めないで全然違いますね。この人は今何考えてんだ、この人たぶん機嫌が悪いんだろうな、そんな空気をすぐ読み取る。店選びもそう。弟子と仕事に行って、「じゃあ、終わってから飲むか」って言ったら、「師匠、知ってる店あるんですか」って訊くから、「この町は知らねえな。ちょっと歩いてみよう」。ひと通り歩いて、「あっ、この店へ行こう」。そして「すごい美味しいですね。師匠、なんでわかるんですか」って訊くから、「おまえね、空気でわかんだろう」。それで池波正太郎が南フランスへ取材に行った時の話をしてやるんですよ。若い記者が「先生、お腹空きましたね」「どっかで食べようかね」。それで、ここにしようって入って食べたら、すごい美味しかったので、記者が「先生、ここは来たことがあるんですか」「いや、来たことないよ」「なんでこんな美味しい店、知ってんですか」「君は本当にわかってないね。店構えとかのれんの突っかけ方とか、そういう雰囲気で美味しいかまずいかわかりそうなもんじゃないか」。それで私もピンと来たわけ。そういえば私、みんなを連れて行って、一つも失敗ないと。美味しいかまずいかだいたいわかっちゃう。みんなでワーッと移動した時に、「さっき、あそこの角のところに美味しい店があったね」って言ったら、「いや、知りません、わかりません」「じゃあ、ホテルに行って、荷物を下ろしてから、みんなで行こう」。で、「なんでこんな美味しいとこを知ってんですか」と。

何でも全員で食べる

宇田川　そうやって数十年にわたって培った、全国的な人脈ネットワークをお持ちとか？

好楽　九州へ行こうが、北海道へ行こうが、どこへ行っても地元の人と友達になっちゃう。初めて行った寿司屋や鰻屋の人とも全部親戚になっちゃう（笑）。福井の美味しい寿司屋がわざわざ東京に来て、うちの前に越前ガニを置いて帰っちゃう。お米は買ったことないですよ、全国から送ってくるから。

宇田川　どういう人格をしてんだかわかりません（笑）。立派なもんです。尊敬申し上げます。

好楽　いろいろなところからね、いろいろなものを送っていただいて嬉しいから、私は旅先で、たとえば九州で、北海道の食べ物をあまり食べたことがないという人がいたら、北海道に行った時に、お菓子の美味しいとこをね、バーッとすぐにその場で送るんですよ。旅に行ったら、その土地のものを買わなきゃいけないの。そうするとまた呼んでくれるんです。つまり、商売でお金を稼いだら、持って帰っちゃいけない。少しでも置いていくために、その土地のお土産でも買えばいいの。人にあげちゃえば喜んでくれるから。

宇田川　そういうサイクルが完成している。師匠のアドレス帳はすごいんでしょうね、全国津々浦々、友達ネットワークが。食べに行く店は決まってるんですか。

好楽　ええ、だいたい。もうね、やっぱり気を遣うと嫌だから、知ってる店が多いですね。和食だけじゃなくて、中華も行きますし。

宇田川　外食が好きそうですが、ご自分で料理を作ったりしますか。

奥様　この人は台所仕事は一切できません。危ないからガスもいじらせないし、家の鍵も持たせない。私が留守の時は、三〇分でも一時間でも外で待ってます（笑）。

宇田川　食に関しては気難しいことは？

奥様　何もないです。だから楽ですね。それに嫌なことは、絶対家に持ち込まない。

好楽　料理はカミさんが作るの。昼間は息子がいたりするけど、今はだいたい二人だから、うちではなるべく質素な食事を食べてるね。

奥様　夜は仕事で打ち上げとかいろいろありますから、私が付いて行きます。

好楽　若い時分は子どもたちがまだ小さかったから、弟子や弟弟子が来ても、最初に三人の子どもにご飯を食べさせる。それから弟子たちが寄席へ行くんで食べさせて、最後に三番目の料理を私とカミさんで食べる。私より弟子たちのほうが美味しそう。こっちは最後の最後の残り物だから仕方ない（笑）。

宇田川　自宅の食卓は賑やかそうですね。うらやましいくらい楽しそうな家族。一家団欒が目に浮かぶよう。落語家が父親だったら楽しいだろうな。

好楽　日本で一番嫌われてる落語家の林家こん平師匠がうちへ来た時、カミさんが「こん平師匠よ」って言ったら、みんな洒落をきつくして、「うわー、本物だ」って触ったり。こん平師匠って嫌がられてんだよね、夜中の二時に人のうちに来るんだから。でも、うちは嫌がらなかった。こんなの初めてだなんてこん平師匠が言って、喜んで来るようになっちゃった（笑）

宇田川　食べ物に関して家訓のようなものは？

好楽　たとえば、イタリアンでもフレンチでも、注文したものをひと口ずつみんなで食べようと。そうやらないと気が済まないから、ひと口食べたら回そうって。もしお腹がいっぱいで、残さなきゃなんない時は持って帰る。常識だけど、必ずそうします。ご飯粒でも残したらいけない。すべてきれいにする。店は猫もまたいじゃうような食べ方をしてくれたって喜びますね。高級なワインでも、極端に言えば、ロマネ・コンティがあったとしても全員で飲む。自分だけコソコソ飲むっていうのは絶対ダメ。高いブランデーでも何でも全員で飲むっていうのが方針。みんなで美味しいねって言ったほうがいいでしょう。自分だけ美味しいなんて面白くも何ともないもんね。

お先でございます

宇田川　昭和の貧しい日本から高度成長を経て食生活が激変した。今は何でもある時代。いろいろ問題はあるけれども、昔に比べたらいいことじゃないですか。

好楽　そう、そう。何でもあるということはね、幸せですよ。選択すればいいいんだもんね。食べたくなかったら行かなきゃいいんだもん。豊富ですよ、食べ物が。

宇田川　さて、明日世界が終わるとなると、最後の晩餐は？　でも、その前に江戸っ子の最後の晩餐の夢は？　蕎麦を粋に食べるとか。

好楽　江戸っ子はね、痩せ我慢ですよ。蕎麦のつゆだって、つけたほうが美味しい。ちょこっとなんて、あんなのね、小さん師匠がやるから面白い。名人小さん師匠が「時そば」をやったの。お客さんが感動して、帰りに近くでお蕎麦を食べたくなった。そこへ小さん師匠が入って来たけど、師匠は空気を読んだんだね。天丼を食べようと思ったんだけど、食べちゃまずいなと思って、「せいろ一枚」（笑）。みんながザワザワしているのがわかる。つゆもあまりつけないで食べたけど、「食った気しねえな。違うとこで天丼食おう」って（笑）。やっぱり粋がってるというのも手伝って、宵越しの銭は持たないというのが江戸っ子。そういう説もあるけど、もともとねえからだよっていう説もあるしね。

宇田川　蕎麦をつゆに三分の一ぐらいつけてすする。粋な蕎麦通が死ぬ前に、蕎麦つゆをたっぷりつけて食いたかったって言ったとか言わないとか。江戸っ子のダンディズムですね。師匠の最後の晩餐は？

好楽　ある時、記者に取材されて、「師匠、天ぷらのうまい店ありませんか」って訊かれたから、「カミさんと娘が揚げたやつをいつも食べてるから、あまり行かねえんだよな」って言ったら、「それが最高ですね」ってそのまま書いてくれた。それと同じで最後に食べたいものが一つ二つあるんですよ。味噌汁とおむすび。おむすびは、山形に仕事で行った時に、造り酒屋の社長が、「師匠、飲みに行きましょう」って知り合いの居酒屋に誘ってくれたの。二、三軒はしごして、最後に「ちょっとお腹が空いたな」って言ったら、おむすびを出してくれた。このおむすびにね、普通の海苔じゃなくて、断崖絶壁から採ってくる岩海苔をグルグルッと巻いて食べる。それが美味しいの美味しくないの（笑）。お米は庄内だから美味しいに決まってる。うちへ持って帰って来て、海苔をチョキチョキッと切って、ご飯を炊いて、お醤油にちょっとつけてパッと食べたら、ご飯と海苔とお醤油がマッチして、すごく美味しい。その後、新聞を見てたら、庄内浜で岩海苔を採りに来た人が崖から落ちて死んだって書いてある。そんな命がけで採る海苔、これがすごい。それとカミさんが作ってくれる、味噌汁に卵が入ってるやつ。豆腐屋の油揚げとか豆腐とかも入っててね。この二つかな、最後の晩餐は。それを食べて、「さようなら、お先でございます」って言って、目をつぶって死にたい。それが下げ（笑）。

宇田川　本日はありがとうございました。

二〇一三年四月

対談後記

師匠行きつけの鰻屋で対談した。終わってから奥様や娘さんらと会食した。落語家と酒席をともにする機会なんて滅多にないことだ。粋で洒脱な師匠の優しく諭すようなお喋りが懐かしく感じられ、私は心地よい酩酊の中で、人生がもう一度あれば、師匠のような落語家が身近にいればどんなに楽しいだろうと夢想していた。今年（二〇一三年）一月、師匠は年来の夢だった寄席「池之端しのぶ亭」を開場した。若手の勉強の場として開放するそうだ。東京の新名所になれば嬉しい。

8

見城 徹

一〇と引き替えの一

見城 徹

けんじょう・とおる　一九五〇年一二月二九日、静岡県生まれ。編集者・(株)幻冬舎社長。慶應義塾大学法学部卒。角川書店を経て、九三年に幻冬舎を設立。以降、『弟』(石原慎太郎)、『大河の一滴』(五木寛之)など、二一年間で二一本のミリオンセラーを世に送り出す。斬新かつ大胆なプロモーションは業界の常識を変えたと評される。著書に『編集者という病い』『たった一人の熱狂』、サイバーエージェント藤田晋との共著に『憂鬱でなければ、仕事じゃない』『絶望しきって死ぬために、今を熱狂して生きろ』がある。食通としても有名。最近お気に入りの飲食店は、新橋「トロワフレーシュ」、麻布十番「土佐料理　桂浜」、代官山「ビストロ白樺」など。氏にとって食は編集者としての勝負の場でもある。

ミシュランというブランド

宇田川　五年ほど前に見城さんと月刊誌「ゲーテ」で、日本に初上陸したミシュランガイドを批判しましたね。その反響が大きくて雑誌としては珍しく再版したとか。

見城　「週刊朝日」と「週刊現代」でも僕はやったんですよ。だってミシュランはひどかったからね。「ニューヨーク・タイムズ」も取材に来て、一面全部僕の記事になった。

宇田川　見城さんは自社の雑誌だから過激な批判を繰り返していたけれど、私は一応文化人の端くれだからプティ過激派（笑）。結局、ミシュランは日本に根付かないという私たちの予想は当たりました。はっきり言って、このていたらくは見ていられない。

見城　フレンチ以外の評価はデタラメですからね。ミシュランがビジネス的な利益を優先して恣意的に選んだり、星を付けたりすることを、僕はいろんな店から聞きました。たとえば星を付けるから、オーナーシェフに香港やシンガポールで一緒に出店しないかとか、そういう美味しい話を持ちかけてくると。それで店が断ったならば、次の年から掲載されなかったり、星が落ちたという話を聞いた。ひどいですよね。三ツ星の「小十」にしても「龍吟」にしても「かんだ」にしても、和食の味のことをよくわかっていない外国人に、一瞬のパフォーマンスとして受けてるだけでしょう。

宇田川　公平中立な立場としてはまずい。上陸した年はマスコミも大騒ぎしてベストセラーになりました。ところがその後、話題にすら上がらない。エリアを拡大していくばかりで、地方版を盛んに出している。最悪のパターンだと思う。

見城　もう誰も買わないですよ。実情を知らない人たちが新しく買うから、ベストセラーに数日間は登場するけれども、影響力はまったくなくなった。

宇田川　ほんとに下り坂。私はパリに長く住んでいたので、ミシュランの文化的な影響力について知っているつもり。それに八〇年代後半から九〇年代にロンドンでフランス料理店をプロデュースして、一ツ星を取ったいきさつもあります。だから当初、ミシュランが日本に進出してくることに期待もあった。国民性もメンタリティも違うし、食文化も何もかも異なる国にあえてチャレンジする精神を買ってたんですよ。先行するブランドとしてファッションはほぼすべて進出しているわけだから、いわば最終兵器として勇躍出てきたと。はっきり言ってフランスには海外に輸出できるのはモードとグルメしかない。だから、ミシュランがフランス的な外交力を駆使して東京のレストランをどう評価するか注目していたんです。でも実際には、あの有様というか。

見城　杜撰でしたね、あまりにも。「厲家菜《まんかさい》」のどこがうまいの、最初の年に二ツ星ですからね。「濱田家」は星を落とされたけどなんで三ツ星だったのと、突っこみどころ満載（笑）。そもそも店の調査をちゃんとしてるとは思えない。

宇田川　ミシュランはアメリカや日本に進出していく上で評価基準の一大転換を図った。つまり、世界はグローバル化しているから、レストランを総合的に評価するんじゃなくて、対象をキュイジーヌ（料理）だけに変えた。極論すれば、料理が美味しければ掘っ立て小屋でもいいと（笑）。

見城　その皿にも評価の基準を設けていない。確かに「すきやばし次郎」はうまいですよ。料理の評価だけで言えば、三ツ星とは言わないまでも二ツ星をあげてもいいと思う。でも、なんで店の外にあるトイレに行かなくちゃいけないの？　かつ四〇分程度で食べて帰らなきゃいけないわけ？　基準がまったくわからない。評価するにはサービスもインテリアも含めるのが当然でしょう。一方でビジネスに結び付けようとしている。舐めてるでしょう、日本を。

宇田川　それが結論でしょう。フランス的美意識っていうのは、エレガンスと簡潔と明晰。その三つがあるからこそフランス文化が世界で屹立していると思う。フランス人の生き方や考え方そのものに、そういう美意識が貫かれている。ミシュランの評価もそれが基準となっているのに、日本ではまったく腰砕け。

見城　日本人はミシュランを見て三ツ星や二ツ星や一ツ星に行ったんだと思うの。でも、食べたらうまくない店が多かった。だから売れなくなっていった。それが一番の理由だと思う。ミシュランが選んでいる三ツ星は本当にうまくないもん（笑）。最初の年は審査員も少しは食べに行ったかもしれないけど、ほとんど行ってないと僕は思いますよ。

宇田川　そうやって店を選別していたら言語道断ですね。あえて見城的皮肉を交えておっしゃっていただきたい。もはやミシュランなんて眼中にない？

見城　語るに足らずで、どうでもいいんですよ。撤退はしなくてもいい。どうぞお好きにやってくださいって言うだけ。完全無視（笑）。で、友人の坂本龍一がフランス政府から芸術文化勲章オフィシエを授与された時、フランス大使館で授章式が行われたんです。まずフランス大使のスピーチ、その次に僕が挨拶した。もちろん通訳が入るんですけど、フランス人は坂本龍一に叙勲するくらいだから素晴らしい耳を持っている。僕はフランスとフランス人を尊敬しているけれど、でも舌は最悪だ。なぜならば、あんなひどいミシュランガイドを日本で出版したのはフランスの恥だから、というスピーチをやった。大使は非常に気分のいい人で、「どうもありがとう。あなたのおっしゃっているフランス人の舌に関して今度話しましょう」と言ったきりで、そのうち任期が終わって帰国しちゃった（笑）。

宇田川　手を抜いて評価したことによってフランス人の舌が疑われたと。

見城　たとえば「京味」なんかが格好いいのは、一回も載っていないからですよ。店が断っているのか、ミシュランが調査に来ないんだかよくわかんないけど。

宇田川　一〇〇年の歴史の重みを持つミシュランガイドの品格を貶めた。完全に何かを失った感じがしますね。

見城　ただね、ブランドを背景にしてビジネス展開するという意図は良かったの。歴史あるガイドブックを日本で出版するというブランドとしてね。だってフランスにとってはブランドしかないわけだから。以前、宇田川さんと対談した時に、お互いにそういうことは認め合った。でも、あまりにも杜撰だったために失敗したんです。

宇田川　フランスの食文化の民主化と大衆化に貢献したミシュランが、あんなていたらくな評価をしちゃったことで、私なんかは落胆の度合いが非常に大きい。

うまい飯と三つのカード

宇田川　さて、見城さんがいかにミリオンセラーを出すために努力してきたか、それはまさに圧倒的な努力とも言うべき！

見城　編集者の僕にとって、作家が書きたくないものを書かせるのが仕事だと思っています。出したくないものを出させることによって黄金の果実は生まれる。僕はだいたい一人の作家につき三つぐらいのカードを持っている。たとえば、石原慎太郎さんで言えば、まず一番血の濃い弟の裕次郎さんについて書いてもらう。絶対、売れるに決まっているよね。でも、誰もやろうとしなかった。もう一つは、文学者が観念と正反対の現実の政治の世界に行って必要悪に染まった。過酷で非情な政治の世界を文学者の目で書いて欲しい。最後は、デビュー作『太陽の季節』で若々しい自分の肉体を謳歌した石原さんが老いぼれていく、そういう老残を書いて欲しい。この三つが僕の言うカードなんです。

宇田川　若い時分、『太陽の季節』『処刑の部屋』を全文暗記していって、石原さんの前で暗唱したそうですね。圧倒的な努力の片鱗を見るような気がする。

見城　暗唱し始めたら、「もういいよ、わかったよ。君とは仕事するよ」と言われまして。石原さんと食事をしていても、ゴルフをしていても、一緒に旅行して温泉につかっていても、いつこの三つを切り出すかを考えているわけです。食事の仕方を見ていて、ああ今日は何か屈託や傷を抱えているなとか、ワインのグラスの回し方一つを見ながら、今一番悔やんでいることは何だろうとか想像する。この三つを書かせるためのタイミングを待っていたり、じわじわと刺激的な言葉を投げていく。うまい飯を食べながら、もう一方でそんなことを考えているわけ。同じように五木寛之さんにも何をどう話そうかって常に考えながら食べる。結構大変な作業なんですよ。

宇田川　その後、石原さんは『弟』を出版してミリオンセラーになった。

見城　政界の重鎮になっていた石原さんが、設立間もない幻冬舎の小さな雑居ビルに来てくれたんです。出版社を始めたばかりの僕に、「もしも俺が、まだおまえの役に立つんだったら、何でもやるぞ」と言ってくれた。今だと思って、「じゃあ、裕次郎さんの小説を書いてください」とお願いしたら、「わかった」と快諾してくれて狙い通り売れた。ラッキーなタイミングでした。

宇田川　五木寛之さんのミリオンセラーも圧倒的な努力なくしては成し遂げられなかった。執筆してもらうために、五木さんの書いた作品に対する感想を書いて送り続けた……。

見城　角川書店の文芸誌の編集をやっていた頃で、角川書店は文芸は後発だから作家の新作に弱かったの。文庫は出していたけれど、売れている作家には相手にされなかった。徐々に執筆してくれる作家が増えたけれど、五木寛之さんは絶対に書いてくれない。僕の存在価値は一番険しい山に登ることだと思っているから、五木さんを落とそうと決めたわけ。そのためにはどうするか。文芸手帳で住所はわかっていても、ツテも何もないから、五木さんが書いた短いエッセイでも長い小説でも対談でも、発売された五日以内に感想を書いて送った。それが五木さんにとって新しい発見になり、刺激になり、こいつと付き合えば面白い仕事ができるかもしれない、新しい良い作品を書けるかもしれないと思わせなきゃいけない。四カ月ぐらいの間に一七通も書いたんです。でも、まったく返事が来ないのよ。そりゃ来ないでしょうね、ストーカーと同じだから（笑）。

宇田川　そうですよね。

見城　きちんと五木作品を批評して、五木さんの胸に響くことを書いていれば、いつか僕の気持ちが届くだろうと。でも、正直続けるのは辛い。そう思っていたら一七通目に返事が来た。「内」と書いてあって、奥様から「いつもよく読んでくれてありがとうございます」と。もう嬉しくて嬉しくて、はがきを持って編集部の周りをグルグル回っちゃった（笑）。届いているんだ、読んでくれているんだって思うから、ますます力が入る。長編小説の感想も三日間ぶっ通しで分析的に読みながら、何度も書き直すから時間がかかる。ポストに入れた手紙がちゃんと集配されるか気になって、朝まで待って郵便集配人に確認したことが何度もありましたね（笑）。それで二五通目に初めて「お会いしたい」と書いた。そしたらすぐに「会いましょう」と返事が来て、連載長編小説『燃える秋』を書いてくださった。最初の手紙から六カ月目でした。

宇田川　その結び付きが、やがて大ベストセラーになる『大河の一滴』に繋がるわけですね。

見城　幻冬舎という名前も五木さんが付けてくれた。僕が角川書店を辞める時に、最初に挨拶に行った五木さんが「新会社の名前は僕が考えよう」と言ってくださった。二週間ぐらいかけて候補が三つ出て、結局、幻冬舎に決まった。でも、詩とか俳句を出しているような名前だなと思ったりしてね。今になってみると、僕は騒々しくて、非常に脇が甘いから、しっとりした名前に救われているなと思います。

宇田川　見城さんの努力を圧倒的だと人は気軽に言うけれど、その裏でこんな努力を積み重ねてきた。私も含めて世間の人はね、その裏にあるものを見ようとしない。「見城さん、運がいいね」って言うだけで（笑）。

見城　創業一九年でミリオンセラーを一七本出しているけど、それを人は「運がいいですね」って言っておしまい。そう言われたら「はい、運が良くて」って言うしかないの。内心、バカ野郎、あんたの一〇〇倍血がにじむような努力をしているんだと、一人ごちてるわけだけど（笑）。

宇田川　だから座右の銘は「これほどの努力を、人は運と言う」。

「京味」に一〇〇〇回

宇田川　最近気に入っている店は、数十年ぶりに通っている大阪の「カハラ」だそうですね。お書きになった文章を読むと、思わず舌舐めずり（笑）。

見城　今、東京の「京味」ぐらいにうまいと思っているのが、三〇年ほど前に石原慎太郎さんと行った「カハラ」。その時は、すごくうまいステーキを食ったなという程度の印象しかないの。店もまだ進化の途上だったんでしょう。僕も若かったから味とかに疎くて。それで二年ぐらい前に、三〇年前の思い出も込めて行ってみたんですよ。そしたら本当に美味しくて病み付きになり、一カ月半に一回のペースで通っています。内装から器、料理の盛り付け、出し方まですべてアートの域に達していて、何もかも品格があって美しい。サービスも完璧です。しかも清潔でヘルシー。肉のミルフィーユをはじめ、オリジナリティあふれる驚きの料理の連続。十割蕎麦のカラスミがけに至っては悶え死にそうだし（笑）、季節の〆のご飯も想像を絶するうまさ。長い歳月をかけて創り上げた国宝級の名店だと思う。

宇田川　石原さんと三〇年前に食べて以後、一回も行かなかったのはなぜ？

見城　うまかったなっていう記憶はあるけれど、たぶん何がどういう風にうまいかがわかるような域に達していなかった。「カハラ」に行きたいと思いながら、行かなかった。でも店主も年を取ったし、そろそろ行かなきゃと思って行ったらびっくりしたわけ。本当にこんなにうまかったんだと。そう思ったら、死ぬまでに絶対に一カ月半に一回は行こうと決めました。

宇田川　昔「カハラ」で食べた時の情景とか雰囲気はインプットされていた？

見城　その時の情景はあんまり覚えていない。ただ数十年ぶりにもう一度行って、店の造りがこんなに素晴らしかったんだと再認識した。鉄板のカウンターがあって、年季の入った、歴史が積み重なって馥郁たる香りを醸し出すようなインテリアで、粗が一つもなくて。よくここまで考え抜かれているなって。

宇田川　三〇年前に比べてそれ程変化していない？

見城　三〇年前はよく覚えてないけど、少しずつインテリアも進化して完成品の域に近くなっていると思う。料理も一品一品、胸が張り裂けそうになるぐらい驚愕の連続で、次は何が出てくるんだろうと考えるだけで生きてて良かったなと。何かと何かを組み合わせればどういう化学反応を起こすか、将棋で言えば何億通りの棋譜がすべて記憶の中にあって、その組み合わせを自在に取り出して作っているんじゃないかというぐらいすごい。そんな料理がちょっとずつ出てくる。感動するなというほうが無理ですよ（笑）。必ず出てくるのは十割蕎麦のカラスミがけと、小さなカレーパン。ところで、このカレーパンはやめたって言うからがっくりしていたら、その代わりにパイの中にカレーが入ったカレーパイが出てきた。カレーパンよりうまくて堪んない。

宇田川　三〇年という時を経て、見城さんも年齢を重ねて、内面でもいろいろ化学変化が起こって、美食に対する姿勢に変化の兆しを感じたとか？

見城　僕の場合は美食に対する姿勢というのはあまりないな。それに美食家だと思っていないし、要するにうまけりゃいいの（笑）。自分がうまいと思ったものを人に食べさせたいっていう気持ちが人一倍強いだけなんです。

宇田川　長い間、世間的に言う美食をずっと続けてきたわけですけど、そのプロセスが重要なんだと私なんかは思います。

見城　この四〇年近く三六五日全部外食ですからね。これから七二歳まで生きると仮定すると、その年齢くらいまでは、たぶん舌の感覚や食べ物に対する感性がしっかりしていると思う。そうなると晩飯は一〇年×三六五回＝三六五〇回しか残されていない。僕は「キャンティ」には一〇〇〇回ぐらい行ってますよ。それから「京味」にも一〇〇〇回は行ってる。それを考えたら残された時間は決して多くないから、一日たりとも疎かにしたくない。

宇田川　食の経験値が少ない人はそんな料理を食べてもよくわからない。「キャンティ」も「京味」も一〇〇〇回以上も食べているからだと思う。そういう積もり積もった経験値は必要だろうし、食べながら成熟していくみたいな感じでしょうね。

見城　僕が初めて「カハラ」に行ったのが三〇歳くらいの時で、うまいとは思ったけど、確かに積み重ねはまだ少なかった。「京味」は二五歳の時から。大将の西健一郎さんが言うには、現役で来ている人の中で僕が一番来店数が多いと。正確に数えたことはないけど、あの年は一〇日に一遍ぐらい行ったなとか、あの年は一週間に一遍は行ってるなとか、あの年は一カ月に二回ぐらいだったとかね。それを全部足して三七年をかけるとそのぐらいの回数になるかな。

宇田川　「京味」は東京一と呼び声の高い京料理店。むろん四季折々メニューをいろいろ変えていると思うけど、変わらない料理もありますか。

見城　スタンダードな料理は必ず三、四品ぐらいあって、それは三七年間変わらない。ひたすら、季節ごとの素材をどう生かすかということに心血を注いでいる。時には蕎麦を打ってくれたり、寿司を握ってくれる。長く通っているので、大将は僕の好きなものを全部覚えていてくれて、肉ならしゃぶしゃぶが好きだから、京味特製のポン酢で食べさせてくれる。本当に幸せですよ。

宇田川　最初に連れて行ってくれたのは有吉佐和子さんだそうですが、その前から「京味」は知ってたんですか。

見城　知りませんでした。有吉さんに「日本で一番美味しい日本料理屋に連れて行ってあげる。あんたいくつ？」って訊かれたので、「二五です」って言ったら、「京味」で食べるにはまだ早いけど、いい経験になるからって連れて行かれたんです。

宇田川　東の横綱が「京味」、西の横綱が「カハラ」になるんでしょうね。衝撃を受けました？

見城　「京味」で初めて食べた時は何もかもがうまかった。「キャンティ」の場合もそうで、安井かずみさんに連れられて初めて食べに行った時に、こんなにイタリアンってうまいんだと思ったわけ。それまでに食べたことがないから。今でも覚えているのは、十数種類のアンティパストがワゴンに載って出て来たこと。その中から四種類ぐらい選んだと思うけど、何を選んだか覚えていないな。安井さんが「パスタを食べなきゃダメよ」と言って、スパゲティバジリコをオーダーしてくれたんです。それがこの世のものとは思えないぐらいうまかった。その後、「キャンティ」にいろいろ作ってもらって研究した結果、今はカッペリーニで食うバジリコが一番好きだな。そうそう、初めて行った時に、僕の向こう側のテーブルに加賀まりこさんがいたっていうのだけはよく覚えている（笑）。

宇田川　メインはオーソブッコ（牛すね肉の煮込み）を食べたんでしょう？

見城　オーソブッコがメインだったことは覚えているけど、その日何を食べたかはよく覚えていない。今でもオーソブッコは「キャンティ」のメニューにありますし、美味しいけど、今はもうくど過ぎて食えないな。

宇田川　今や東京のイタリアンは二〇〇〇店を超えているらしい。選択の幅が広がって食べ手には嬉しい。その当時のイタリアンと言えば「キャンティ」以外に「シシリア」、ピザの「ニコラス」など数えるくらい。「キャンティ」の創業は一九六〇年ですけど、国内外の有名人、ダリもイヴ・モンタンもフランク・シナトラも来店した。一種の文化現象をもたらした名店ですね。

見城　僕は「キャンティ」で大人になったようなもので（笑）。「京味」でも大人になりましたけど、「キャンティ」で本当の大人になったと思っているんです。ドルチェに至るまでいつ行っても味が変わらないし、四〇年前の味をちゃんと残しながら、さらに新しい料理をどんどん生み出しているのは素晴らしいと思う。僕の原点の味っていうか、母親の羊水の中にいた時の味は「キャンティ」ですよ。今でも一カ月に三回ぐらいは行っちゃう。でも、懐かしい味だけじゃなくて新しい味も食べたい。その点、イタリアンの「ちいさな台所ひらた」なんてのはメチャクチャうまい。どっちがいいとか悪いとかじゃなくて、この両極をスイングしていたい。

たくさん恋愛しろ

宇田川　「キャンティ」にしても、打ち合わせの場として利用していると思うけれど、最終的に食べながら落とした作家とか多いんでしょう？

見城　大概は表現者と行ってますから、いっぱいあるんだろうと思います。でもね、一番効果的なのは仕事じゃなくてデートですよ（笑）。女性を口説く時や、仲良くなった女性に、僕の台所だよってささやきながら食べる「キャンティ」はこたえられなかった（笑）。裏メニューも全部知っているので、それがまた楽しい。店でブイヤベースを出している時には、裏メニューにブイヤベースを使ったリゾットがあるの。これも本当にうまい。僕はブイヤベースのリゾットを食べるだけのために土曜、日曜の昼に行きますよ。それ以外にもたとえばメニューにない、ヒレ肉を薄く切ってオリーブオイルで食べるティポペッツァとかも美味しい。

宇田川　『キャンティ』は真夜中の学校」なんてお書きになっている。見城徹名言集なんてのがネットに出ているけど、そういう表現はある時、憑依現象みたいにフーッと降りてきちゃうわけ？　たとえば、「憂鬱でなければ、仕事じゃない」とか。しかも、「朝、手帳を見て憂鬱が三つ以上ないと不安になる」とか（笑）。普通は憂鬱なことは願い下げで、なるべくそれを遠ざけて生きようとするんじゃないかな。

見城　仮に一番面倒くさい嫌な道、中間ぐらいの道、平坦で楽そうな道の三つの道があったら、僕は必ず面倒な道を選ぶ。男だったら辛い道を選ばなきゃダメですよ。その道を選んだら憂鬱になるに決まっているけど、そこを選ばない限り結果なんか出ませんよ。それをやり遂げた時に、初めて大きな果実が手に入る。

宇田川　私の場合は真逆で、確実に一番楽な道を選ぶと思う（笑）。見城さんの人生を理解するキーワードは「過剰」と「快楽」のような気がする。で、仕事と女性と食べ物、この三位一体が原動力になっているようですが。

見城　まったくそうです。僕は人に褒めてもらいたいと思っているガキなんでしょう（笑）。基本的に女性から褒めてもらいたい。だから、うまい店に連れて行って、「見城さん、美味しい！」と言われた時に人生のささやかな快楽を感じる。仕事を一つやり終えて、結果がドーンと格好良く出た時に、好きな女性に「見城くん、素敵！」って言われたいがために頑張っている。女性が好きになってくれるかもしれないから、一生懸命仕事をやるんです。そうしなくても女性が好きだって言ってくれるなら、別にうまい店も探さないし、仕事もやらない。お金がなくても好きになってくれるんだったら、僕は何もやらない。特にお金が欲しいわけじゃないのに、なんでお金が必要かというと、女の子が振り向いてくれないんじゃないかと思うから。三位一体が原動力になっていることは確かだけど、結局は女性ですよ（笑）。とにかく、その女性のルックスが醸し出すムードとか、存在感から会話から、全部含めて好きになったら、彼女に喜んでもらいたい一心で奉仕する。

宇田川　人間を鍛えるために恋愛したほうがいいとおっしゃる。男女の関係ってある意味で凄絶な極限対決みたいなところがあって、そこから見えてくる風景は生涯忘れられないものばかり。得がたい経験になりますからね。

見城　時々取材を受けて、どうしたら仕事ができるようになりますかなんてバカなことを訊かれるの（笑）。個々人が一番高い壁を自分で設定して乗り越えていくしかないわけです。そのためにもたくさん恋愛しろって言うんですよ。なぜならば、恋愛は自分が発した言葉が相手にどう通じるか、どんな言葉を発したら相手が喜ぶか、その逆に相手のどういう言葉と振舞いによって自分が傷付くかとか、要するに他者への想像力を育むからなんです。想像力を欠いた人にちゃんとした仕事なんてできない。そのためにも恋愛が一番いいの。仕事にすごく役立つ。今の平和な時代は、想像力を磨くための大きな壁がないから、とにかく恋愛しなさいと。

宇田川　そういう時こそ、男女がレストランという空間でうまい料理を食べることが必要だと。

見城　感覚を刺激するもので、これがなきゃやっていけないというのは、食事とかセックスとか音楽とか絵画とかですね。でも、音楽や絵画はなければないで生きていけなくもない。男女が一緒に食べることはとても重要な行為だと思う。食べるという行為は人の心を裸にするから。

宇田川　食べることは脳にダイレクトにシンプルに伝わりますからね。ところで、小さい頃は臆病でいじめられっ子だったそうですが、とても信じられない（笑）！

見城　他人との関係性をうまく作れなくて、自意識過剰で嫌なやつだったと思う。それに中学、高校一年ぐらいまで僕は日本で一番顔が醜いと思っていて、その劣等感から抜け切れなかった。本を読んでいる分には誰も僕を傷付けないから本ばかり読んでいた。

宇田川　そうしたコンプレックスが見城伝説を生む「暗闇のジャンプ」に繋がるわけですね。父上は大酒飲みで、毎晩母上と二人で台車を引いて迎えに行ったとか。

見城　大きな工場の小さな社宅に親子四人で住んでいて、周りには飲み屋も何もかも揃っている。父親は飲み屋かなんかでグデングデンに酔っちゃって、母親と台車で家まで連れて帰って来る。

宇田川　一般に、家族の食卓は安心安全な場じゃないですか。子どもがどんなにグレていても、いじめられっ子でも、帰宅して何か食べれば少しはホッとすると思うけど。

見城　普通に愛情豊かな家族でしたよ。母親は毎夜、料理を作ってくれたけれど、特に思い出に残るような食べ物はなかったな。でも、一番好きだったのは、野菜嫌いの僕のために作ってくれた野菜コロッケ。そのコロッケがすごい楽しみだった。今でもタコが嫌

いなのは、タコっていうあだ名を付けられていたから。今でも寿司屋やイタリアンでタコとイカは食べられないの（笑）。タコにもイカにも何の罪もないのに、小学校で軟体動物の話になると、みんなが僕のほうを見て「いえー、タコ、タコ」と言うから、ついでにイカも嫌いになっちゃった。ある時、イタリアンのオーナーシェフに、「俺はタコとかイカってあだ名だったので、すごく傷付いたんで食えない。それだけは覚えておいてね」って言ったら、次に行った時に、「見城さん、あだ名のせいで食べられないものがありましたね。タコとイカと豚だよね」（笑）。失礼だねと思って、「俺、豚って言ってないよ。どういう意味？」って訊いたの。この場面は笑ってくれないと、かえってシリアスになっちゃう。小さな店でカウンターにいた全員が笑ってくれたから救われたけれど（笑）。

宇田川　劣等感や自己嫌悪が人一倍強いけれども、食事によって何か癒やされることはありませんでしたか。ほのぼのとした家族の情景みたいなものは？

見城　ないですね。そんな裕福な家じゃなかったから。でも、母親が朝作ってくれるポタージュスープとトーストは本当に美味しいと思って食べてました。あと味噌汁ね。ほかはあんまり記憶にないけれども、母親の味に癒やされながら食べてましたね。僕は一八歳で大学に進学するため東京に出て来た。あの頃はラーメンばかりで、何がうまいとかじゃなく、近くの定食屋の餃子ライスがうまかったなという程度。廻り道して二五歳で角川書店に入るんですけど、大学を卒業してから今までずっと外食を続けてきたから、本当に癒やされたいとも思わないのかもしれない。

一〇と引き替えの一

宇田川　角川書店に入社してスター編集者になって、作家や音楽家との付き合いが広がり、いろんな店に行くようになる。食生活は激変した？

見城　徹底的に変わりましたね。最後は取締役編集部長で退職したけれども、新人の頃から僕が断トツ稼ぎ頭だから、経費はいくらでも使えた。遠慮なしにどこへでも食べに行ってました。「京味」三日連続なんて平気でやってましたから。

宇田川　私はパリに住んでいたから、フランス料理だけは誰にも負けないぐらい食べたけれど、見城さんほど和洋中を食べている日本人はそういないでしょう？

見城　それはわかんないけれど、人並み以上に食べているのは確かだと思う。その時の旬の一番美味しい店、和食ならどことどこ、寿司やステーキならどことどこ、中華なら、フレンチなら、イタリアンならどことどこなんて、いろんな情報がインプットされている。毎日あaでもないこうでもないと言いながら表現者たちと食しているわけですからね。僕は表現者たちにうまいものを食わせないと嫌なんですよ。相手から何かを引き出すわけですから、身を削って身をよじって身をやつして、相手と一騎打ちをしたい。そのために、食事の時間は僕にとってものすごく重要な要素なんです。

宇田川　美味しいものを食べると相手も胸襟を開くというわけですね。

見城　そうそう、開きますよ。そういうものを食べてもらえれば、また次に会いたいという風にもなるし。だんだん話が佳境に入ってきた時に、ここだと思って日頃から用意しているカードを切る。僕は相手に一〇頼まれたら一〇を全部必死にやる。その代わりこれだけはお願いというたった一枚の切り札をタイミングを見て頼む。誰も断れないよね。

宇田川　毎日が食事と仕事の連続となると、たとえば一カ月先ぐらいまでディナーは予約で埋まっている？

見城　三カ月先まで全部入れている。

宇田川　一人で外食することもあるんですか。

見城　基本的にないです。できるだけ土日は空けるようにしているけれども、ウィークデーはディナーが全部詰まっちゃう。でも、どうしても食べながらの打ち合わせが急に入ったら、ランチにする。ランチも詰まってきちゃうと、しょうがないから自分のために空けている土日を提供する、という風になっているので、プライベートで食べることはほとんどないんです。

宇田川　会食する人によって和洋中を選ぶんですか。

見城　そう決めます。ただ、いくらその人がイタリアン好きだからといっても、僕が前日にイタリアンだったら避ける。でも、必ず唸らせるような店に連れて行きます。僕はね、三カ月以上も先の予約を決めるのは邪道だと思うの。最長で三カ月先でしょう。でね、京都で二年先まで予約が取れない店があるわけ。決して批判しているんじゃなくて、普通二年後まで予約が取れないなんてあり得ます(笑)？　だって店が継続しているかどうかわからないし、店主が病気になって閉店しているかもしれない。第一こっちだって生きているかどうかもわかんない（笑）。

宇田川　三カ月間、すべて仕事のために会食っていうのも驚き！　フランスの場合、ランチもディナーも会食をセッティングするのは、基本的に招待する側の社長なり幹部。たぶん日本では九九％、秘書が代行するんでしょう。見城社長は自ら決める、日本では珍しいタイプですね。

見城　僕は細心の注意を払いますよ。席はどこにしたらいいか、個室のほうがいいのかコーナーがいいのかカウンターにするか、ワインはブルゴーニュでいくかボルドーにするか、その場合どの作り手のワインを選ぶか、馴染みのソムリエはいるか、僕の知り合いの客の予約が入っているかどうか、接待相手のライバル会社はいるか、いろいろ尋ねなきゃいけないわけじゃないですか。秘書にやらせても無理ですよ。

宇田川　会食はもしかしたら金のなる木、ビッグチャンスに繋がるかもしれない。先方にうまいものを食べさせて、喜ばせてから美味しい果実を摘む（笑）。見城さんと会食した人によれば、何がすごいといって会食を準備万端セッティングするだけじゃなくて、サービスマンの名前を全部覚えているって。

見城　覚えています。名前で呼んで、この間のあの料理がうまかったから、同じものをまた出してくれと頼んでおけば、真剣にシェフに伝えてくれるでしょう。もちろんシェフを呼んでお願いすることもあるけど。でも、全員は覚えられない。メインの五人ぐらいならどの店のサービスでも覚えています。

死んでもいいから飲みます！

宇田川　ワインも相当お好きですね。最近はお年を召して白ワインを飲む傾向だとか……。

見城　一五年ほど前に、医者に「心筋梗塞の直前だから、酒をやめない限りあなたは死ぬよ！」と驚かされて四年間禁酒したんです。でも、酒のない人生がいかにつまらないかというのが、よーく身に染みてわかって（笑）。こんなにみじめな人生はないと思って、死んでもいいから飲みますと宣言してちょっとずつ飲み始めたけど、なぜか発作は起きない。だから、酒量がどんどん増えちゃって（笑）。今は赤が重くなってブルゴーニュの白ワインだけに決めましたという状態。そりゃロマネ・コンティやラ・ターシュなんかの赤ワインがあれば飲みますよ。今までワインを浴びるように飲んできましたけれども、会社の経費で飲んでいたから、どこの村のどんな作り手だとか、ヴィンテージをあまり意識せずに、この料理とこのワインは合うなぐらいの感じで、いわゆる名前だけで飲んでいた。それが今思うと残念ですね。

宇田川　酒を飲む一方でスポーツジムに通って健康的な生活を送っている。

見城　ほとんど毎日、必ず四〇分程度走るようにしているんですけども、忙しくて時間を捻出するのが大変なの。とにかく僕はすぐ自己嫌悪になる人間なんで、忙しくて数日間スポーツクラブに行けないと自己嫌悪に陥っちゃう。

宇田川　さて、最後の晩餐は？

見城　平凡でシンプルがいいな。「ざくろ」の牛のしゃぶしゃぶを、ごまだれじゃなくてポン酢につけて、温かい白いご飯に乗せて食べて「So long!」って言って死にたい。ワインはシャルドネで、許されるならばＤＲＣ（ドメーヌ・ド・ラ・ロマネ・コンティ。フランス・ブルゴーニュ地方にあるワイナリーで、ロマネ・コンティをはじめとする著名なワインを醸造）のモンラッシェを飲みながら。

宇田川　いろんな食い物を食べてきた人として、最後の晩餐にしゃぶしゃぶを選ぶ理由は？

見城　一カ月に何回か、ビジネスの会食以外に寿司を食いに行きたい。カレーもいいし、ピザやトンカツ、ラーメンも食いたいと思う。でも、うまいしゃぶしゃぶを食いたいっていうのは、一番強い欲求なんですよ。ポン酢でね。あとはそんなに食べたいものはないんです。

宇田川　ついでに生涯最高とでも言うべきレストランをお尋ねしたい。

見城　まだ開店して一年ちょっとなんですけど「ちいさな台所ひらた」。平田さんが三十数年前に「ラ・パタータ」のシェフをやっていた頃から好きで。ほかには当然「キャンティ」と「京味」。四つ目は僕が共同オーナーの「サロン・ド・グー」で、今はなき伝説の「まっくろう」を引き継いだレストラン。「まっくろう」ってフランス語で魚のサバを意味するけど、裏の意味は男のひも（笑）。だから僕は「まっしろう」にしたかったの（笑）。だけどスタッフのみんながフランス語にはないと反対するから、「サロン・ド・グー」になっちゃった。もう一軒はステーキの「レストラン フォレスト」。昔は「和田門」という名前で、そこから独立した草場シェフの店。「和田門」時代から数えると三七年通っている。和食なら「幻燈士なかだ」と「井雪」もいいな。中華は「萬来園」と「富麗華《ふれいか》」。最後に「カハラ」も入れてちょうど一〇軒ですかね。まだまだあるんだけど、それぐらいにしときます。

宇田川　本日はありがとうございました。

二〇一三年七月

対談後記

以前の対談で見城さんとミシュランガイド批判で共闘して以来、私はある種のシンパシーを氏に抱いている。出版界の風雲児と言われ、ミリオンセラーを連発するパワフルな仕事に敬服するばかり。圧倒的に努力するのは、「好きな女性に素敵と言われたいから！」と断言した時の、少年のような眼差しは何とも艶っぽかった。帰り際、岸恵子の『わりなき恋』を頂戴した。氏が仕掛けた官能小説はベストセラーへ。「この世にあらざるドラマ」を演出できる稀有な才人である。

9

石丸幹二

進化・熟成を続けるエスプリ

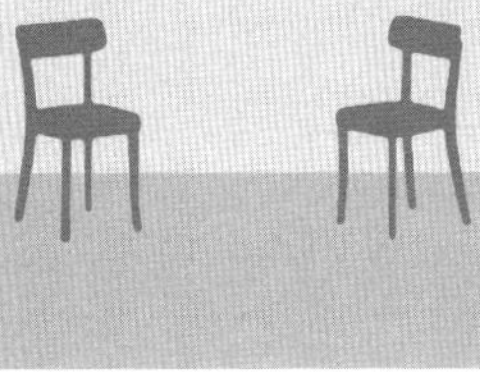

写真：五十嵐 瑛仁

石丸 幹二

いしまる・かんじ　一九六五年、愛媛県生まれ。千葉県市原市育ち。俳優・歌手。東京芸術大学音楽学部声楽科卒。在学中の九〇年、「オペラ座の怪人」（劇団四季）ラウル・シャニュイ子爵役でデビュー。その後も劇団四季にて舞台俳優として活躍を続ける。二〇〇七年退団。現在は舞台のみならず映像分野にも幅を広げ、一三年のテレビドラマ「半沢直樹」の浅野支店長役で注目を浴びる。音楽活動にも意欲的に臨み、一五年秋にデビュー二五周年の3rdアルバムをリリースする。「一生のうちに食べられる回数は限られている。だから美味しいものを食べたい」と、食には人一倍のこだわりを見せる。

パリで歌った「こもれびの庭に」

宇田川　昨年（二〇一二年）、テレビの仕事でパリに行かれたそうですね。

石丸　僕の好きな歌手アンリ・サルヴァドール（一九一七〜二〇〇八。フランスの歌手・コメディアン。フランス領ギアナ生まれ。レジオン・ドヌール勲章受章者）の人生を追うドキュメンタリー番組でした。パリに住んでいた彼の屋敷を訪れ、未亡人や当時の仲間にお会いしたり。夫人からあなたこそ持っているべきだと言われて、サルヴァドールがCD「Chambre Avec Vue」で受賞したプラチナディスクをプレゼントされました。実はこのCDの日本版（「サルヴァドールからの手紙」）で初めて彼を知ったんですよ。

宇田川　サルヴァドールはフランスではジャズ歌手と呼ばれていました。二〇〇八年に九〇歳で亡くなったんですが、そもそも彼に惹かれた理由は？

石丸　一七年間在籍した劇団四季を退団して、この先どうやっていくかを考えている時に、たまたま友人がそのCDを貸してくれたんです。サルヴァドールには二〇年ほど表舞台から身を引いていた時代があって、ようやくその時期を脱して発表したのがこのアルバム。曲を聴いてすごく触発されて、人間は復活できるものなんだと思いましたね。その証を作れるって素敵だなと。一方的に共通点を感じて不思議な思いでしたけれど。

宇田川　私がパリに住んでいた頃に、時々テレビ出演するサルヴァドールを見ましたよ。クレオール（植民地出身者）だから、いわば差別される側だった。歌手にもかかわらずコミカルな役柄でも出ていてね。そういうキャラはご存知でしたか。

石丸　パリで初めてそのことを知りました。フランス人がみんなサルヴァドールを知ってるのは、コメディーをやっていたからなんですね。日本で言うとクレージーキャッツの植木等さんや谷啓さんのような存在なんでしょう。もともと音楽家だったのがコメディへ幅を広げたことが似ているなと。

宇田川　彼の歌のどんなところに興味を持ったんですか。

石丸　まさしく声そのものですね。決して声を張り上げることはなくて、ささやくように歌ってるんです。僕の歌とは対極だったんで衝撃を受けました。僕は舞台上で、時には絶唱に近い声で歌う。でも、こういう風に歌ってもいいんだと思って、すごく興味が湧いたんです。

宇田川　パリで一週間ロケされたそうですね。

石丸　彼の友人だった九〇歳代の方たちに会ったり、生前ボリス・ヴィアン（一九二〇〜五九。作家・詩人）と親しかったというのでボリス・ヴィアン記念館を訪れたり。被差別民族であるサルヴァドールと、体を病んで死を間近にしたヴィアンは、ともに心情的に追い詰められていた部分があったと思うんです。だから、自分たちの運命にお互い、共感するものがあったんじゃないかと教えられました。偶然なんでしょうが、ボリス・ヴィアン記念館の目の前に温室があって、サルヴァドールが歌った名曲「こもれびの庭に」は、その温室がモデルだとも教えられました。

宇田川　ヴィアンは戦後、世界的にブームになった実存主義のサルトルやボーヴォワールの仲間で、今で言うマルチタレント。ジャズのトランペッターであり歌手であり作家。二人にはジャズという共通点もあった。

石丸　その「こもれびの庭に」をパリのジャズクラブで歌うことになったんです。「こもれびの庭に」の作曲者をはじめ、この曲に携わったみなさんにお声をかけたら結構集まってくださった。アンリの長年の友人、ヴァイオリニストのイブリー・ギトリスも来てくれました。クラシック界では異端児と言われる彼は九〇歳を過ぎてるけど、すこぶるお元気で。

宇田川　「こもれびの庭に」を日本語で歌ったそうですね。

石丸　はい。実は友人の力を借りつつ、自分で訳してみたんです。フランス語の抑揚やサルヴァドールの歌い方に合う言葉を、自分なりに探して訳詞した。苦労はありましたが楽しかったですね。ライブではみなさん思いが募ったんでしょうか、グッと込み上げてくるものがあったらしく泣いていらっしゃった。そんな劇的なライブでした。

宇田川　日本からはるばる来て歌ってくれたわけだから、みなさんの感動している情景が浮かぶようです。

石丸　未亡人が「地球の果てからよくいらっしゃったわね」って。そうか、ヨーロッパから見ると、日本って地球の果てなんだなと改めて思いましたね（笑）。

フランスの豊かさの尺度

宇田川　パリだから打ち上げとかで当然ワインが登場するんでしょう？

石丸　面白かったのはアペリティフの時間。日本だと食前酒はあったりなかったりで、だいたいはメインになだれ込んでいくじゃないですか。パリに到着した日に、日本から来たクルーはみなさんかなり疲れてて、早く食事を済ませてホテルへ帰って休みたいって言ったんですが、現地で活動しているアメリカ人のコーディネーターが、「まず白ワインで乾杯しよう。これから一週間一緒に過ごすんだから、これは儀式だ！」って叫んで（笑）。それでビンビンに冷やした美味しい白ワインを何本も空けちゃった。結構酔いましたね（笑）。

宇田川　日本人と違ってフランス人は体質的に酒に強いから、アペリティフに何本飲んでも酔わない。その勢いでディナーというコースもよくあるから。

石丸　アペリティフで胃袋がさんざん焦らされているような感じがしたところで、じゃあレストランに行こうかと。ディナーでまた美味しいワインが出てくるし、チーズも出てくるし……。ああ、これがフランス式の食の楽しみ方なんだなと思いました。

宇田川　パリ滞在中はどんな食生活をしていたんですか。

石丸　東京と大きく違っていたのは、みんなで食卓を囲み、会話を楽しむこと。時間に追われて必死に食べるんじゃなくて、いろんなことを時間をかけて喋りながら、いつの間にか食べ終わっているような流れですね。もちろん出てくるものはフランスの食べ物一色で、普段日本人が食べないような食材まで出てきたりして、すべてがサプライズでした。

宇田川　毎日ディナーの場所を変えるとか？

石丸　そういう風に工夫してくださってましたね。わざわざ遠くへ出かけるわけじゃなくて、僕らの宿泊したホテルの近辺でしたが。コーディネーターがとにかく大変なグルメで、食事は全部任せてよって。彼は、アフリカ取材に行くのにシェフを連れて行くらしい（笑）。そうしないとアフリカではみんなにちゃんと賄えない。食が満ち足りてこそいい仕事ができる、というフィロソフィの持ち主。

宇田川　フランスでは友人知人の家に招待されたら、まずアペリティフで乾杯。一般にアペリティフは食前酒という意味なんだけど、もう一つは食前酒を飲んで、ちょっとしたつまみを食べながらお喋りする時間のこと。アペリティフだけでディナーなしなんてパーティーもあるし。で、ディナーの料理はどうでした？

石丸　バスチーユ広場のオペラ座の近くに驚くほど美味しい店がありましたね。三ツ星とか二ツ星とかじゃなく、値段もリーズナブル。観光客用の店じゃなくて、地元の人たちで賑わってました。東京で高い料金を払って、肩ひじ張って食べるのがバカみたいに思えてきたな（笑）。

宇田川　パリの魅力はいろいろあるけれど、カフェに座って通行人を眺めたり、ギャルソンの動きとか食器の触れる音だとか、店内の喧騒とかに耳を傾けたり、何とも言えない時間もそう。

石丸　道路に面したオープンカフェはいいですね。通り過ぎる人を見たり景色をぼんやり眺めたり、そんな自由な時間が何とも言えずうらやましい。でも、この時は朝から晩までびっしり予定が組まれていたので、残念ながら叶わなかった。

宇田川　パリに行った人はみなさん、その自由さが堪らなく好きだと言う。差別される側にいたサルヴァドールもそれを感じていたと思うし、古くはヘミングウェイの『移動祝祭日』に描かれたように、パリという町の自由と解放感を知っちゃうと、東京は窮屈で生きづらい（笑）。

石丸　パリでの収録中、さまざまな人たちの姿を見たんです。ホテルがリヨン駅に近かったから、朝、東京のようにラッシュにもまれる通勤客を見て、パリにもこういう人たちがいるのかと。一方で、町の商店の人たちはのんびり生きてる様子で、市場とかに行くと、働いている人たちに健やかで生き生きとした雰囲気を感じる。

宇田川　フランス映画を観ればわかるけど、サラリーマンはほとんど残業しない。終業時間になればさっと退社しちゃう。仕事をしたくないから（笑）。

石丸　以前、モンマルトルを舞台にした「壁抜け男」というミュージカルに出演した時に、フランスから製作チームが来日して、フランス人はこういう人間なんだよと、日本人と比較して話してくれた。たとえば五時の鐘が鳴った途端に会社からいなくなるのがフランス人で、残って働くのが日本人だって（笑）。

宇田川　幹部連中は仕方ないから残業する。でもそれ以外の人はさっさと帰って、プライベートの時間を、食べて飲んで恋して目いっぱい楽しむ（笑）。くらくらするほど個人が自由なんです。

石丸　そうですね。友人にフランス人の作曲家がいて、夏はバカンスを必ず二カ月取るんです。別荘がリモージュにあって、パリから移動して、別荘のスタジオで作曲活動はするけれども、ともかく休暇を取る。僕らのバカンスはせいぜい一週間程度だけど、フランス人は一週間なんてことはあり得ないと言ってました。

宇田川　日仏では自由さや豊かさの尺度が違うんです。フランスのバカンスは法的に五週間と決められている。だから、大統領もレストランのギャルソンも等しく有給のバカンスを取らなきゃいけないわけ。店のオーナーはバカンスを取らせないと罰せられる（笑）。

石丸　パリで出会ったコーディネーターにしても、友人の作曲家にしても、オフィスやアパートの地下が大きなワインセラーになっている。ワインを飲む時は地下に下りて、木箱からワインを取り出して来て、「さあ、飲もう！」って、お昼からね（笑）。仕事に支障がなければ、昼でもいいだろぐらいの感じなんでしょう。

宇田川　まさにワインは水代わり。地下にカーブがあるのはフランスでは一般的で、その広さは住人の居住面積に応じて決まるもの。ところで、ワインと言えばチーズだけど、お好きですか。

石丸　好きですね。ドキュメンタリーの撮影でパリに行く前に、この店に寄ればと知り合いの食通が教えてくれたのが、チーズで有名な「アンドルーエ」。でも、スケジュールが合わなくて駄目だった。悔しいから、ロンドンの支店に行って食べた。予約していたショーをキャンセルしてまで（笑）。食べたチーズは絶品。盛り付けも美しかった。合わせるワインがまた絶妙で、それだけで満腹。三、四時間いたかなあ、キャンセルを後悔してません（笑）。

宇田川　フランスのチーズの種類は約四〇〇で、毎日一つ消えて、一つ新しいのが生まれると言われる。フランスとイギリスはナポレオン時代から仇敵の間柄だから、お互いに皮肉やユーモアを言ったり。チャーチル首相がド・ゴール大統領に、「おまえの国を統治するのは大変だろうな。だって四〇〇もチーズがある国だから」。対してド・ゴールは「おまえのところは楽そうだな。だってソースが三種類しかないから」なんて（笑）。

石丸　ロンドンも最近は美味しくなってきたなと思いましたけど、イギリスは確かにフランスほどの食の国じゃないですよね。フランスはどこのパン屋に行っても、うちのパンが一番みたいな感じ。ホテルの近くにもそんなパン屋があって、そこのバゲットでコーディネーターがランチにサンドイッチを作ってくれました。簡単にサッと作っちゃうんだけど、もう美味しくて、太りましたよ（笑）。

演劇という異常事態

宇田川　劇団四季の話を少しお聞きしたいのですが、退団の理由は？

石丸　肉体が精神に追い付かなくなる厄年ってあるじゃないですか。本当にその通りだなって思いました。今まで夢中に走っていて、ある時何かが途切れてしまった。僕の場合は精神力もそうでしたけど、肉体のいろんな部分にガタが出始めました。このまま走り続けるのは危険だと心の中で黄信号が灯ったんです。それが大きな理由でした。劇団の先輩たちもそのぐらいの年齢で一度はギアチェンジしていらっしゃるようでした。

宇田川　その後の舞台人生を考えて、いろいろ迷って動揺したんでしょう？

石丸　あと先考えずに辞めていましたね。そのあとで、将来どうするんだろうかとふと考えたりもしたけれど、昔、知り合いのフランス人に「C'est la vie.（人生って、こんなものさ）」という言葉を教えてもらったことを思い出したんです。だから、今の人生を楽しむってことでもいいんだよって。それこそ人生何とかなるさ（笑）。一年ぐらいかかって、再出発しようかという気持ちになりました。

宇田川　その一年の間にサルヴァドールの「こもれびの庭に」に出合ったというのは、何ともドラマチックですね。

石丸　その曲のたゆたうような雰囲気やフィーリングがピタッと合いました。その時はまだ、サルヴァドールって人に興味が湧くというよりは、ただ声が好きだなと。こんな歌い方で音楽活動ができるような、自分の将来を描けたらいいなと思いました。

宇田川　演劇というのは基本的に集団行動でしょう。地方公演もすごく多いでしょうが、そういう時の食生活はどうなんですか。

石丸　僕らがとても恵まれているのは、いろんな町に行って公演すると、町の人たちがすごく温かく迎えてくださること。ですから美味しい食べ物をいただくチャンスがよくあります。たとえば秋田に行ったらこの店できりたんぽを絶対食べなきゃとか、北海道に行ったらちゃんこはここだとか、僕らもかなり懸命に探します。でも地方都市では、公演が終わる時間にはだいたい店が閉まっているんですが（笑）。

宇田川　きちんと食事しないと、肉体を鍛錬する役者にとっては辛いでしょう？

石丸　日常食に関してはバランスに気を付けて食べてます。朝昼晩、あらかじめ仕入れておいた野菜をなるべくたくさん食べる。ほかにも公演中に炊き出しをすることもあります。キャストがスーパーで食材を買って来て、朝から仕込んでおいてランチを作るんです。栄養のあるものを食べようとしていますね。

宇田川　団体行動が基本だから、本を読んだりする一人の時間はあまりないのでは。

石丸　ありますよ。舞台の初日が迫ってくる時期ってだいたい一人。台本を片手に酒を飲みながら、一日中舞台のことを考えている。友達とワイワイ騒いでいる時は忘れているんですけれ

ど、孤独になった時のほうが演技に関してひらめくことが多く、その助けをしてくれるのが酒なんです（笑）。茶色いのだったり赤いのだったり。

宇田川　色を問わず（笑）。お酒の力に救われました？

石丸　飲むと凝り固まった考えが緩むんです、僕の場合は。芝居の中では劇的なことが起こっているわけだから、日常の発想では間に合わない。酔った勢いでひらめいたことを舞台に反映することが多いんですね。なんてことを言っていますが、やはり、酔っぱらいの役を演じることにかけては、日常の体験を十二分に舞台に応用しているのかも（笑）。

宇田川　石丸さんは、二〇〇九年の「コースト・オブ・ユートピア」でアルコール依存症の役を演じたけれど、拝見して迫真の演技の理由がわかった（笑）。

石丸　蜷川幸雄さんが演出した九時間の舞台で、僕は毎日のように実体験で演じていました（笑）。役どころとしては若い頃に仲間とともに革命を目指した詩人。しかし、年を経るにつれ、人生に挫折してアルコール依存症になっていく。劇団時代に公演後に酔って千鳥足で歩いたことなんかも思い出してましたね（笑）。

宇田川　そもそも舞台の魅力とは？

石丸　僕はどちらかというと生真面目なたちなので、だからこそ反対側にある演劇という異常事態に憧れています。日常では体験しないようなことを演じられるわけだから。しかもミュージカルですと、それに歌が伴う。何とも言えない、心を揺さぶられるメロディーがたくさんある。この仕事を選んだのは、ある意味で自己逃避かもしれませんね。いや、自己陶酔かも。

宇田川　よく言われるのは、役者として一度でも舞台に立ったら、終生死ぬまでその陶酔感を忘れられないと。ドーパミンの量がケタ外れなんでしょうか（笑）。

石丸　それこそ異常事態の世界だから（笑）。役者として、演劇という格好の場で異常な体験をしてみようという欲求が自然に生まれてくる。でもね、僕たちは常に何かを保つことを要求され続けているんです。たとえば、いつもアンテナを広げて貪欲な好奇心を保つとか、記憶力が衰えないようなトレーニングをするとか、この仕事はドMじゃないとできないかもしれない。女優にはドSの人が多いと言われているけれども、自分に強いるという意味で、僕はドMかな（笑）。

宇田川　演劇は役者やスタッフによる集団作業だけど、芝居が終わってから高ぶった気持ちをクールダウンさせるための方法は、劇団仲間と酒を飲むか男女関係（笑）？

石丸　僕は一人で酒を飲んでクールダウン（笑）。長期公演で、仲間と外食するのが一巡りぐらいすると、一緒につるむのに厭きてしまう。誰がどんなことを言うかもわかってくるので、そうすると別の人たちと会いたくなったり、もしくは一人でいたくなる。でも、次の公演でまた違う役者たちと出会えば、喜んで飲みに行きますけどね。昔に比べて酒の席は減ってますね、我々演劇界も。僕らより上の世代の人たちはよく飲んだと聞きますけれど、僕らのあとの若い人たちは先輩と飲みに行きたがらない。

宇田川　サラリーマンが上司の誘いを断るような？

石丸　まさしくそう。自分の好きなことをしたいからとか言って断るんです。僕らは上からの命令が絶対だったから、勉強だと思ってしょっちゅう付き合ってました。そんな苦しみを味わいながら、先輩から刺激や影響を受けてきました。

小学生で銀ブラ

宇田川　ご実家の母親の料理はどうでした？

石丸　そもそも家庭料理に対する興味が僕には薄くて……。あるいは、たぶん僕の舌と母親の舌の相性が合わなかったのかな（笑）。

宇田川　偉そうなことをおっしゃいますね（笑）。それにしても生意気なガキだ。

石丸　生意気でしたね。母は料理が下手ってわけじゃないんだけど。でも、すごく覚えているのは、四国にある両親の実家で食べたうどんが美味しかったこと。ちゃんと舌が覚えてる。だしも違うし、瀬戸内の魚はやっぱり美味しい。あ、おふくろが作るうどんのだしは関西風で美味しかった（笑）。

宇田川　四国から千葉県に転居して、好物はピーナツ味噌だったとか？

石丸　ピーナツの産地ですからね。ご多分にもれず、美味しくてハマっちゃいましたね。

宇田川　食べ物にちょっとうるさいガキだったようで（笑）。幼い頃の食べ物で思い出に残っているものは？

石丸　小学生の頃、一人で千葉から銀座に行った時に、辛いカレーを食べたこと。本や雑誌を読んでいたら、たまたまカレーが目に留まって食べに行ったのかもしれない。一人っ子だったので、仲間と群れるよりは自分のしたいことをやりたい性質でした。お小遣いを貯金して、銀座まで電車で行って、銀ブラしたり。本当の目的は、ヤマハ楽器で高価で買えない楽器を見てただけなんですけどね。

宇田川　小学生の分際で銀ブラですか（笑）。そのついでにちょっとカレーを食べたり。

石丸　その頃、三越デパートの並びにマクドナルド一号店が出店しましたね。一号店って何なんだろうと思って、とりあえず並んで買いました。子どもだからうまいかどうかなんて、ほかの食べ物と比較できなかったからわからない。お小遣い握りしめて並んだことはよく覚えています。

宇田川　子どもの頃の好き嫌いは？

石丸　好き嫌いはそれほどなかったけれど、特に嫌いだったのは鍋料理。みんなで分かち合って食べるっていうのが、どうも性に合わなかった。大人になってもしばらく鍋料理が嫌でした。

宇田川　だいたい、表現者とかクリエーターとか芸術家はみなさん、本音を言えば幼い頃から協調性がない。

石丸　ないんですよ。僕の場合は、自分が食べたいものを人に持っていかれるのが許せない（笑）。父はB型で、七人兄弟だったものですから、目の前に自分の食べたいものがあったら、自分本位で突き進むタイプ。僕はA型で、競争することがすごく嫌だと思っていて。母は僕と同じA型ですけど、父と子どもは対等だと思っている。

宇田川　石丸家では食べ物にまつわる躾は厳しかったんですか。

石丸　厳しかったですね。食卓に肘を付いて食べるなとか、お茶碗はちゃんと持てとか、米を一粒も残すなとかね。そんなことをよく言われました。でも、魚の食べ方が上手だった父への反抗からか、僕はわざと汚く食べてやろうとか（笑）。

宇田川　好き嫌いの激しい偏食家だったということは？

石丸　普通に子どもが食べるものは食べてました。もちろん納豆だって食べたし、子どもがあんまり好きじゃないセロリとかも食べてました。

料理と音楽は似ている

宇田川　料理は音楽との共通点が結構あるでしょう。時間芸術だったり、色彩を感じさせる芸術だったり、イマジネーションや創造力を要求するし。食べたり聴いたりしたらはかなく消えちゃう点でも似ている。

石丸　料理をきれいに盛り付けていくことは、最後にきれいに粉をまぶしていくような音楽に似てますよね。

宇田川　特にフランス料理は非常に合理的に作られていて、オードブルからデザートまでのプロセスがオーケストラに喩えられる。その点ミュージカルはどうですか。

石丸　とても似ていると思いますよ。でも、オペラがいわゆるディナーのフルコースだとすると、ミュージカルはランチぐらいなんです。それも高級店のランチじゃなくて、大衆店のランチ。食通が美味しいと思うようなものじゃなくて、多くの人々がうまいと思うような料理。だから、ミュージカルの作曲家で凝った作品を作っている人は少ない。子どもたちを含めて、誰もが理解できるような内容の音楽ですね。照明にしても衣装にしても、わかりやすくきらびやかですよ。

宇田川　クラシック型のオーケストレーションとは違うわけですね。でも、両者はともに劇的な構成を考える。たとえば、軽いものと重いものをどう並べて盛り上げるかとか？

石丸　それはありますね。オペラと同様に、ミュージカルもクライマックスにはお客さんを泣かせるシーンを入れたりする。料理も同じですよね、うーんと唸らせるような食べ物を出すとか。

宇田川　フランス料理好きのヴァイオリニストが言ってたけど、ワインが揃って初めてフランス料理は完結すると。クラシックで言えば、そのワインに相当するのがヴァイオリン。

石丸　ミュージカルの歌や芝居も、いろんなお酒で表されると思います。丸い味とかこなれた味とか、特に男女の恋愛話だったりすると、この二つの酒の相性がいいか悪いかとか。

宇田川　ご存知のようにワインは熟成につれて味わいが変化する。年数を経れば経るほど熟成が増して一層の深みを得て、さらなる高みへと上り詰める。ミュージカルスターの場合も、さまざまな経験を経てベテランの域に達するわけでしょう？

石丸　俳優もいろいろな味に変化していきますね。もちろんベテランの味も美味しくて重要ですが、若い世代の瑞々しさも大きな強み。フレッシュさが売りってこともありますよ。ワインで言えば、ボジョレー・ヌーヴォーの果実香は、びっくりするほど瑞々しくて、若いエネルギーを感じさせる。

宇田川　ワインがお好きだそうですが、好みはフレッシュタイプ、それとも熟成タイプ？

石丸　今は、熟成タイプが好きになりましたね。芝居のあとに飲むのは赤。食事しながら飲むのはピノ・ノワールの赤ワイン。厚く化粧したのがカベルネだとすると、ピノ・ノワールは人間で言えば、人柄の良さがちゃんと生かされている感じかな。食後に飲むのは、甘口のソーテルヌ系（フランス・ボルドーのソーテルヌ地区で産するワインで、世界三大甘口ワインの一つ）よりグラッパ（イタリアの蒸留酒で、ブドウの搾りかす由来のアルコールを蒸留して作る。アルコール度数は三〇〜六〇度）で、飲んだらそのままバーに流れていくような飲み物のほうが好きですね。

宇田川　お話を聞いていると、手料理はしないけどお酒が好き？

石丸　料理する時間があったら、飲んでます（笑）。でも、以前に比べたら浴びるように飲むことはなくなりましたね。今は酒を飲まないクリアな状態でも楽しいと思えるようになって。時々飲むほうがお酒の真の味がわかると思いますよ。休肝日じゃないですけど、舌を休ませる。

宇田川　噂によれば、冷蔵庫の中は酒と酒の肴だけ（笑）？

石丸　酒用の冷蔵庫は二つあるんです。

宇田川　バーなんかには行ったりするんですか。

石丸　最近は行かなくなりました。ただ美味しいお酒を置いてるレストランは行ったりします。

宇田川　いつか言ってみたい言葉が「マスター、いつもの」（笑）。どういう意味？

石丸　バーの常連になって、マスターに言ってみたいセリフなんですよ。氷を丸くしてもらってね。茶色いお酒をね、トットットットットッと注いでくれる。近所にそんなお店があったら幸せだなと思ってました。

外食・ロケ弁・エスプレッソ

宇田川　最近ハマってる食べ物は？

石丸　プロが作る酢豚は格別ですね。池袋の東京芸術劇場の近くに小さな中華店があって、そこの黒酢で作った酢豚に入れあげてる（笑）。ザックザクに切った豚と山芋をザッと炒めただけなんですけど、一度食べたら病み付きになる。役者になってしばらくして、芸術劇場に出演していた人たちに食べに行こうよと連れて行かれて。あまりのうまさに、もう普通の酢豚じゃ満足できなくなった（笑）。

宇田川　それまでにもフレンチとかイタリアンとか美味しいものを食べていたと思うけど。

石丸　それを超えた食べ物でしたね。山芋と豚が合うんだってことも衝撃的でしたね。ほかに食べ物で思い出すのは、スペインのレストランで食べた絶妙なスパニッシュオムレツ。ジャガイモの火の通り方が良いし、どんだけ卵を使ってんだと思ったり。食べ物で大きく意識が変わったのは、学生時代にウィーンで食べたシュニッツェル（薄切りの牛ヒレ肉にパン粉を付け、揚げ焼きにしたもの）。叩いて叩いてものすごく大きくしてあって、日本じゃこんなカツレツ食べたことない、と。

宇田川　今はソロで活躍されているし、多忙を極めていますが、食べ物のバランスを考えながらちゃんと自己管理してますか。

石丸　胃が受け付けるものが変わってきましたね。油っぽい食べ物は終わったかなと。今は素材の味がちゃんと感じられるような、そんな食べ物に向き合うようになってきました。

宇田川　家で料理を作らない理由は？

石丸　端的に言うと、料理を作る時間がないし、あまり興味もなくて。外食はバラエティのある中から選べるから、便利です。好みはブレてませんけど、寿司とかも好きで、つまみがどんどん出てくるのが好きですね。天ぷらや鰻丼も食べますけど、それは自分の中でお祭りのような気分。

宇田川　多忙な一日のスケジュールの中で、どんな食生活を送ってるんですか。

石丸　朝起きて、まずエスプレッソで気持ちをキュッとさせる。コーヒーには特別な思い入れがあって、いろんな種類から選びます。そのあとに改めてコーヒー豆をコリコリひく。時間があれば朝食を摂る。パンの時もありますけど、美味しい無洗米に昆布を入れて炊く時も。おかずは卵とか明太子とか海苔とか、買っておいたお総菜とかをちょっと食べて。最後にコーヒーをもう一回飲んでから外出します。

宇田川　ランチは？

石丸　ロケ弁とか、みんなでお弁当を買って来て食べたり。それこそブランチになってたりとかしますけど。現場で働いてる時のほうがちゃんと定時に食べられる。でもしっかりランチを食べると、頭に血が行かなくなったりしますから、ほどほどの量で。夜は、昼間ふと頭に浮かんだものを食べに行きます。先ほども言いましたが、たとえば昨年はミュージカルで東京、大阪、名古屋、福岡と巡演したんですけど、公演がはねたらその町の美味しい店で食べましたね。

宇田川　美味しい店の情報は事前にある程度調べるの？

石丸　劇場で働いてる方たちから情報を仕入れます。何が美味しいの、うまい酒はどこで飲めるのとか、結構細かく教えてもらいます。同じ町を再訪する時なんかは、あの店はどうなってるんだろうと訪ねて行ったりします。

宇田川　彼らの情報に間違いはない（笑）？

石丸　間違いないですね（笑）。人間一生のうちに食べられる回数は限られているから、できるだけ美味しいものを食べたいですよね。

宇田川　美味しいものを追求する心掛けは立派だと思うけれど、まだ若いんだから、死ぬまでに何回残されているかなんて考えなくてもいいのに（笑）。

石丸　（笑）。スポーツの選手のように食べ物を全部コントロールするぐらいのことを、肉体を酷使する僕らも本当はするべきなんでしょうが、スポーツ選手と違って僕らは一生現役を続けることが多いので、あんまり根詰めると人生がつまんなくなってしまうかもしれない。だから、その都度の対応です。たとえば、今は映像をやっているので、体重を落とさなきゃなんない時期で、たくさんは食べられない。それが寂しい。現代物で、回が進むにつれてやつれていくシーンがありますから、少し痩せとかないと（笑）。

宇田川　役者は自己管理が大変そうですね。

石丸　気を付けなくちゃいけない時期と、そうでない時期とありますから。時には飽食します。パリに行った時も、食べ物が美味しいのですごい食べたんですね。その反動で体重が最大まで行ってしまいました（笑）。

宇田川　一般にフランス料理をフルコースで食べると約二〇〇〇キロカロリーで、対する日本料理のカロリーは半分ぐらい。決定的に違うのは、フランス料理は基本的にバターとクリームを使い、日本料理は水を使うこと。でも、役者は燃えるようなエネルギーを必要とするから、いつもカロリーの少ない食べ物というわけにはいかないでしょう？

石丸　そうですね。野菜ばかりじゃ駄目ですよ。肉を食べないと気分が萎えてしまう。だから最後の土壇場に来るとステーキに行きつく。

人並みの贅沢

宇田川　一方でストレス解消のために散歩を心掛けている。劇団四季を退団直後、よく散歩の途中に夕日を見て感動したとおっしゃってましたね。今もオフになると、ゆったりした時間を過ごしているのですか。

石丸　公演が連日ではない場合は、昼間に外に出て景色を見る機会を作るようにしています。先日も東京と大阪を日帰りで往復したんですけど、大阪は夕方でも三〇度の灼熱地獄で、夏の夜に感じるネバーッとした風とかを体感しながらも、こんな風に自然の営みを感じられるのは幸せなことだなと思って。車窓からの夕焼けは素晴らしかった。

宇田川　趣味は旅ですものね？

石丸　突然、温泉目指して行ってしまうとか（笑）。最近、一番気楽で贅沢だと思ったのは、午後、思い立って車で軽井沢に行って、夕方の軽井沢を楽しんで、蕎麦だけ食べて帰って来たんです。天ぷらも揚げてもらった。

宇田川　六〇代になったら畑いじりをしたいそうですが、その真意は？

石丸　去年、サイトウ・キネン・フェスティバルで松本に行った時に、あるご夫婦とたまたまレストランで一緒になったんです。気さくに話しかけてくださって、現役をリタイアしたあと、東京から松本に移ってきたそうなんです。それで、「僕たち畑を持ってるんだ」とおっしゃるんです。農業で生計を立てているわけじゃないけど、自分たちで形のあるものを生み出していくってことの面白さを一生懸命に語っていらした。そして「劇場に野菜を持って行くよ」って言ってくださった。後日、届いた野菜は新鮮で、それはそれは見事だった。ああ、これも一つの贅沢だなと思って。僕にもできたらいいなと思って。

宇田川　気持ちが動かされたわけですか。

石丸　一シーズンだけでもいいから、ちょっとやってみたいなと。本当に良質の土があって、うまいものを作れたら最高でしょう。

宇田川　さて、明日世界が終わると想定して、最後の晩餐は？

石丸　食べたいものがあまりに多過ぎて選択に困りますね（笑）。死ぬ前じゃなくても、今、食べたいと思うのは関西風のすき焼き。ざらめをバーッと敷いて、そこにだし汁を入れて、肉をサッと焼いて、卵につけて食べる。それを食べられたら死んでもいいな。この頃、仕事の関係で、ガツンとした食べ物を食べてないので、その欲求もあるんでしょうね。それで心をこめて「ご馳走さまでした」って言いたい。最高の幸せだと思うんですよ。

宇田川　酒好きとしては最後の食べ物の友に何を飲みたい？

石丸　フランス産の重めの赤ワインですね。ここでこそ、カベルネがいいのかもしれない。

宇田川　本日はありがとうございました。

二〇一三年一〇月

対談後記

石丸さんの取材は今回で二度目。前回は劇団四季を退団して一年間の「浪人」を余儀なくされていた時期で、心なしか気持ちが萎えていたような気がする。それから五年、目覚ましい活躍はみなさんの知るところ。昭和のハンサムを彷彿させる静かな佇まいの中に自信がみなぎる。にもかかわらず五年前も今も、少しも邪心を感じさせないピュアな人柄は変わらない。先頃人気ドラマで初めて悪役を演じたそうだが、私には「異常事態」を楽しんでいるように見受けられた。

10

髙田 郁

食は、人の天なり

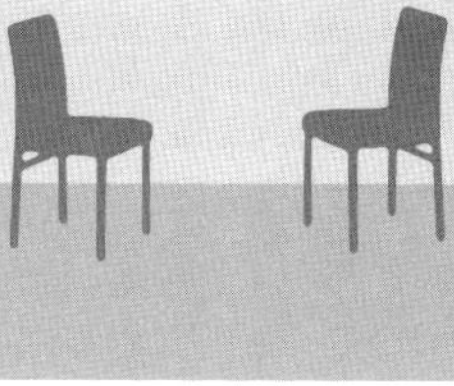

イラスト：髙田 郁

髙田 郁

たかだ・かおる　兵庫県宝塚市生まれ。小説家。中央大学法学部卒業後、一九九三年漫画原作者（筆名：川富士立夏）としてデビュー。二〇〇八年に『出世花』で時代小説の世界へ転身。翌年の作『銀二貫』は、のちに「Osaka Book One Project」の第一回選定作となり、一四年にはNHK木曜時代劇でドラマ化された。〇九年スタートのシリーズ『みをつくし料理帖』は、その第一弾『八朔の雪』でその年のランキング一位を多数獲得。その後、同シリーズはファンの期待を一身に背負い、一四年八月に完結の一〇巻目を刊行した。他著に『晴れときどき涙雨―髙田郁ができるまで―』『あい 永遠に在り』ほか。好きな食べ物は砂糖エンドウ。見つけた時はバッグいっぱいに買ってしまうほど目がない。

周五郎さんの世界へ

宇田川　『みをつくし料理帖』シリーズは、発売部数が累計三〇〇万部という大ベストセラー。今、時代小説が熱いと言われてます。そもそも、なぜ時代物を書くようになったんですか。

髙田　本が大好きでたくさん読んできたんですけど、ある時、そんな経験はあとにも先にも一回きりっていう読書体験をするんです。時代小説も大好きで、特に山本周五郎さんが大好きで、四〇代半ばに漫画の原作を書く仕事をしている時に、父の蔵書にあった周五郎さんの『なんの花か薫る』という時代小説を読み直したんです。それを読んでいる時に、ページの上に情景が立ち上がってきたの。登場人物の「殺してやるー！」という声が耳元で聞こえてきて、読み終えた時に本を膝に置いて放心しちゃって。周五郎さんはすごい、本当は女なんじゃないかと思うくらい女の描写がうまい。作品に魅入られてしまって、同じ物を書く人であるなら、ここまで書けるようになったらほかに何も望まない。それで時代小説に行きたいなと思ったのが一点。

宇田川　もう一点は？

髙田　友人のMBSのアナウンサーさんがある時、川富士立夏《かわふじりっか》という名前で漫画の原作を書いていた私に、「あなたは自己完結できる媒体に移ったほうがいい。漫画の原作は素晴らしい仕事だけれども、やっぱり漫画家さんの手を経るでしょ。あなたの書いた文章がそのまま読み手に伝わるほうがいいから、小説を書くことを考えなさい」って言われたのが、もう一点。

宇田川　同じ物書きとはいっても、漫画の原作と小説とではジャンルも方向性も物語性も違うから、一歩踏み出す勇気が必要だったでしょう？

髙田　阪神淡路大震災で自宅が半壊しましたので借金があったし、なかなか踏み切れなくて、エイヤッていけなかった。そののち、網膜に穴が開いて、通っていた病院の待合室で、もし筆を折るとしたら、一番の後悔は何だろうと考えた時に、周五郎さんの『なんの花か薫る』が思い浮かびました。周五郎さんの世界に行きたいと思って、手がかりも足がかりもつかめていないけれども、もう行きましょうと。それからが大変でしたけどね（笑）。

宇田川　時代小説と言えば、時代考証の難しさがよく言われるけれど、そのための資料調べはどうしたんですか。

髙田　大阪には、江戸時代の優れた文献がたくさん残っている図書館があるんです。開館から閉館まで受験生のように通いました。私の性格からして、逃げ道があると絶対逃げるとわかっているので、本気になりましょうと思って、漫画の原作の仕事も辞めて、仕事の付き合いも絶って、これはえらいことになりました（笑）。本当に没頭したけど不安でしたよ。ただ、世に出なくても、私はずっと書いていくんだと思いました。物語の世界を構築するのが好きだし、図書館でいろいろ資料を調べて、知識を増やしていくこともすごく楽しかった。でも、閉館になって一歩外に出ると、アスファルトの道のはずが底なし沼のように思われてしまって……。落ち葉の季節なんかだと、カラ元気になって落ち葉を踏んで歩いたり。その音が楽しいですというメールを、漫画の原作者の時にすごく目をかけてくださった編集長に送ったら、その編集長から、「あなたの努力が報われることを心から祈っています」という返事をもらったり。それをもらった時に、「私、どうあっても大丈夫だ。こんな風に見てくれてる人がいるんだったら頑張れる」と。

宇田川　一条の光が差し込む瞬間ですね。

髙田　はい。今もその言葉を思い返すたびに、一層、精進しようと自分に言って聞かせています。そうそう、資料調べで忘れてはいけないのが、公益財団法人 味の素食の文化センターさんです。こちらのライブラリーには食の時代考証で本当にお世話になりました。江戸時代の食にまつわる知識のほとんどを、私はここのライブラリーで得ました。オススメですよ。

家を建てるように構想する

宇田川　髙田さんはそれまでの人情話を革新した作家だと評価されている。

髙田　とても恐縮しています。優れた人情物は数多くありますが、ただ私の場合は、人情話を普通に書くのではなく、料理を主役にしたところが新しかったんだと思います。

宇田川　江戸時代の食べ物をあれこれ調べるのも難しかったでしょう？

髙田　大坂に生まれた喜田川守貞が『守貞謾稿《もりさだまんこう》』というのを書いてるんです。彼は江戸時代に江戸に出ていて、大坂、京都、江戸の三都を知っているわけですよ。守貞さんは絵もすごく上手。たとえば食に関して本当に細かい違いを絵で見ることができるので、わかりやすい上に、とても楽しいのです。逆に江戸の人が大坂や京都を旅する話はないのかなって探したら、平亭銀鶏《へいていぎんけい》という人が書いている『街能噂《ちまたのうわさ》』があって、江戸っ子が上方に来て、ひゃあびっくりっていう話で、これは面白いなあと思って。

宇田川　江戸時代は料理本が結構たくさん出てますね。

髙田　そうなんです。でも江戸時代の料理本は、今のレシピ本と違って、分量とか一切書いてなくて、ものすごく不親切なんです。手順とかも、「常の如く」って書いてあったり。だから、今の料理人が一〇人、江戸時代の料理書で作れば、一〇通りの料理ができ上がるっていうくらい不親切なの。

宇田川　フランス料理の場合も、料理書に分量とかを明記するようになったのは、エスコフィエが初めてなんです。それまではアバウトなもんで。もっともエスコフィエの料理書はプロのために書かれたんですけど。

髙田　フランスの料理書は料理人が書いてるじゃないですか。江戸時代の料理書で最初に売れたのは、『豆腐百珍』という大坂の版元が出したものなんです。それが売れたので、柳の下のドジョウを狙ってみんなが出す。そのうち、料理の素養のない人までが本を手掛けるようになる。いやいや作れないでしょそれ、なんていう料理本がいっぱい出てきます。

宇田川　日本人はクラス分けが好きだから、料理番付みたいなものがたくさんあったんでしょ？今のガイドブックに一喜一憂するようにみんなが騒いでいた。

髙田　いろんなジャンルがあって、番付表は結構安く作れたのでいろんな人が作っている。だから料理番付もいっぱいある。食べ物もあるし、レストランもあるし、日常おかず番付みたいなのもあるんですよ。見ていると楽しい。

宇田川　どんなジャンルの小説でも、みなさんキャラクターをどう造形するかは頭を悩ますところ。『みをつくし料理帖』シリーズでは、主役の若い女料理人「澪《みお》」という健気な娘をどういう人物として設定したんですか。

髙田　漫画の原作を書いていた頃からの癖なんですが、『みをつくし』の場合も、B5サイズのスケッチブックにすべてのキャラクターを絵で描く。生年月日から、血液型から、身長や体重や好物など。ほかにも子どもの頃の長所とか短所とか全部設定しました。男性は全員を横一列に並べて、身長差がわかるようにするとかね。

宇田川　澪の身長は確か一四五センチでしたね。幼馴染みの野江は澪より一センチ低い。彼女たちは江戸時代の女性の平均身長だそうですね。ところで、物語を構成する時間は相当長かったんですか。

髙田　長かったですね。でも私の場合は、一巻から最終巻の一〇巻まで最初に決めてしまって。最終巻は今年（二〇一四年）の八月に出ますけど。

宇田川　ある程度構想が固まってきたら一気に書き出すタイプですか。それともボツボツと断片的なものを重ねながらゆっくり書くとか？

髙田　私はシリーズ物でも家を建てるように、最初の時点ですべて図面を引いてしまう。小説の書き方は一〇人いれば一〇人のやり方があるのでしょう。よく神様が降りて来ると言う人がいますよね。私の場合は、何も決めないで、書き始めているうちに神様が降りて来てみたいなのはないんです。一般に家を建てる時は、最初にどんな家に住みたいかいろいろ構想しますね。居心地が良いとか、休日にゴロゴロしても全然違和感がないとか、あるいは逆に、お客さんが来た時に、「まあ素敵！」って言ってもらえるようなパルテノン神殿風の家とか。私は家を建てるように構想するので、図面を全部決めて、最初から一〇巻で完成にすると。ただ、書いているうちに、窓はこっちに付けたほうがいいよねとか、手洗い場をもう一カ所増やしたいよねとか、間取りを変えることはあります。

宇田川　ストーリー展開はほぼすべてできているわけですか。

髙田　私は根が小心なので、漫画の原作を書いている時もそうだったのですが、一番怖かったのは、連載中に自分の身に何かあったなら尻切れトンボになることでした。だから、連載の原作を頼まれると、第一話が掲載される時には、最後まで完成させて渡してました。もし私に何かあっても、あとは漫画家さんがやってくれるだろうと。それが作者の責任だと思っていたので。

宇田川　作家にはいろんなタイプがいて、髙田さんとは真逆の人もいる。毎回締め切り間際まで頭をひねって、ギリギリまで粘る人とか。

髙田　でも、その分、私は校正者泣かせかもしれない。ゲラの段階で何度も手を入れるから。特に作中に出てくる料理のレシピなんかは、最後にゲラを抱えて編集部に行って、ずっと赤を入れさせてもらってるんです。

「つる家」に父がいるようで

宇田川　『みをつくし料理帖』シリーズの舞台となるのが料理屋「つる家」。どんないきさつから神田御台所町に設定したんですか。

髙田　舞台をどこにしようかと考えていて、江戸時代の大坂の商人のことを調べていたら、みなさん信心深くて、神信心をすごく大事にしていた。それで大坂生まれの少女が江戸に出たら、やっぱり神信心を大事にするだろうなと思って、最初は神田明神を考えていたんですね。神田御台所町はたまたま決めたのですが、さらに詳しい地図を見ていたら、広小路のほうに抜けていくところに化け物稲荷があって。今はその名前がないから特に問題も発生しないなと思って、じゃあ化け物稲荷を信心することにしましょうと。そうやって積み木を積み上げるようにして作っていきました。

宇田川　その「つる家」が火事で消失して、同じ屋号で九段に移転するわけだけど、九段に設定した理由は？

高田　実は、主人公がいつの年代に大坂に生まれて、どんな経験をしたかを考えていた時に、一八〇二年に淀川が決壊して、大坂の町が水に沈むという史実を知るんですね。図書館で資料に当たるうちに、あの曲亭馬琴が羅災直後の京坂を旅して、悲惨な状況を書き残していたことを見つけます。それで、馬琴の住居のそばに新しいお店が存在する設定に決めました。

宇田川　九段坂に平行する中坂には、今も馬琴が使ったと言われる井戸が残されているけれど。

高田　そうです。あれを見つけた時に、ちょっとニヤリとしてしまって。中坂のそばに「つる家」を置けば馬琴さんを出せるなと。それで、澪の辛い記憶を唯一共有している馬琴さんなら、幼友達の野江以外の人として物語を引っ張っていってくれるなと、ちょっと腹黒いことを考えて（笑）。

宇田川　もちろん「つる家」は架空の料理屋ですけど、実はお父様が通っていた居酒屋の店名だったそうですね。

高田　そうなんです。父が川崎の銀行に単身赴任していた頃に、すぐそばに「つるや」という焼き鳥屋さんがあって、一週間に一回くらい通っていたらしいの。焼き鳥を少しと、コップ酒一杯を飲んで。当時は二重生活をしていて、その店だけが憩いのひと時だったんですね。父が

ガンで衰弱した時に、何とか元気になって欲しくて、もし「つるや」さんがやっておられるなら、写真を撮ろうと思って、川崎の銀行のあった辺りをグルグル回ったんですけれども、もう痕跡もなくて。それで小説の中で出しましょうと。

宇田川 それをお父様の思い出として残そうと？

髙田 そうですね。だから、美味しそうに食べる「つる家」のお客さんの中に父がいるような気がします。私はまだ生まれていなかったので、若い頃の父を知りませんが、ものすごく苦労した人です。それを知っているから、コップ酒一杯でいつも幸せだったんだろうなと思うと、私も幸せでした。だから、小説の中で、澪の作る美味しい肴で一杯やって、ひと息つけるんじゃないかなと思って書いてます。

宇田川 作品は江戸を舞台に、若い女性料理人が辛くても健気に成長していく物語で、時代物のビルドゥングスロマンを思わせる内容。そういうストーリーを最初から構想していたんですか。

髙田 私も震災に遭って、それによって人の一生がガラッと変わってしまうということが骨身に染みていたんですね。だから罹災したけれども、その後、自分の人生を切り開いて花が咲く話を書きたいなと思っていました。女の子が料理の道で人生の花を咲かせる話を書きたいなと。

宇田川 読んでて目頭が熱くなったり、主人公を応援したくなったり、情景が浮かんできたりという作品です。特に澪が作る料理は、つい舌舐めずりしたくなる（笑）。食べ物は人を幸せにすると言われるけれど、いつの時代も後世に名を残さない無名の料理人はたくさんいるわけですよ。

ひたすら人を喜ばすために一生懸命美味しい料理を作るような。

髙田　澪も結局は名を残す料理人にならないけれど、むしろそれでいいと思っています。名を残さなくても、料理の記憶は代々引き継がれていくし、それに工夫を重ねて新しいものになっていく。そういう料理人の存在を書きたいなと、最初から考えていたので。

宇田川　料理人によって技術も経験も違うけれど、料理というのは、最終的に人間性が問われているような気がする。それを髙田さんは器量という言葉で説明している。それに、作品に出てくる料理はすべて自分で作るそうですね。時間を惜しまず、しつこいくらい納得するまで作るそうで（笑）。

髙田　実際に相当のめり込んで自分で作ってます。高野豆腐は豆腐をスライスして干すところから始めたり、かまぼこを作り倒したり。いやあ、かまぼこは苦労しました。私、一時は周囲からかまぼこ職人って呼ばれてましたから（笑）。今の時代、あんまり美味しくないものを口にする機会が少ないように思いますが、こう、目が覚めるくらい美味しくないものを自分で作ってしまったんですよ。初めてかまぼこを作って食べた時に、あまりの無残な味に、もう気が遠くなるかと思ったの。道のり遠いわあ、みたいな（笑）。麩を作った時なんか、一キロの強力粉で九回も作ったら手が腱鞘炎になってしまって、主治医に「先生、手が上がらない」って診てもらったら、「腱鞘炎だよ。それはもう職業病だね」って言われた。でもね、先生が考えているような職業病ではないですけど（笑）。

宇田川　ドジョウ汁の話も面白い。

髙田　ずっとコンプリートできなかったのがドジョウ汁。ドジョウは関西では売ってなくて、その話を友達にしたら「西宮で売ってたわよ」って。それでお店に電話をかけて確かめたら、毎日売ってますって言われたので、買いに行ったら、金魚を入れるみたいなビニール袋に入れてくれて、喜んで持ち帰ったの。ドジョウはかわいいんですよね。一方向にグルグル回って。これは料理できないわと思ってしばらくベランダで飼ってました。でも結局、ドジョウ汁にして食べました。美味しかった。罪深い女です（笑）。

若旦那の花見だ

宇田川　「食は、人の天なり」とお書きになっているけど、深い言葉ですね。食の力は大きい。

髙田　人って試練にさらされると、食べ物の味がわからなくなるし、美味しいと思えないんですよ。でも、そこからちょっと浮上しかかった時に口にしたものを、ああ美味しいって思える。そして、美味しいと思えるようになれば、もう大丈夫なんだと私は思っています。

宇田川　阪神淡路大震災で辛い体験をしているけど、そんな時にも食べる力を感じたんでしょう？

髙田　でも、私よりも辛い思いをされている方はたくさんいらっしゃいます。まず電気から復旧して水道、そしてガスが復旧するまでに何カ月もかかったの。最後にガスが通った時に、お味噌汁を作ったんですが、こんなに美味しいのかと思いました。普通の味噌汁ですけど、調理中に湯気が立っている嬉しさというのがありますね。

宇田川　それに、料理を作るという行為は決して自分のためじゃなくて、周りの人を幸せにしたいという気持ちの表れだとお書きになっている。

髙田　うちの親は、食べることをすごく大事にしていたので、毎日が最後の晩餐状態だったんですよ（笑）。私は小さい頃から母親が丁寧に下ごしらえして料理に取りかかる姿を見ていましたが、そこには母の祈りがこもっているように思いました。家族が健康であるように、という祈りが。この頃の家族の食の体験というのが、ほとんど私の食の原点になっていますね。

宇田川　食べ物への好奇心は人一倍強そうだし、食べることも好きなんでしょ？

髙田　もちろん大好きです。うちは父が病気をいっぱい持っていて、特に肝臓が悪くて、食品添加物がダメだったので、基本、母親が全部作ってたんです。お味噌も豆腐も、ソーセージのようなものまで。エンゲル係数がとんでもなく高い家庭で育って。

宇田川　大学に進学するために上京するわけですが、食べ物に関してカルチャーショックはありましたか。

髙田　あります。ずっと兵庫県宝塚市で生まれ育って東京に出て来たんですね。昭和五〇年代は今とは違ってインターネットもないですし、エッて驚くことがいっぱいあって。まず、私が最初に驚いたのは食パン（笑）。関西は分厚いパンが好きで、基本は五枚か六枚切りなんです。たまにピザトーストとかは四枚ですけど。それが、東京のスーパーに入って見たら棚に八枚切りが並んでる。ほかに一〇枚とか一二枚切りもあって、東京の人はこれで生きていけるんだろうかと思ったり（笑）。

宇田川　まあ、最近は四枚とか六枚切りもありますけどね。

髙田　当時は八枚からだったので、三代続いた江戸っ子の友達に、「ねえねえ、訊きたいんですけど、あんなに薄くてお腹空かないんですか」と尋ねたんです。そしたら「二枚食べる」と即答されてしまいました。いやいや、朝から二枚は食べ過ぎじゃないだろうか、そんなに食べたら満腹で眠くなってしまうのではないかと余計な心配をして（笑）。二つ目のカルチャーショックは学食に置いてあった中濃ソース。その頃、関西には中濃というものは存在しなかったんです。あるのはウスターかトンカツ。だから、初めて中濃を手に取って垂らした時の衝撃！　何、この中途半端なトロトロ粘度はと。

宇田川　そんな髙田さんの食う力を育んだのは、やっぱり家庭環境だと思う。

髙田　うちは食事を大事にする家でして、よく母から言われたのが「食い力」。食べることで力が出るっていうことと、口から摂るものだけが人の体を作るということです。我が家は食が家の柱だった感じですね。家族中が夕ご飯を目指して帰って来るみたいな、すごく幸せな子ども時代でした。ただね、子どもの頃は自分でもそのことがよくわからなくて。たとえば遠足に行くと、私は友達のお弁当がうらやましかった。真っ赤なウインナーがタコの形に切ってあったりとか、モダンな冷凍食品が入っていたりとか。しかもキャラクターのお弁当箱だったりするんですよ。それがうらやましくてうらやましくて。でも、私の周りには学校の先生が集まるわけ。お弁当箱が塗りですから（笑）。外側が朱塗りで中が黒塗りみたいな。お弁当の蓋をパカッと開けると、先生が覗きこんで、「ええ!?」って言うの。アナゴの八幡巻きとかね、サワラの西京漬けとかね、どこの若旦那の花見だっていうようなお弁当を持って行ってたので（笑）。

宇田川　ほんとに立派なクラシック派なんだ。実家でどんな食生活をしていたのか、俄然興味津々（笑）。

髙田　三つ上の兄がいて、兄はずっと料理屋の息子だと思われていたんです。「いいなぁ、お前んちは料理屋で！」ってずっと言われ続けて（笑）。今にして思えば、私も先生だったら、生徒のお弁当箱にゴボウの八幡巻きとか入ってたら気になると思うの。

宇田川　お父様が銀行マンという堅実なサラリーマン家庭だったんですよね。

髙田　はい。母も結婚前は銀行員だったんで、給料日には夜中に夫婦で少ないながらお札を数える練習をしてました（笑）。一万円札とかを五百円札に変えて、それを数えたりする作業をしていて、まるで夫婦漫才みたいに息が合ってましたよ。ただ、基本的にとても真面目な両親でした。特に父親はものすごい読書家で、ひたすら本を読んでいました。父と二人になると、本の話しかしなかったもん。

宇田川　料理はお母様が？

髙田　母ですね。肝臓が悪くて生前一七回入院して一一回手術した父のために、母は料理を作っていましたから、それこそ毎日が本当に最後の晩餐でした（笑）。

宇田川　子どもにとっては味付けなんかに不満があったでしょう？

髙田　子どもの頃はほかの味を知らないじゃないですか。たまに友達のうちで食べると、そこよりもうちの料理のほうが美味しい。家族で外食すると、外食の料理よりもうちの料理のほうがやっぱり美味しいって思うわけです。母は料理のためにすごい努力をしていた。器もすごくて、身の丈ギリギリだけども良い物を揃えていたし。塗りの器の蓋をパカッと外すと、キスがクルッて結んであったりとか、吸口に青柚子が刻んであったりとか、料亭みたいだった、本当に。

宇田川　お母様としては、決して裕福な生活じゃないんだけど、食べ物だけは豊かで美味しいものを食べようという気持ちだったんでしょうか。

髙田　そうだと思います。食卓ではいつも食べ物の話をしていました（笑）。その昔、母は大阪のガス会社の料理教室にずっと通っていて、その当時のレシピを取っておいてたんです。ただ残してあるだけじゃなくて、習ったものに自宅用の分量を書いて我が家の味にしていた。その当時は洋菓子はあんまり売ってなくて、教室で習ってきた珍しいお菓子をたくさん食べさせてもらいました。ガトー・オムレットとか、桃のモスコビーとかね。モスコビーって名前のお菓子、ほかではお目にかからないのですが、ババロアのような優しい味わいのお菓子でした。

宇田川　料理のバラエティとしては和洋中を満遍なく作ってました？

髙田　何でもです。その当時、まだ売ってなかったサワークリームを求めて、母が遠い店まで買いに行ったりとか。子ども心にも美味しいものだと思いました。それに父が退職したあとに、母親に触発されたらしくてパン焼きを始めたり。ドライイーストではなくて、生イーストを買いに行くところから始めて、発酵器も買ってロールパンとかを作って。要するにパン作りって科学なんですよ。だから男の人は得意ですね。シンプルなパンから始まって、クルミパンやゴマパンなどレパートリーもどんどん増えていって。で、パンを焼くと今度は「ジャムを作るわ」って（笑）。だから朝食は、ほぼ父と母のホームメイドなんです。ヨーグルトは母が作ってましたけどね。

宇田川　子どもたちにとって朝食は豊かな食卓だったんでしょう。両親はずっと共働きだったんですか。

髙田　母は結婚してからは専業主婦になりました。朝食も充実していましたが、母のメインはやっぱり晩ご飯でした。

宇田川　料理好きの母親のもとで育った髙田さんは、お母様の隣で真似していろいろこねたり作ったり？

髙田　一応、簡単な下準備は子どもの仕事だったんで、小学生くらいからずっとお手伝いをしていました。インゲンの筋を取ったりとか、かつお節を削ったりとか。でもね、進んでお手伝いをするんではなく、小さい頃から食い意地だけは張ってて腹黒いから、味見とかで、美味しいものを真っ先に食べられるから（笑）。お手伝いの報酬として、海苔巻きを切る時に残る端っこを、ご褒美だからって、「あーんして」とかいう風に食べられる。

宇田川　母子の微笑ましい光景が浮かんできて涙が出てきちゃう（笑）。髙田家独自の食のしきたりとかはあったんですか。何でも初物を食べる時に変わった食べ方をするとか？

髙田　うちだけではないんです。関西は初物を食べる時は、南のほうを向いて笑いながら食べる。たとえばその年、初めてのスイカとかが出た時は「ハッハッハー」って言いながら食べる。今でもやってますよ。別の知り合いに訊いたら、うちは東のほうを向いて笑いながら食べるって言われましたよ。どの方角かは人によっていろいろ違うみたい。

宇田川　面白い風習があるもんだ。東京に出て来てそれをやったら、「何やってんだよ」って笑われませんでした？

髙田　一斉に引かれましたもん（笑）。突然どうしたんだろう、大丈夫なんでしょうかっていう感じでしたね。でも、そんな楽しい風習も、最近は知っている人も少なくなりました。寂しいですね。

覚悟のすき焼き

宇田川　外食の楽しみはありましたか。

髙田　外食は結構ありました。幼稚園の頃からよく連れて行かれたのが、大阪の阪神百貨店の地下にあったビアホール。ビアホールとしては割と初めの頃にできたもので、今のビアホールと違って、大人の社交クラブみたいな雰囲気でしたから、子どもながらきちんとした格好をさせられて。うちの親はけじめがないことが嫌いで、よそ行きの服はよそ行き、普段着は普段着と絶対にごっちゃにしなかった。でも、子どもとしてはきちんとした格好をさせてもらって、ビアホールに連れて行ってもらうのがすごく嬉しかった。そういう時は庶民は舞い上がるんですね。その頃、父がクレジットカードで決済をしているのでびっくりした。どういうこと、これタダですかみたいな（笑）。

宇田川　よそ行きの格好をさせられて外食に行くなんて、「サザエさん」に出てくるような光景ですね。食事に関して髙田家の家訓は？

髙田　美味しそうに食べるっていうのが暗黙の了解。実際に美味しいですけど。残さないとか、食べる分だけ取るとかいろいろありました。だから、私は美味しく食べることを何より重んじる人間になりましたね。本当にもう、ただの食いしん坊になってしまって。でも、両親から一食一食を大事にすることを教えられたことは人生の宝だと思っています。

宇田川　お母様が精魂込めて作った料理は、家族みんなの気持ちを豊かにさせる。一緒に食べることでコミュニケーションを取り、それが幸せとなり快楽になる。大学に進学するために家族と離れて上京しても、そういう気持ちは忘れませんでしたか。

髙田　忘れませんし、今も持ち続けています。明日、どうなるかわからない、どうしても食べられなかったりとか、これで我慢しなきゃならない時とかありますよね、生きていると。でも、その時でも必ず良いところを見つけるんです。だから、外食に行って、食べた先がしょんぼりだったとしても、うーんって考えて、お茶が熱かったからいいかみたいな（笑）。何か良いところを見つけようと思って。

宇田川　ポジティブな髙田さんの最後の晩餐は？

髙田　たとえば、今日が最後の晩餐だとすると、土鍋で炊いたご飯と、アサリの味噌汁に粗く刻んだ三つ葉を吸口にします。それと、サッと炙った一夜干しのサヨリとフキの青煮はどうでしょうか。

宇田川　ということは、昨日は違っていた？

髙田　今日の気持ちがそれを求めてて、昨日も違うし明日も違う。昨日はクリームシチューだったの。

宇田川　どうしても最後の晩餐を決めなきゃならない時は何を選びますか。

髙田　関西風のすき焼きです。時代と場所を選べるんだったら、昔、建て替える前の古い我が家の居間で、南部鉄のすき焼き鍋で食べたすき焼きですね。多めの糸こんにゃくと餅麩と呼ばれる麩も入れる。美味しい卵も置いて。家族が全員揃って、父の入院前夜に食べる、いわば「覚悟のすき焼き」。やっぱりそれが私を奮い立たせてくれるから。

宇田川　本日はありがとうございました。

二〇一四年七月

対談後記

食う力を信じる髙田さんは、作品に登場する料理はすべて納得するまで作り直さないと気が済まないと言う、食べることへの徹底と執着は家庭環境から来ているらしい。幼い頃から料理好きな母の手料理を味見しながら舌の感覚を磨いた。一食でも疎かにしたくないという誠実な人柄は、丁寧に生きたいと願う気持ちに通じている。毎日が最後の晩餐だとおっしゃる髙田さんは、人間の善意と温もりに信頼を寄せ、「澪」に似て明るく心優しいチャーミングな女性である。

11

真山 仁

真実に肉迫できる小説の力

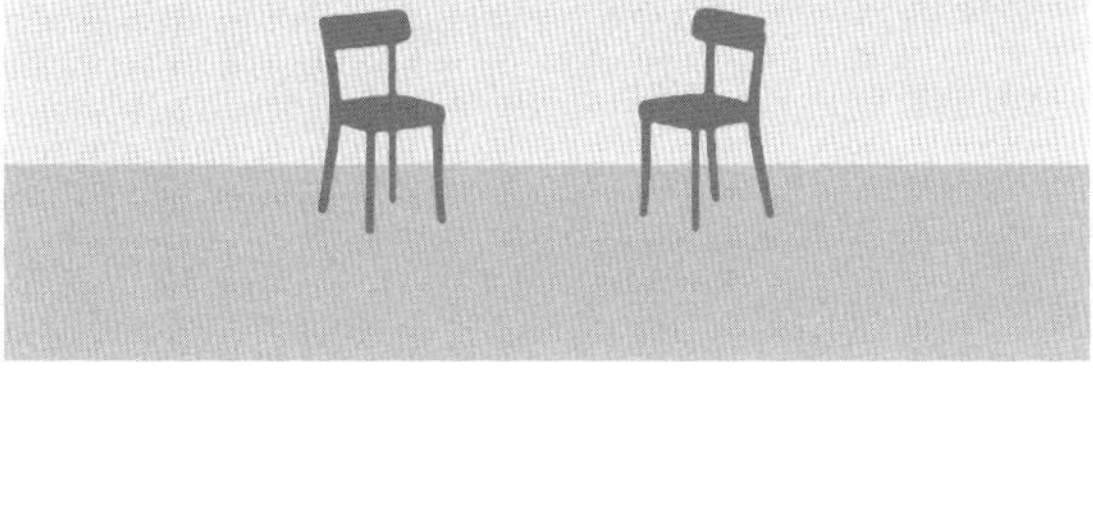

写真：森清

真山仁

まやま・じん　一九六二年、大阪府生まれ。小説家。同志社大学法学部政治学科を卒業後、八七年中部読売新聞社（現・読売新聞中部支社）へ入社。記者として勤務後、九〇年フリーライターに転身。企業買収の壮絶な舞台裏を描いた二〇〇四年の『ハゲタカ』、〇六年の『バイアウト（のちハゲタカⅡに改題）』はドラマ化、映画化もされ大反響を呼ぶ。「小説を通じて気付いたことを多くの人に伝えたい」という初心は本格社会派作家としてそのテーマレンジを広げ、『虚像の砦』『ベイジン』『黙示』『コラプティオ』『そして、星の輝く夜がくる』等、多数の著書に貫かれる。近著に『売国』『雨に泣いてる』『ハゲタカ外伝　スパイラル』がある。最近お気に入りの食べ物は、天日塩で食べる藁焼きのカツオのたたき。

『アルセーヌ・ルパン』の正義

宇田川 子どもの頃から小説家になりたいと思っていたとか？

真山 最初になりたいと思ったのは小学生の頃ですけど、本気で思うようになったのは高校生になってからですね。ともかく小説を読むのが好きでしたから。特に『アルセーヌ・ルパン』が大好きで、ほかにも江戸川乱歩のシリーズなんかを読んでました。それぞれかじった程度だったんですけど、あの辺から社会を斜めから見ることが好きになったんだと思う（笑）。

宇田川 厄介者だったんですね（笑）。

真山 だと思います（笑）。小説を読んでると楽しくなって、どんどん想像が膨らんでいく。小説家の多くはそうですけど、不遜にも、これなら自分でも書けるって思い始めるようになる。それに天の邪鬼なので、みんなが向いてる方向と違うところをいつも見ていた。子どもの頃から口が立ったので、学級会なんかでほぼ全員一致で決めるところで、一人だけ「それはおかしい！」って言い出して全員を説得する。それを繰り返しているうちに快感を覚えるようになって（笑）。

宇田川 先生に対しても楯を突いていたんですか。

真山 先生が一週間前に言ったことと違うことを言うと、「なんで矛盾してるんだ！」って言ってたタイプ。その頃から、生きていく上で何か気付いたことを誰かに伝える仕事をできたらいいなと。その一方で、世の中の役に立たなきゃいけないとも思ってました。ほかの人より先に気付くことがあって、その気付いたことをわかりやすく人に伝えるというのが、持って生まれた資質なのかなっていう自覚が早かったと思う。じゃあ、何をやればいいのかなっていう風に思い始めて、いろいろな本を読んでいくうちに、やがて小説家に繋がった。小説は一人の力で、本人の疑問や視点みたいなことを伝えられる。ルパンを読んでる時に思ったのは、ルパンは泥棒だけど、社会にある善悪を彼の中にある正義感みたいなものを通して見ている。社会というのは大人が決めたルールだけではない、別の物の見方があるんだということを小説に教えられた。そうすると、新聞記者とか政治家とかになって、真っ向から社会に立ち向かっていくよりは、小説のほうが人に届くんじゃないのかなと思い始めて。それで、高校時代に小説家になろうと思いましたね。

宇田川　大学を出て新聞社に入ったのは、真山さんが尊敬しているフリーマントル（一九三六〜。イギリスのスパイ小説家・ノンフィクション作家）もフォーサイス（一九三八〜。イギリスの作家。スパイ小説やポリティカル・フィクションなどの作品多数）も山崎豊子も新聞社で働いていたからですか。

真山　結果として読売新聞中部支社を三年弱で辞めて、あとはずっと関西方面でフリーライターをやってました。自分の目指した小説家はみんな記者だったんです、前職が。なので記者になることが小説家になるステップだと思ってました。記者になって取材力を身に付けて、わかりやすい文章を書けるようになって、人脈を広げてから小説家になるというコースが高校時代の見立てだった。今でも、日々やってる作業はその三つがベースになってますね。

宇田川　フリーライターはジャンルを問わず仕事を引き受けますけど。

真山　何でもできないといけないし、好き嫌いを言ってられない。でも、今から考えると、記者時代よりライター時代に培ってきたことのほうが大きい。

宇田川　記事はノンフィクションだから、小説へ繋がるフィクショナルな世界とは別物ですよね？

真山　違います。小説は睡眠を削ってでも書いてて、高一からずっと投稿してました。内容は社会派ミステリー。一次選考ぐらいまでは残りました。いつも中央郵便局が閉まる三分前ぐらいに持って行って、「消印、間に合いますよね？」（笑）。その二時間前まで推敲してましたから、落ちて当然です。ライター時代は夜中の一時半ぐらいまで仕事してて、それから三時まで原稿を書いて、朝七時か八時に起きて仕事に行くという生活を一〇年間ぐらい続けました。その頃の睡眠時間は平均三時間くらいです。

小説のほうが真実に肉迫できる

宇田川　その努力と苦労が『ハゲタカ』に結び付くわけだけど、デビューするきっかけは何だったんですか。

真山　『ハゲタカ』を出す前に共著で小説を出版したんです。経済小説で、テーマは「生保の破綻」。その後、一人で書いてもいいというお話をいただいた時に、それまでの取材でハゲタカ外資というのが日本を食いつぶしてるという話を耳にしていました。よくよく聞いてると、ハゲタカは日本企業が潰れそうにならない限り出てこない、いわば最終カードなんです。ということは、日本人はまた他人のせいにしているなって思い始めた。それで、金融やハゲタカ外資は誰も書いていなかったし、その一方で日本人の言い訳する資質も小説で書けるんだったらいいかなと思った。それぐらい軽い気持ちです。

宇田川　それが人気になってシリーズ化された。そういう流れの中でずっと社会派小説を書きたいという初心を貫いていたんですか。

真山　思ってましたね。最初は経済小説の服を着せて中身は社会派にしようと。

宇田川　そういう政治経済的なテーマを、ノンフィクションのスタイルで書いている人は少なくない。あえてフィクションの世界で書こうと思った理由は何ですか。

真山　たとえばフォーサイスは小説で書いています。彼の作品を読んでてわかったのは、ノンフィクションよりも小説のほうが真実に肉迫できる場合もあるんだということです。もともと、多くの人は社会的問題なんかに関心がないと思ってたんです。そういう人たちは、いくら真面目に記事を書いても読まないだろうと。彼らに関心を持ってもらうためには、エンターテイメントにしたほうがいい。面白い作品なら多くの人が読んでくれる。もし書かれている内容が現実で起きてるんだとしたら、少し考えなきゃいけないと思ってくれるだろうなと。というのも、私がフォーサイスやフリーマントルの小説を読んでる時にそう思ったからです。日本は本当にマネーに初心な国で、欧米が何を考えて何を大事にしているかということを知らない。それじゃ駄目だろうなって、すごい危機感を持っていた。なので、関心を持ってもらうような、真実に肉迫するような小説がいいんだろうなって思ったのが大きな理由ですね。

宇田川　一般にノンフィクションには真実を追究するという、大きな制約がある。その点がフィクションと違います。ノンフィクションの表現方法は手足を縛られているから、小説のように登場人物の感情を自由に追ったりできない。

真山　できません。ただ、問題は何かというと、自由というものの不自由さみたいなのがあって、時に荒唐無稽と言われちゃう。私が虚実織り交ぜて小説を書いたとすると、それが褒め言葉で言われる場合もあれば、荒唐無稽と評される場合もあって、そうなると失敗なんです。つまり、自由過ぎて、とんでもないことになっていると。そこに現実の枠をはめていく作業は、それはそれで不自由なんですけどね。でも、登場人物が何を考えてどう行動しているかを説明するのには、小説のほうがすごく自由です。まあ、小説の場合は、小説家にそれなりの腕があれば、価値観の違う視点に感情移入することで、すごい発見ができる。双方向から事象を見せることで、真実が浮かび上がることがあるんです。

宇田川　長く現場を取材していると、実際に現場の空気を吸いたいというような取材熱が出てくると思う。真山さんは一つの作品を書くのに数十人、たとえば『ハゲタカ』なら一〇〇人ぐらいに取材したそうだけど、単に人に会って情報を得るだけじゃなくて、現場の空気を感じ取りたいと思うことは？

真山　それはあります。行ったことがない場所について書くのは不安ですね。グーグルマップとかホームページとかを見て、こんな感じかなって思ってやってたことが不安でしょうがなくなる。本当にそうなのかと。できたら現地に行って空気や雰囲気を味わい、食べてみたいし飲んでみたい。たとえば、同じ気温三五度の場所でも、北海道の三五度と京都の三五度とニジェールの三五度は違う。ある時期から伝え切れていないものが多いと思うようになったので、現地に行きたいと思うようになった。手元に資料は充分あっても、とりあえず取材に行きます。

柔らかいリンゴへの違和感

宇田川　物書きは想像力が必要だけれど、刑事じゃないけど現場一〇〇回みたいな思いもあるでしょう。ところで、スタッフによれば、真山さんは小説バカだそうで（笑）。

真山　そうかもしれない（笑）。小説家の第一歩は小説が大好きになることだと思っています。そして現場一〇〇回の思いは強く、たとえばキュレーター（博物館や美術館における展覧会の企画責任者）の小説を書くと決めたら、何人かのキュレーターに会って話を伺い、本になる頃には、いかにもキュレーターであるかのような思考や最低限の知識は身に付けるよう努力します。

宇田川　『黙示』を書くためにミツバチを飼っちゃったとか（笑）？

真山　ミツバチを飼いました。『プライド』に収めた「絹の道」を書くためにカイコも飼って、タマゴをちゃんと孵《かえ》して繭にした（笑）。

宇田川　『黙示』は食の安全や農業問題をテーマにした作品です。今までとは毛色が異なるテーマを扱った理由は？

真山　それまでは主にマネーをテーマに書いてきたけれど、エネルギーと農業はいつかは書かなきゃいけないと思っていました。両者には共通項があって、日本はエネルギーも食糧も潤沢だから浪費をするばかりです。なぜそうできるかと言えば金持ちだから。だけど、三・一一でエネルギーにも限界があることがわかったし、農家の人たちを守るためという大嘘を信じ込ませていた農業政策も、今や破綻した。でも私は、農業をもっと活性化すれば、産業として復活できると思う。

宇田川　農業の問題は私たちの日常生活に隠されていて、みんなその現実を見ようとしない。

真山　面倒くさいものには蓋をしようという、日本人の典型的な態度ですね。『黙示』で書いたように農薬の問題は気にしているけれど、農薬で死んだ人はいませんよっていう言葉だけを信じている。しかも農薬を使ったほうが美味しい。美味しいという定義は難しいけれども、少なくとも、子どもの頃に食べたイチゴより今のイチゴのほうが甘くて美味しい。昔のリンゴは硬くて噛んだら歯に血が付いたけど、今はそんなリンゴはないのでは。甘くて柔らかくてジューシーでうまい。ヨーロッパに行くと時々、硬いリンゴを売ってるじゃないですか。

宇田川　フランス人が日本でリンゴを食べたら、こんなものはリンゴじゃないって怒るかも（笑）。そもそも日本人は柔らかい食べ物が好きで、たとえば本来硬いものである肉でもそうでしょう。日本では脂身の多い柔らかい肉が最高なんて言われるけれど、フランス人は脂身が多い肉を嫌うから怒るよね。農薬やＧＭＯ（遺伝子組み換え作物）など微妙な問題を俎上に乗せた『黙示』を書く上で、いろいろ試行錯誤しましたか。

真山　身近な話だからこそ、すごくしましたね。食の問題は難しく書ける。特に農薬の問題はいくらでも難しく書けますけど、それをやると読者は引いちゃう。大事なのは、毎日の食卓に乗っている食べ物がどうやって作られているか、その入り口をどう見せるかということを考えました。それと、農薬を作っている側も、農業を守っている側も、両方の立場を強く押し出すことで、読者に世の中には正しい意見がたくさんあるし、厄介なことが多いということを提示できたらいいなと。

宇田川　価値観の多様性を提示することで、あえて結論を出さない。結論は最終的には読者が決めろということですね？

真山　日本の小説と外国の小説、たとえばイギリスの小説との一番の違いは、日本の読者は小説を薬を飲むように回答を求めて読んでる人が多いと思います。いわば処方箋としてね。でも外国ではそうじゃなくて、まず問題提起することが重要だと。さらに小説として面白ければいい。もっと言うと、このテーマを取り上げたことで、すでに答えは出ている。問題は多々あって、現状維持では駄目でしょうと言うために小説を書いているると思うわけ。筆者としてはそれで充分に問題提起をしているのに、日本の読者は、こうでなければならないとか、こういう風になると幸せになれるとか、いわゆる承認欲求のために読んでいるイメージがあるんですね。それはそれで小説としての一つの役割だと思うけど、天の邪鬼な私とすると承認欲求は満たしたくない（笑）。

宇田川　『黙示』の中で農薬に関して生産者、農薬反対の養蜂家、消費者の三者がそれぞれの立場でかかわっている。一般に消費者には農薬＝毒薬だと思っている人が大勢いる。だけど、農薬を使わないと人間の社会が成り立たないという側面があると思う。農薬の是非を問うこの作品の中で、その辺のバランスをどう取ろうとしたのですか。

真山　現代社会がどういう背景で成り立っているかということに対し

て、先進国の中では日本は相当、無関心の度合いが高い国だと思います。政治にしてもマネーにしても、エネルギーにしても食にしても。なぜトマトがスーパーで、毎日安い値段でツヤツヤな状態で売っているのか誰も違和感を持たない。本当にありがたい旬をいただいているのは料亭だけです。ほかの人は旬の意味も知らない。本当は、ミカンは冬に食べるものだし、クリスマスケーキにはイチゴを乗せちゃ駄目なんです。その背景に何があるかっていうことに誰も気付かない。だから、農薬の問題で農家に取材に行くと、必ずみなさん言いますよ。つまり、無農薬が大事ならば、一定量は虫に食われても仕方ない、味はどうでも良くて、形も自由にしていいとなるけど、そうなると等級が一気に最下位になって、相対価格が二倍になっちゃう。それでも構わないなら、我々は農薬なんか使わないと。

宇田川　なるほど。

真山　レストランでは白い米粒の中に黒い粒があるだけで、「何だよ、これ」って必ずクレームが付く。それは農薬を使ってない証拠であるかもしれない。そういうことが全然勘案されないで、農薬は体に悪いものと取られるのは、どういうことなのかという農家の言い分は、私は正しいと思う。嫌なら値段を負担してあげることと、形の悪いものや傷のあるものに対して寛容性が必要だと思う。

宇田川　野菜や果物の形状に関してヨーロッパは寛大です。日本じゃ出荷する時にはねられるような形でも、市場で並んでいる。まったく気にしない。

真山　ヨーロッパって無農薬が多いですよ。虫に食われていようが、硬かろうが歪んでいようが、全然関係ないじゃないですか。良質な土地で、最終的に体に残らないようにチェックした農薬を使ってる農産物と、食品添加物がいっぱい入った外国産の食べ物とか、油をガンガン使ったスナック菓子とを比べて、どっちが安全かと言われたら、農薬を使うほうが安全だと思います。だいたい、スナック菓子を平気で食べてる人が、「やっぱり無農薬よね」なんて言うのはどうかなと思いますね。

宇田川　最後は本人の生き方が問われるんだろうと思います。

真山　そうです。有機食品を食べてる人が、なぜ農薬を使った農産物を食べてる人を非難するのか。有機を食べてる人が、自分たちが正しいことをしてるからといって、「あなた、そんな食べ方やめなさいよ」って言うのは大きなお世話。それが、私はすごく嫌なんです。自分の価値観を押し付けて、人のライフスタイルを非難するのは良くないでしょう。

無責任な正しさ

宇田川　ヨーロッパはアメリカ産のGMOの輸入に反対している。アメリカに対する日本の立場を考えると微妙じゃないですか。

真山　ムチャクチャ微妙です。

宇田川　農薬の問題にしても、それを使用することによって世界中で多くの人が救われているわけです。

真山　おっしゃる通り。文明社会はさまざまな可能性を秘めていながらも、リスクを抱えている。たとえば、道路を歩いている時に、二回に一回は車に轢かれて死ぬと言われたら、誰も道路を歩かなくなる。でも、多くの人が水を一万回飲んで大丈夫なのに、その中のたった一人がお腹を痛めたとしたら、その原因は果たしてその水にあるのだろうか。もしかしたら二日酔いのせいで痛くなったのかもしれない。そういう可能性もある。もちろん、私たちがたくさんのリスクを抱えて生きているという前提を抜きにして、安全性は考えられない。そういうことを考え始めると怖いものが増えてきて、生きていけなくなるんですよ。でも、人間の体にはとても強い免疫力がありますから。よく言われるのは、O157とかサルモネラ菌とかで体調がおかしくなるのは先進国だけなんです。水溜まりの水でも飲まなきゃいけないような場所に行くと、お腹の中で免疫を付けているから、腹痛を訴えるほうがおかしいって言う。人間の免疫力を鍛えることのほうが先決で、何でも反対するより大事だと思う。

宇田川　フランスの場合は食中毒の記事ってほとんどないんです。ニュースにもならない。たとえば、レストランで食事中にお腹を痛めることもあるわけです。そう訴えると、店側は、「昨日食べたもの、一昨日食べたものを言ってくれ。医者に行って因果関係をハッキリさせてくれ」と言う。「その上でうちが悪かったら謝罪するから」と。フランス人は、人間はそういうリスクを抱えながら生きていることを知っている。だから、そんなことは大したことじゃない、神経質になり過ぎるんじゃないよと。

真山　日本で良くないことは、食中毒を出した店をとりあえず予防処置として閉めさせる。でもあとで、実際には食中毒の原因じゃなかったなんてことがよくあって。いじめによく使われますよ（笑）。たとえば、真夏の選挙で町が二分されているような小さな町だと、反対派が使ってる寿司屋がサルモネラ菌で営業停止を食らうなんてね（笑）。あとで保健所に聞くと、原因不明なんて言われちゃう（笑）。今、この国に欠けているのは、他人に対するおおらかさだと思います。

宇田川　現実に、今の日本の食の安全性に関する政策をどう思いますか。

真山　食の安全に関しては現状で充分だと思うんです。ただし、選択肢として、農薬が嫌だという人とか、もう少し成分をちゃんと教えて欲しいという人に対して、内容を提示することが大事だと思う。それと偽装している表示に対しては厳しく罰することが重要ですね。実は、日本は法律と社会が馴染んでないところもあるので、もう少し考えたほうがいい。それに、ソーシャルネットの弊害なんでしょうけど、私は正しくて、その正しさをあなたも認めなさいって追い詰めるような、無責任な正しさみたいなことが社会を窮屈にしているような気がします。

宇田川　さまざまな問題を抱える農業の未来は？

真山　私は日本の農業は成長産業として最大の切り札だと思ってます。強い農業、つまり農業ビジネスの可能性は高いと。限られた耕地面積の中で高品質で、しかも均一な作物を作れる。本当はもっと作れるのに、値段を落とさないために自分たちの畑をつぶしているのが現状です。それぐらい生産できてるし出荷できる。その農産物の輸出先が主に欧米だった頃は、生鮮食料品の輸出は難しいって言われてきたんです。ところが、今は東アジアが金持ちになってきて、たとえば一三億人のうち一％が金持ちだとすると一三〇〇万人いる計算になります。最近はシンガポールと台湾と香港が、日本の農産物をかなり気合いを入れて売ってます。冷凍技術が進んだので、瞬間冷凍したホウレン草を日本から輸出すると、解凍した時に、収穫した時とほとんど同じような状態になる。一つ驚いたのは、東アジア圏内で、少なくとも最も安全な農産物は日本産なんです。私が香港で取材した時に知ったのは、富裕層はキャベツを一個一〇〇〇円で買うと。中国大陸なら四〇円で買えるキャベツを、香港では日本産を一〇〇〇円で買う。なんで高くても買うかと言えば、日本の農産物は安全だから。香港では、「美味しさは、日本人が思ってるほど値段の競争力にならない」と。

宇田川　まあ、昔から水と安全はただだと言われてきた国だから。

真山　そうです。私も忘れてたんですけど、安全は金で買うもんなんです。日本は安全を金で買わなくてもいい素晴らしい国なので。

宇田川　社会的な作品を書いていると、食物連鎖についても考えさせられるでしょうね。人間はその頂点に君臨して勝手なことやってるわけだけど。

真山　世界の食糧事情を考えると、食物連鎖を考えるのは大事なことだと思います。たとえば、チェーン店でコーヒーがなんで一八〇円で飲めるのかを考える人は、日本ではそう多くない。誰がコーヒー豆を収穫しているかと言うと、原産国の子どもなんですよ。しかも彼らはどうしようもなく貧しい。彼らを学校へ行かせましょうと言っても、働かなくては生きられないから学校にも行けない。低賃金で働かされてる子どもたちがいるから、コーヒーの値段が安いわけです。ほかの作物でもそうだけど、食べ物はいろんな国を巡り巡っている。それと、食べることには熱心なのに、食材になるまでの過程に関しては平気な顔をしてる人も多い。よく言われますけど、魚にしても切り身で出てくるから、本来の姿形がわからない。あるいは、産地はよく知ってるんですけど、鶏や豚はどうやって生産して出荷されるかにはものすごい無関心です。今の日本はバランスが悪いと思う。

山芋好きの反骨少年

宇田川 ところで、確か小学三年生の時に、父親からルパンの『怪盗紳士』をもらったとか?

真山 それが最初で最後の父との繋がりですね。うちの親子関係は冷たい感じでして(笑)。

宇田川 父親は大阪で公務員だったたんでしょ?

真山 はい。小学校までは父のことが非常に好きでしたけどね。中学ぐらいになってからはちょっと大人び過ぎてきて、新聞を読んで社会についてとかいろいろ考えて、父親に、普段あなたが言ってることと行動が全然違うじゃないかとか追い詰めてました。時には母親に対してもあなたって呼んでました（笑）。

宇田川　嫌な子どもだね（笑）。子どもの頃はどんな風に食卓を囲んでたんですか。四人家族と言えば典型的な家族構成だけど。

真山　いわゆる、高度経済成長時代の典型的な食卓だったと思います。父親が定時に帰宅するのは、週の半分ぐらいだったんですけど、そんな日は必ず家族で食卓を囲んでましたね、小学生の間は。食べてる時はテレビがついてるかついてないかぐらいで、穏やかに食べてました。両親ともに生まれは大阪府内で、母が料理好きだったので、店屋物を買って来るっていうのはなかったんですけど、どうしても味は薄い。父方の祖父が友禅染の絵を描いてたんですね。なので、ちょっと普通の人と違う生活で、お金が入ると特上のタイを一尾買ってさばくみたいな。両親とも、ご飯もまともに食べられなかったような戦後の苦しい時代を体験しているので、子どもにはご馳走を食べさせたいっていう気持ちが強かった。父親が刺身とかが大好きで、そういう影響があるのか、私も刺身が好きですね。

宇田川　当時は駄菓子屋で買い食いなんてしてましたか。

真山　町中から離れた新興住宅街だったんで、少しのお金でいろんなものが買える世界がありましたね。でも、両親に買い食いはうるさく怒られてました。だから、買い食いはたまにこっそりとやるくらいで。感情的に怒るなと我が子には言うのに、母はいつも感情的に怒っていた。昨日言ってたことと矛盾してるし、筋が通ってないって言ってはしょっちゅう殴られてました（笑）。反対に父は絶対に手は上げなかったけど。

宇田川　食べ物の好き嫌いはあったんですか。

真山　割とありましたね。大阪的なたこ焼きもお好み焼きもすき焼きも嫌いでしたね（笑）。濃い味が嫌なんですよ。卵焼きも甘いのが嫌で。煮魚も駄目で、塩焼きしか食べないとか。

宇田川　母親も苦労したんでしょ、そういう偏食に。

真山　なんで家族が四人しかいないのに、別々に三通りも料理作らなきゃいけないんだって怒ってました（笑）。父は刺身で、弟はいろんな味を付けたものが好きで。それで、中学生ぐらいからは、「もういいよ、自分で作るから」って自分で作ってはまた怒られてたんですけど（笑）。

宇田川　今でも自分で食事を作りますか。

真山　作ってますね。朝食は自分で作ってます。自分が食べるものは作る。

宇田川　人には食べさせたくない（笑）？

真山　人に食べさせるのが嫌いじゃないんですけど、自分が誰かに作ってもらって、その味が合わなくても美味しいって言わなきゃなんないのが嫌なんで（笑）。相手もそうだったら嫌だなって思うから作りませんね。ただ、その人の味の嗜好がわかったら作りますけど。

宇田川　昔から一貫して作っているものは？

真山　卵料理は目玉焼きと決めています。いかにギリギリの半熟を作れるかが勝負どころです。

あと、山芋が好物なので、朝から山芋の皮を剥いてすってね。

宇田川　山芋好きの理由は？

真山　味と粘りです（笑）。納豆は大嫌いなんですけど山芋は大好き。いつか北海道に転勤した知人が、山芋をダンボール一箱送ってきたことがあるんですけど、その時もスタッフには一本ずつあげただけで、あとはほとんど独り占めしてました。

宇田川　納豆はフランス人も食べられない。

真山　納豆は匂いが駄目なんです。私、クセのある匂いの食材が苦手で、パクチーも駄目だし。中国人はパクチーをよく食べますから、取材に行った時は大変でしたね。

宇田川　重厚な作品からは想像できないくらい繊細ですね（笑）。

真山　繊細です（笑）。実はね、私のソウルフードは味の素なんです。どうしてかと言うと、子どもの頃に賢くなるって言われて、いつもご飯にかけてましたから。掌に味の素をバーッて振って舐めてましたね。ハイミーも美味しくて、ご飯にかけたら親に怒られてました。そんなに高いのはあんたに相応しくない、あんたは味の素で充分やって（笑）。この対談に臨むに当たって、久しぶりに気合いを入れて味の素をふりかけて食べました。実は卵かけご飯も好きなんですけど。

美味しかったらええんちゃうの

宇田川　白いご飯に乗っけたいものは何かっていうアンケートを見てたら、一位が生卵、二位が辛子明太子、三位が海苔、納豆は四位、以下多種多様。みなさん至福のひと時を持っているみたいで。しかし、関西は薄味と言われるけど、実際には結構味が濃くなってるそうですけど？

真山　それは飲食店だからだと思います。普通は薄味だし、鮮度をすごい大事にする。私は鮮魚が好きですけど、寿司屋なんかだと東西の違いは、手をかけて仕事するのが東京で、鮮度をいかに生かすかっていうのが大阪。白身がすごく好きなんですけど、東京で食べる時はだいたい静かになります（笑）。だって、美味しくないですよ、全然。大阪なら、東京の値段の五分の一ぐらいで美味しいものが食べられる。まあ、ひどい言い方ですけど、東京だと作ってる人だけが美味しいと思って押し付けてるなぁと感じる料理に出くわすことが多いです。でも、関西なら知らない町に来て、目をつぶって入っても、お金返してっていうような店はまずない。東京は山のようにありますね。特に高いとこはすごい腹立つ（笑）。

宇田川　日本は地方によってさまざまな食文化が残っている。そういう多様性が崩れないように願ってますけどね。

真山　長い歴史の中に食文化があって、同じ関西でも、京都は海から離れているので大阪に比べて魚が全然違います。京都名物のニシン蕎麦に使うニシンなんて、そもそも京都で獲れないわけですよ。敦賀の松原辺りから運んで来るニシンはお蕎麦に添えて食べるんですけどね。そういう文化が根付いてるから、東京の蕎麦は汁が甘くてなかなか食べられない。

宇田川　大阪のお蕎麦の汁は、東京に比べて相当違うんですか。

真山　まず色が違う。それに昆布とかかつおとかの味がしっかり入っている。東京のお蕎麦のつゆや汁は塩分が濃いなぁと思います。

宇田川　昔は大阪の食道楽、東京の着道楽とか言ってました。でも、大阪人の舌の感覚がすごいというのはあまり聞かないけど。

真山　関西人の特徴ですけど、ほんまにええもんは黙って隠しておくんです。よそから来た人が、「大阪のたこ焼き美味しいね」って言ったら、「せやろ、めっちゃ美味しいやろ、おごったろか」って言うだけです。でも、自分のよく知ってる人だけには、「とっておきの店、教えたるわ」。それは京都でも神戸でも一緒だと思います。大阪人は美味しいものを安く作ってますけど、舌はすごいと思いますよ。目と舌と触感みたいなものは素晴らしい。でも、彩りや盛り付けなどの演出力になると、東京に負けちゃうからあまり言わない（笑）。大阪の人は、「え？ 美味しかったらええんちゃうの」っていうので終わりです。謙遜というか自虐を美学だと思う文化が大阪にはありますから。世間的には下品で金もうけしか考えないと言われちゃって、「初めて訪れた家で冷蔵庫を覗くような人たち」って冗談で言われちゃう。大阪人はその辺の自覚はないと思うけどね（笑）。

宇田川　東京の日本料理は大阪から来たと言われている。今は東京の舌の肥えたグルメは京都より大阪で食べるらしい。

真山　東京の和食は昔から大阪由来なんです。大阪の人は、東京の人が「京都のおばんざいは美味しい」って言ったら、「普通のおかずやんか」ってバカにしてます（笑）。「東京人は味の良さが全然わからへんやろ」って。京都の人も食は大阪のほうが断然いいと思っている。

宇田川　事務所のある東京と住居のある神戸を往復する生活を続けているそうですが、神戸に戻ると、やっぱり関西の料理を食べたくなりますか。

真山　神戸と京都と大阪の三つでどこで食べるかっていったら、やっぱり大阪で食べたいですね。神戸は執筆する場なのであんまり外出しません。

取材と飲食は不可分

宇田川　仕事柄、多くの人を取材するわけだけど、みなさん重要な取材源だからとことん付き合ったりします？

真山　もちろん。食べることも飲むこともとことんです。今、東京で外食するのは大きく分けて二つの場合しかないんです。一つは、食事をしながら取材するのと、もう一つは、出版社との打ち合わせを兼ねての食事。取材の場合は全部向こうに合わせますから、好みの食事とかお酒とか店とかを訊いてセッティングする。だから、その人が飲む酒しか飲まない。相手のペースを尊重して、相手が私を意識しないように取材するので、飲むピッチも合わせて、向こうがグラス持ったら私も持ってね。そんな調子だから、『ハゲタカ』を取材していた頃は胃を壊しました（笑）。

宇田川　当然、太りますね。

真山　デビューして最初の三年ぐらいで一〇キロぐらい太りました（笑）。

宇田川　体重を減らすために食事制限をしたとか？

真山　現状維持してるだけで、もう減らなくなりましたね（笑）。昔はずっと細くて、もともと太ってることに対して嫌悪感を持っていました。仕事で人目にさらすこともあるので、痩せなきゃと思ってるし、飲む量も食べる量も三分の一ぐらいに減らしてるんですけど、いっこうに痩せません。

宇田川　取材なんかでは好き嫌いなく和洋中何でも食べられます？

真山　仕事の時は何でも食べます。むしろ気になるのは店の環境です。取材なので人の目を、特に他人の耳をすごい気にするので、どうしても個室が多くなる。日本料理の個室は暖簾で区切っているだけという場合もあり、店による差が大きい。どの店に行っても取材環境として最適な個室があるので、中国料理を選びがちです。でもいかんせん、油っこい料理になりますね。プライベートで行くのは一〇回のうち一回か二回ぐらいかな。

宇田川　社会派作家を続けるためには、体力や気力や精神力を支える食べる力が必要だと思いますけど？

真山　私の場合は、胸を張って言えるぐらい絶対に食事は抜かない。朝、昼、晩、必ず摂ります。最近、体重が心配になったんで昼食に炭水化物を抜いて、自分でスープを作ったりします。起きる時間が午前一一時だったら、一一時が朝食です。それで昼は三時で、夜は八時か九時に食べます。食べないと絶対駄目です。

宇田川　取材している時は外食が多いでしょ？

真山　多いですね。外食でたくさん食べた時は、次の日は必ず朝から歩くよう心掛けています。だから、私が小説を書く最大の原動力は新陳代謝だと思ってます。食べて、運動して、出すっていう。驚くぐらい子どもみたいに健全な食生活をしてますよ（笑）。

宇田川　真山さんみたいに徹底的に取材を重ねて、ドラスティックな作品を書いてる人は体が資本ですもんね。

真山　資本だと思います。なので、デビューしてからずっとやってるのは、一日一万歩必ず歩くこと。ただ忙しくなると三〇〇〇とか六〇〇〇とかになるんですけど。一万歩に足りなかったら散歩に行く。神戸は仕事でこもる場なんで、絶対に一時間半は散歩の時間を作ってます。

宇田川　作家はみなさんそうだと思うけど、ただ漫然と散歩しているわけじゃないんでしょ？

真山　散歩していると考えが整理されていくんです。血の巡りが良くなるからだと思うけど。スマホを持って、思い付いたらメモを残していく感じで。もう一つ気を付けているのは睡眠時間を増やすこと。五十代になってさすがに徹夜ができなくなった。起きてるだけならできるんだけど、頭が働かない。もう一つ残念なのは、若い頃のように短時間だけど深いという睡眠ができなくなったんで、三〇分寝ては起きるをこまめに繰り返しています。そして眠たくなったら、デスク脇の床の上とかで寝てますよ、死体のように（笑）。

宇田川　以前、アイデアの源泉は散歩とお風呂だと言ってましたが？

真山　その通りです。風呂は何もすることがないので、ボーッとしていると頭が勝手に動き出す（笑）。

宇田川　そもそも、壮大な作品を執筆する前にある程度見取り図というか、設計図はできてるんですか。

真山　それなりの見取り図はできています。大きな石は決まってる。道標になるようなその上でいくつもの石を置いて、それぞれのルートを考えて、次の石のステージになった時に、読者を驚かせるためにはどういうルートを使えばいいかとか。ゆっくりステージを行くこともあれば、ガンって上ることもある、というようにファジーに自由にしておくんです。さらに物語を作るために資料を取捨選択したり、深く掘ったりいじったり膨らませたりとか。だから、いつも何かを考えてますね。

宇田川　社会派作家と言えば、山崎豊子が亡くなって社会派作家と呼ばれる人が少なくなっているような気がする。取材一つとっても人並み以上に苦労するし、この軽い時代に誰が好んで社会派作家になるというのか。

真山　編集者が言いますからね、「よくこんな面倒な仕事してますね」って（笑）。でもね、この仕事をやりたくて生きてきたんですから。そこが天の邪鬼なんですけど、誰もやらないことをやる、やらせていただいている、それってすごい名誉なこと。徹底的に調べて、社会に対する問いかけを小説の世界で続けているのは、私ぐらいかもしれません。だからといって、胡坐をかいて適当なものを書いてたら、後継者なんか絶対出てきません。でも、私の作品を読んだ人で、真山のような小説を書きたいって一〇年後か三〇年後かに必ず出てくるのが、こういうジャンルなんですよ。責任は重大だし、こういう仕事を続けられるっていうのは幸せだと思います。

宇田川　こういう時代だからこそ、社会派作家が待ち望まれているのに残念ですね。さて、最後の晩餐は？

真山　鮮度をいかに生かすかっていうのが大阪。白身魚がすごく好きなんで、最後の晩餐は西日本の海で獲れた白身の刺身尽くしですね。ヒラメも好きだしオコゼも美味しい。柑橘をそのまま使った関西風のポン酢で食べる。それに日本酒をぶち当てて。

宇田川　本日はありがとうございました。

二〇一四年一〇月

対談後記

子どもの頃から厄介者で、教室でもただ一人、正義を振りかざしては先生や生徒を困らせていた真山さん。家庭でも父親と衝突したが、しかしながらその反抗心をバネに飛躍した。小説家になりたいという初心を貫いた稀有の人である。日頃から体力や気力や精神力を支える食べる力を信じ、朝昼晩、絶対に食事は抜かない。一方で関西出身だというのに、なぜかたこ焼きもお好み焼きも嫌いだという。好きな食べ物は関西の白身魚。重厚な作品からはうかがい知れない繊細な舌の持ち主のようだ。

12

平松洋子

生きながらえる知恵を得る

写真：牧田 健太郎

平松 洋子

ひらまつ・ようこ　岡山県倉敷市生まれ。エッセイスト。東京女子大学文理学部社会学科卒業後、日本と世界の食生活、調理スタイル、料理等を題材に取り上げ、食べることの意味を独自の視点で発信。二〇〇六年『買えない味』で第一六回Bunkamuraドゥマゴ文学賞を受賞。一二年『野蛮な読書』で第二八回講談社エッセイ賞受賞。ほかに『おいしい日常』『おとなの味』『決定版 一生ものの台所道具』『サンドウィッチは銀座で』『食べる旅 韓国むかしの味』『焼き餃子と名画座 わたしの東京味歩き』『ステーキを下町で』『買えない味2 はっとする味』『ひさしぶりの海苔弁』『本の花』『いま教わりたい和食 銀座「馳走啐啄」の仕事』『洋子さんの本棚』等著書多数。

ちょっと外れたところにひっそりと

宇田川　大学では社会学を勉強されたそうですね。

平松　主に社会学の社会調査の方法論を学んでいました。たとえば、ある地域に教育施設などができた時に、その地域がどういう風に有機的に変わっていくかというような、そういう社会調査などをゼミで勉強してましたね。アンケートの立て方にしても方法論があって、自分たちで仮説を立てながら、そのアンケートとクロスさせていくこともあるし、その社会調査によって一つの町や地域を把握する研究もあったり。

宇田川　もともと社会的志向が強かったのですか。

平松　そうですね。社会と自分がどういう風にダイレクトにかかわることができるのかを勉強したいなと思っていて。思えば、一八歳ぐらいの時に明快に思った契機があったんです。中学高校と英語や文学がすごく好きだったのですけれど、大学一年の時に、社会にかかわる仕事なり勉強があると知って、それが最初の契機でした。

宇田川　大学の後半からタブロイド紙などに原稿を書いていたとか？

平松　七〇年代の後半は、タブロイド紙とかニュース読みたいなものが全盛でした。その頃には、書く仕事をして生きていこうとはっきり思っていて。組織の中で自分の場所を見つけ、仕事をするのは無理だなと思っていたので、縁があって人に紹介していただいたタブロイド紙で人物インタビューを書き始めました。才能のある人たちに出会いましたが、みなさん破格で、演劇人や写真家などが展覧会や映画を観に来ないかとか、かわいがってくださった。その頃の出会いは、今に至るまで大事な財産として私の中にあります。

宇田川　子どもの頃から組織より一人でいることが好きだとか、他人との協調性がないとか？

平松　いいえ、協調性がないわけではないんです。小学校の時は学級委員長などをやってましたし。それにもかかわらず、だからこそかもしれませんが、そういう立場は私には向いてない、もうちょっと外れたところにひっそりいたいという志向はすごくあった。小学校で送辞を読んだりする役を任ぜられると、とりあえずやるけれど、何か違うな、自分の居場所はここじゃないんじゃないかなと思ったり。それなりの協調性はあっても、組織なり、人が集合してるところにいると、すごく居心地が悪くて、少しずつ自分の資質がわかってきた。だから、中学生や高校生ぐらいから早く一人になりたくて、一人で図書館に行くとか、一人で自分の部屋で本を読むとか、そういうのがすごく好きで落ち着く。そういう資質に少しずつ気が付いていたので、就職して組織に入ることも自分の選択肢にはなかった。大学を出た時には、ようやく自由になれるという解放感、安堵感がありましたね。

宇田川　実家を出て、大学に入ってから自分で食事を作るようになったのですか。

平松　大学の寮に入り、妹が武蔵野音大のピアノ科に入ったので、大学の後半の二年間は二人で住んでました。彼女はグランドピアノで練習して、私はご飯を作って。買い物に行くことから始まって、少しずつ自分でお料理をするようになって。その時初めて、トマト一個どれを買うのかという選択を迫られているのだなと実感したんです。単に食材を買うという行為じゃなくて、何をどう選ぶか、問いをかけられている。何十種類も並んだお醤油の中で何を選択すればいいのか、その選択基準が自分の中にはないことを実感して、立ち尽くすような感覚を覚えました。

宇田川　親元から離れたひな鳥のように右も左もわからない状況で、それでも少しずつ経験を積みながら食と向かい合っていったと。

平松　そうですね。私の感覚としては、いきなり壁が立ちはだかった実感がありましたね。

軍事政権下の韓国へ

宇田川　初めて食について書いたのはいつ頃ですか。

平松　自分でテーマを決めて、初めて意識的に書いたのは在日外国人の方たちの食卓ですね。

宇田川　その理由は？

平松　「在日」というテーマに惹かれました。そのためには自分の視点を持たなくちゃいけないし、在日外国人という存在を考えるに当たって、食べ物のフィルターを通じてその存在を浮き上がらせられるのではないか、と。彼らは二つの文化を持たざるを得なかった。自分で選択して日本に来た人たちばかりじゃなくて、その運命を選ばざるを得なかった人たちも多い。在日の朝鮮や韓国の人たちの二世三世で、自分らの生き方をどういう風に折り合いをつけて受け止めていくか、すごく苦しんでいる人たちにたくさん出会いました。最初に取材したのが在日の朝鮮人の方です。たとえば、スッカラとチョッカラ、おさじとお箸がありますでしょう。それを出す時と、日本のお箸を出す時とは明らかに区別しているんです。この場合はスッカラを使うけれども、その場合はスッカラを使わないで日本のお箸にする。なぜかと言えば、それは単に食習慣だけの問題ではなくて、こういう食べ物を出す時に、おばあちゃんはスッカラがないと悲しむから、などと話をしてくれる。そうすると、食べ物と道具との関係には単に食文化だけではなくて、その家族の歴史も複雑にからんでいるなと思い知らされる。それまではリアルにわからなかったのが、そうか食べ物一つが生き方から文化から歴史からさまざまなことを表すのだと知っていきました。

宇田川　そういう知識が宝の山になっていく。在日の人たちを取材していれば当然、現地に飛びたくなるでしょう? 平松さんは、まだ軍事政権下にあった八二年頃に韓国に行ったんですよね?

平松　はい。それはすごく緊張感がありましたね。警察の数も街頭に多くて。あの頃は通報されると捕まっちゃう状態でしたから。怖さは感じませんでしたけど、自分がどういう態度を取るのかと問われるわけですから。

宇田川　そんな過酷な状況の中で、食べ物のありかを探るためには台所に入って行くのが最良の方法だと思った。人脈というか、人づてというか、紹介みたいなことで台所に入って行ったんですか。

平松　最初は友人に紹介してもらうんです。確かに大学の時のゼミで出会った友達なんかが役立ったけれども、友達の友達という形で紹介してもらうと、人の数は増えても、結果的にサンプルが狭い範囲に限られてしまう。経済的な環境を含め、さまざまな社会的背景を持つ人々を取材するためには、人から人で繋がっていくと、大事なことが抜け落ちる可能性があるので、自分で頼み始めました。

宇田川　どうやってその人たちに出会ったのですか。

平松　韓国ではまず市場に行きました。人が物を買っている姿は生活の基本だと思うし、その人の暮らしや考え方、ひいては性格とか人格まで見える。物を見る目とか、買い物する時の迷い方とか、何をどう選ぶかという表情を見ている。たとえば、ちゃんと考えを持って選んでいる人には、その方の人となりみたいなものが表れるんです。それでもう直談判です（笑）。

宇田川　警戒されましたか。

平松　自分は何がしたいのかと話すと、ほとんど断られなかったですね。

宇田川　台所はミステリアスだとお書きになっているけれど、台所というのは生産する場で、作る人のパーソナリティとか人生観みたいなものが表れてくるでしょう。現地の台所で一番驚いたことは何ですか。

平松　驚きというよりも、目の前で話をすること聞くこと、それに料理がなされていることをどう把握して理解して分析するかが先なので、驚いてる暇がないんですよ。今でもそうなんですが、私は取材に行くのがとても好きで。もちろんその前にいろいろ調べるし、資料も読むけれども、取材をする時は頭に入れたことを全部捨てて、まっさらな状態になります。料理は一つひとつのプロセスに意味がありますから、最終的にすべてが繋がって形作られることを、全部頭の中で認識して把握しないといけない。その総体から、人となりや考え方をつかんでいきます。そうしないと、ただ見てるだけになってしまう。

宇田川　取材が全部終わってから、そのプロセスを書かなければいけないし。

平松　そうです。自己満足で書くわけじゃなくて、書く人が一つの情報として、一つの事実として受け取ることで文章が成り立っているから、責任重大なんですね。そう考えると、何をどう見るか一つも見逃せない。頭の中をフルに動かしてないと見逃しちゃう。

宇田川　たとえば、食べ物について書こうと思って何度も何度も食べて、さまざまな資料を集めて、人の話を聞いて、総合的なあるイメージを作ってからでも、書かないこともあるわけでしょう？　自分で納得しない点もあって、書くことを断念する場合もありますか。

平松　あります。けれども、書かないというよりも、私がその時に考えるのは、自分の力不足で書けないのだと。常日頃、どんな食べ物でも、書くべきこと、書かれるべきことがあると思う。それは居酒屋のちょっとしたおひたしからシェフが作る料理に至るまで、書くべきことがない料理はないと思っているし、そこで書かないと決めた時に、自分が一番納得する答えは、自分がまず力不足で、何かを見出せていないとか、何か書き切れないとか、そういうことですね。

宇田川　ところで、韓国に行ったのは二〇代前半だから、食に対する知識や文化にたくさん触れていない。鋭い感性的なものがあったにしても、場数を踏むという経験値が少ない。無我夢中で取材して書くと思うけれど、その辺の気持ちはどうでしたか。

平松　今でも同じなんですけれど、アジアの料理に関して言えば、あるいはインドでもマレーシアでもいいけれど、調味料やスパイスの使い方の全体の構図みたいなものがなかなか見えづらい。たとえば韓国では、すりゴマを入れてもいいのに、どうして入れなかったんだろうとか。粉唐辛子でも中挽きと粗挽きがあるのに、なぜこの場合は粗挽き唐辛子を使ったのか、などと考える。韓国の食文化の中での体系はあるけれども、その人の個性もあるから、混同してしまうこともあるんです。でもじっくり繰り返し観察していくと、必ず論理的なものが見つかります。

宇田川　料理でも政治や社会と同じように、組織の論理と主体の論理みたいなものがあって、両者が合致していることもあれば、一体化できない場合もあります。その距離や差異を楽しむことも必要だと思う。フランス料理もそうですね。

平松　そうですね。インドに行けば肉にこのスパイスを使っても、豚肉には絶対使わないとか、鶏肉にはこれを使うとか。当時は、そこを解きほぐしたいという意欲というか関心がすごくありました。

宇田川　韓国の味を読み解くキーワードは四つあるとお書きになっている。つまり、「複合味覚」と「手の味」と「混ぜる」と「野菜の多さ」とかね。その中で私が面白いなと思ったのは「手の味」なんです。つまり、こねたり切ったり、作り出したりというような手先までが料理の道具だと着目している。韓国独自なものなんですか。

平松　いえいえ、日本にも普通にあるものだし、沖縄にはごく普通に伝承されている「てぃーあんだー」という言葉もあります。「手の味」、つまり手から出てくる味という意味です。私が韓国で最初にそこに気が付いたのは、韓国の人は意図的に手を道具として使っているということ。当時、レシピや文献には書かれていない部分でした。

宇田川　手の動きと頭脳って深く連動してますよ。

平松　はい。ナムルを作る時にでも必ず手を使う。ただ、その手をよく見てると、指の先のフワッとさせ方というか、指の使い方が野菜によって違うと気が付く。たとえば、人参のナムルを作る時に、人参は硬いからある程度力を入れる。力を入れても灰汁はあまり出ないから、味を染み込ませるために力を入れて、ごく柔らかく繊維を壊すんです。でも、青菜のナムルを作る時は、指は使うけれども、明らかに指に力は入れてないあえ方をしているのがわかります。指を入れたら灰汁も苦みも出てくるからねと教えてくれる。それは習慣としてやっているわけですが、手や指は明快に料理を作る道具の一つであるということを認識して、ハッとさせられる。さらには、その理由は何ですかと訊くと答えてくれるけど、問わなければ、みんな意識してやってないから言葉にはなりづらいし、当然ながらそれは言葉として記録されない。そこにどういう意味があるかということを発見して、意味付けて書いて伝えるのは自分の仕事だなと思ってたんです。

宇田川　子どもの頃に実家で母親の料理を見ていて、そんなことを感じたことはありませんか。

平松　母が料理をしていた時に、そういえばこういうところに手を使ってたなとか、こういう動きがあったなとか、たとえばホウレン草をキュッと絞る力加減、そういういろいろな細部を思い出すことがよくあります。それは記憶として戻ってくるだけではなくて、誰もが手だてとして自分の手を使っていることを信じさせてもくれますね。

宇田川　その後、ベトナムやタイへと取材の範囲がどんどん広がって、果ては世界中に行くわけです。韓国やタイ、ベトナムはそれぞれ食文化は異なるけれど、アジアとして共通したものは何ですか。

平松　アジアは米で繋がってますね。アジアを歩くと、米作り文化が混じり合っていることを実感します。また、ベトナムの中には中国の食文化がクロスしているし、タイはタイ王国の中で生まれたタイ料理の独自性があるし、華僑の人たちによる中国料理も存在していて、複合的な食文化を形成していることがわかってきます。

知恵が生まれる場所

宇田川　私がフランスで暮らしていた頃は台所に入る経験は少なかったけれど、日本に比べると、台所にしても、玄関にしてもサロンにしても書斎にしても、物がきっちり整理整頓されていることに感心しました。物事を合理的に考える習慣がそうさせているんでしょうけど。時々、日本で断捨離とかがブームになるのは、家の中が物にあふれているからでしょう。日本と比べて裕福ではないアジア諸国の台所は、きちんと整理整頓されてるんですか。

平松　整理整頓するというよりも、毎日の食卓は少しずつ変化してゆくものだから、限られた道具をどう生かすか。少ない道具でいかに多様なものを作るか、どこの国の人でもやっている工夫だと思いますが、どうも日本人はそこに弱いように思います。道具を増やすことに頼りがちで、道具の機能を発見しながら多様なものを作るという発想が薄い。昔は違っていたと思いますが、昭和四〇年代ぐらいからでしょうか、作る人の主体性というか主導権みたいなものをずいぶん譲り渡しちゃってきたような……。

宇田川　やはりそうですか。

平松　今までで一番驚かされたのは、中国の北京の老夫婦。広いおうちでしたが、台所には大きめの北京鍋とホーローのお鍋と、それから小さい鉄鍋の三つ以外にあるのはコンロ二つぐらい。

驚くほど少ないんです。だけど、料理はとんでもなく美味しい。

宇田川　作る手際はどうですか。

平松　晩ご飯をもてなしてくださったんです。おばあちゃんは八〇ちょっと前ぐらいの女性で、鍋の使い方、料理の進行、出し方すべてが頭の中に入ってて、ほぼ同時に進んでいく。つまり、油を使ってしまうと、鍋が油っぽくなっちゃうので、その前に野菜を茹でる。そういう風に鍋の生かし方が料理に繋がっている、完全にイコールになっている。すごいと思いました。料理を作ることが、道具を生かすということと並行してるんだなと教わりました。またある時、インドでタクシーの運転手さんにご飯に呼ばれたんです。辺りは貧しい地域で、スパイスはスパイスボックスに六種類だけ、ほかに油と塩があって鍋が二つぐらい。それだけで多彩な料理を作る。結局、どういう料理を作るかということだけではなくて、空間や道具をどう生かすかということが、料理を作るという行為の中に、自然に、当たり前のこととして入っているんですね。整理整頓という前に、そこが道具に対する考え方が根本的に違うところだと思いました。

宇田川　平松さんご自身はどうですか、台所の道具類は？　昔お書きになった本によれば、ちょっとした商売ができるぐらい台所道具があるとか（笑）？

平松　すごく整理しました（笑）。台所だけではなくて、お皿なんかもそうですしね、年齢とともに少しずつ減らす方向に向かっています。

宇田川　でも、最後に残るものがあるわけでしょう。身辺整理と同じように必要最低限を残すにしても、自分の食生活に心地良いものを残す方向ですか。

平松　そうですね。二〇代の頃から結局、私がしょっちゅう使っているのは大きな中華鍋なんです。茹でることもできるし、蒸すこともできる。蒸す時は底に竹のせいろを入れて、お湯を沸かして蒸す。炒めるのも蒸すのも焼くのも、ともかく何にでも応用する。

宇田川　中華鍋一個で世界中を放浪できるって言われますよね。今も世界各地に出向いて取材を続けている。これから注目するであろう国とか地方とか民族の料理で言えば、頭の中にどんなものがありますか。

平松　次はこれというのとは少しずれますが、モンゴルに行った時にね、電気も水道も何もない草原で、人がどうやって生きていくのかっていうことをつぶさに体験したんですね。羊や牛馬などを飼い、乳を搾って、牛乳にもするし、馬乳酒を作ったり、乾かしてチーズにもするし、生乾きにもするし、乳製品一つとっても多様な名前が付いていて、食品として微細に枝分かれしていきます。人間はこれほど奥深い知恵を身に付けられると知ると同時に、その知恵を果たして自分はどれほど身に付けているのだろうかと打ちひしがれました。身一つで自分の中からいかに知恵を編み出しながら生きていけるのかということが、これからの大きな課題ではないでしょうか。料理の技術とはちょっと違う、生きながらえていくための技術が、もしかしたら自分の中にいっぱい隠れているのかもしれないと思いながら、それに気付かないまま生きているのかもしれないですね。モンゴルの人たちの生活を通じて思い知らされました。

清らかな水の味

宇田川　ほかの国に比べて、日本の食文化や味覚の独自なルーツは何だと思いますか。だしであるとか、みなさん答えは違うだろうけれど。

平松　私は水だと思いますね。日本の食文化をつかさどっているもの。水ばかりは、人間の関与を超えた自然の恵みですよね。農作物は、人間の知恵や工夫、開発研究など、複合的な要素が合わさった上での産物ですが、その大本となる水は人間がかかわれない天の恵み。変動帯日本列島では山が高くなり、河川が急勾配だから水が短期のうちに流れ下りて軟水になります。その軟水が、料理の味に大きく影響しているのですね。また、これは韓国で感じたことですが、どうして韓国の地方料理はこんなに清潔な、きれいな味がするのかと。そう思って、調味料や素材の扱われ方を見ているうち、ある時ハッと気が付いたんです。野菜を洗う時、湧き水の場合もあるし、地下水の場合もあるし、伏流水みたいな場合もあるんですけど、水をチョロチョロ流しっ放しにしてふんだんに使っているんですね。収穫した野菜を大きなたらいの中に浸けておいて、葉や葉脈、根っこからもう一回水を吸収させる。韓国はいろんな地方に行くたびに、なぜ野菜がピーンと立って、清らかな味なんだろうとずっと思っていたのですが、単に調味料の使い方や料理の技術的な巧拙を超えたものがあることに気が付いて。

宇田川　日本は昔から瑞穂の国と言われて水に恵まれている。日本にも清潔な味は残っているのでしょう。

平松　いっぱいありますね。お吸い物も味噌汁もそうですけど、そもそも軟水ですから素材の味がどんどん外へ引き出されます。反対にフランスで日本と同じ調味料を使っても、フランスの硬水だと煮物の味はまったく違ってくる。ヨーロッパの硬水で作っても、食べた時にフワーッと和らぐような味は出ないんじゃないかと思う。フランス料理って、一つひとつの素材のインパクトが強い、骨格のハッキリしている味ですよね。素材の味がグッと締まって、お皿の中の料理が力強く訴えかけてくるのが大きな魅力です。一方、日本の場合は同じ作り方をしても、軟水なので素材の持っている味の要素が外へ溶け出していって、全体の持ち味がふんわりとして柔らかくなる。そこが魅力だと思うんです。

宇田川　日仏料理の違いはその通りだと思います。私もよく訊かれるけど、和食とフランス料理のどっちが好きか嫌いかと。その時は両方好きだよって言ってます（笑）。平松さんはどうですか。

平松　もちろん両方ともです。それを否定する意味がないと思っているし。だって、フランスはフランスの方たちの文化なので、それを否定することに意味はありませんよね。だから、日本の文化の中で、フランス料理でもイタリア料理でもドイツ料理でも、ヨーロッパの料理をなさってる方たちのご苦労は大変なんじゃないかなと。

岡山の祭り寿司

宇田川　平松さんの食べ物への関心は幼い頃からあるんでしょう。誰にとっても幼い頃の料理は、どこかで本人の原体験として死ぬまで記憶に残ると思う。専業主婦だったお母さまは料理好きだったのですか。

平松　好きというより、家事で一日の生活の組み立てが成り立っていましたね。冬に朝起きると、自分の部屋はまだ寒いけれども、二階の子ども部屋から一階に下りると、部屋はもう暖かくて、窓に水蒸気がツーッと下りていたり。大人になると、母がどれだけ早く起きて、ストーブをつけて、おだしをひいて、料理をしていたかと気が付くわけです。一階のダイニングキッチンに入って行った時に、そこに満ちている匂いとか温度とか空気とか、水蒸気のある景色とか。子どもだから幸福感という言葉では受け取ってなかったかもしれないけれども、ここにいたいという満ち足りた気持ちを感じていた。そういうものを受け取って育ったので本当にありがたく思っています。たとえば、学校から帰って来て玄関を開けた時に、煮物のいい匂いが漂っていたり。いっとき、母がパンやシュークリームを焼くのに凝っていて、その時のパンを焼く香ばしい匂いが玄関を開けた時にウワーって。あれはいまだに忘れられません。そういう体験をいっぱいさせてもらったから、本当にありがたいことですよね。

宇田川　昭和三〇年代は三種の神器とかが出てきたり、台所の革命と言われたり、新しい食材とか西洋料理が家庭に入ってきたり、食のバラエティ化が進んだ時代ですね。

平松　その時代に生まれて良かったなって思います。私は時代的にその前とあと、両方経験している世代なんです。ダイニングキッチンのあるおうちに引っ越す前は、古い日本家屋に土間があるような家で、土間で母と父のお母さんと二人で一緒に薪を割ったりしているのを見ているので。お釜から甘い香りが漂ってくるような経験もしていて。それが電気釜になり、ガスオーブンが加わり、トースターも登場した。いろんな電化製品がうちの中に来た時の母は嬉しそうでした。ウキウキしているのが子ども心にもすごく伝わってきて、「あ、お母さん、すごい嬉しいんだ」と思って、家中がニコニコしている。ある日、すごく大きなガスオーブンが届いて、それで子どもたちが帰って来る時間を見計らって、パンやシュークリームなんかを焼いてくれた時は、夢の中にいるかのようでした。

宇田川　昭和のほのぼのとした家族の情景が浮かんでくる。家族のみなさんが仲良くて、揃って食事をするのが楽しみだったんでしょ？

平松　そうですね。子どもたちは自分の部屋があるのに、食卓で宿題をしてて、母がその横で晩ご飯を準備するという風景ですね。

宇田川　お母様の調理技術を伝授されたというようなことは？

平松　伝授というほどでもないですけど、ホウレン草はギュッとじゃなくて、キュッとフッとさせるんだなとか、見たり聞いたりして感じる、そういう教わり方です。

宇田川　平松さんが書いている子ども時代の思い出の中で、私が好きなのは、夏にかつお節を削るシーン。映像が浮かんでくるような懐かしい場面ですが、削り切ったチビたかつお節を宝物のように集めていたとか？

平松　本当にね、鉛筆みたいに小っちゃくなった、紫色のかつお節をいつもワンピースのポケットに入れてて。全然捨てられなくて、宝物だった裏が赤いビロード張りのオルゴールの中に入れてたんですよ。あのオルゴールが失くなった時に、チビたかつお節もどっかへ行っちゃいました（笑）。

宇田川　子どもの頃に家族揃って外食なんかはしなかったんですか。

平松　外食をしないうちで、私が小学一年生ぐらいの時は、年に一、二度デパートの大食堂に行きました。ともかく、家族の誕生日には母がちらし寿司を作って……。

宇田川　岡山のちらし寿司と言えば、「祭り寿司」のことで

すね。中から隠した具がたくさん現れる寿司でしょ?

平松　結果的に隠れているんだけど、あれは隠しているわけじゃなくて。「祭り寿司」はもう満艦飾なの。郷土料理としての呼び名は「祭り寿司」ですけど、家庭ではちらし寿司と呼んでて。まあ、もう気の毒になるぐらい具材が多い(笑)。どの家庭でも前の日から作るんですよ。さすがに子ども心にも申し訳ない感じがしましたね。

宇田川　そんなに大変な仕事なんだ。

平松　はい。作る時には、ほかの部屋の机の上まで借りるから。寿司飯、エビや酢〆の魚、お野菜、かんぴょう、でんぶも入るし、ともかく種類が多いんですよ。

宇田川　嫌いなものはあったの? 小さな頃に高野豆腐が喉に詰まって死にそうになったとか(笑)、生卵かけご飯を食べられなかったとか。

平松　そうですね。あの白身のズルッていうのが苦手でした。今は基本的に嫌いなものはないですね。ただ、イナゴとかハチなどの虫がちょっと苦手です。子どもの頃から普通に食べる文化の中に育つと、何の抵抗もないと思いますが、やはりあとから頭で学習することだからでしょう。タイでもね、奥地に行くと昆虫を普通に食べている。オーストラリアでも、アボリジニの人たちにとっては貴重なタンパク源ですよね。まあ、知識として理解はしていても、好んで虫は食べないです(笑)。

宇田川　好きな食べ物はたくさんあると思うけど、平松さんのカレーライスへの偏愛は驚くばかり（笑）。ルーを使ったカレーライスは、日本人の失われたプティット・マドレーヌとお書きになっているけれど、言い得て妙だなと思う。また、子どもの頃にお父様が数カ月たこ焼きに凝って作っていた。それで、お父様と一緒に食べたカレーもそうだろうし、お父様がたこ焼きを一生懸命作っている姿を見てて、そこに父親と一本細い線で繋がっていることを感じていなかったか。つまり、食に対する好みは遺伝するとかしないとか言われるけれど、親と子どもの味覚はどこかで繋がって継承されていくのだろうかなどと、ふと思ったんですよ。

平松　食べ物の美味しさは、味覚や嗅覚、聴覚や触覚、人間が持っているそういう感覚を総動員して受け取っているものだと思うんです。身体的なものが食べ物と重要なかかわりがある。父親のたこ焼きにしても、父がどんどんうまくなるのがわかる。うまくなればなるほど美味しくなるんですよね。クルッてひっくり返す時の音や焦げ目のきつね色をリアルに受け取った経験がありますね。それは、単に記憶として忘れられないということじゃなくて、その時に耳で聞いたり、鼻で香りを嗅いだりしたことが同時に甦るんでしょう。だからこそ、料理と記憶の関係が興味深い。子どもの頃にそういう多様な経験をしたことがあればあるほど、いつまでも摩耗しない、失われない記憶になるのだと思います。食べ物は、それを食べたという体験だけではなくて、その人の中に宿る五感をより深く掘り下げていくものなのじゃないかなと。だから、食べ物を通じた体験は、実はその人の人間的な可能性みたいなものまでも広げてくれるんじゃないかなと思いますね。

断食後、だしをひと口

宇田川　食べ物について書く時に、平松さんはその先にある人の暮らしだとか、人の在り方みたいなものが透けて見えるような書き方をする。だから、特に女性の読者にとって平松さんは憧れの人でしょう。この人はきっと軽やかで素敵な生活をしている、生活を心地良くする術を知っていると思っているからじゃないだろうか。普段はどんな生活をしているんですか。

平松　私は朝起きるのが早くて、もう一七、八年ぐらい続けています。朝の時間はとっても貴重で、そうすることで一日の基本的な柱がグッと立つ。だいたいいつも四時半ぐらいに起きて、それから本を読んだり、原稿を書いてます。朝、仕事をすると、夜にやるよりも三倍ぐらい早い。だから、大事なものであればあるほど、朝やるんです。朝の時間が自分の中で土台としてあるという信頼感が大きくて。朝の仕事をひと通り終えてから朝ご飯を食べます。

宇田川　人間だからその日の好不調があって、時には食べたくない時もあるだろうし、心理的に食べ物を見たくない気分の時もあります。いつも前向きに生きていられれば、どんなに幸せだろう。食べたくない気分の時もありますか。

平松　食べないことをネガティブに考えないのは、重要だと思っています。今忙しいから食べられないとか、調子が悪いから食べないとか、そういう風にネガティブに捉えるとストレスになっちゃう。食べない、食べられないのは、決してネガティブなことじゃなくて、動物は調子が悪い時は何にも食べないでしょう。あれは学ぶべきだなと思う。だから、調子が悪かったり、何となく食べたくないな、今食べると負担だな、忙しくて食べる時間がない、そういう時は食べなくても平気なんだと思えば、食べ物によるストレスは解消されるようになると思います。

宇田川　なるほどね。

平松　私は一日に三食食べることは少なくて、朝と昼の二度の日もあれば、夜に会食の予定がある時は、昼は果物とビスケットとヨーグルトぐらいにする。三食食べなきゃいけないと思わないだけで、すごく解放感がありますよ。

宇田川　ところで、平松さんの『野蛮な読書』は見事な作品で、ここではその中の一篇、正岡子規の二冊『墨汁一滴』と『仰臥漫録』（ともに病床からの視点で書かれた晩年の随筆）を持参したという「一週間の断食」についてお訊きしたい。時々、断食するのですか。

平松　伊豆にね、放っておいてくれるような、気分のいい、好きな断食施設があって。体が解放されるのが気持ち良くて、毎年三月か四月に一週間行っています。私、辛いとか、ストレスがあるとか、むやみに頑張るっていうのが苦手なんです。そこで断食するためだけじゃなくて、本を数冊持って行って、何にも考えないで過ごす。いつも締め切りに追われているので、行く前に死ぬ思いで原稿を片付けて（笑）。ともかく、食べることも含めて何にもしない、何も考えないってことが気持ちいい。

宇田川　その時に正岡子規の二冊を持って行った心理状態は何ですか。そういう状況で読みたいと思います？

平松　そういう状況の時に、自分がどういう風に感じるのか知りたかったから。でも、食べたいっていう飢餓感が起こらなかったんですね、本当に。単にいくらでも食べられる状態の中で食べないということと、床にずっと伏したままで食べることもできないという状況下では、いかに意味が違うのかと気が付きました。

宇田川　道場では、断食しながら徐々に食べ物を入れていくわけですね？

平松　まったく食べないわけじゃなくて、血糖値が下がり過ぎると良くないので、ちょっと甘くて、とろみがあるしょうが湯みたいなものがいつも用意してあって。お白湯も飲んでいいんです。一週間何にも食べないわけではなくて、食べないのは三日だけ。

宇田川　どろどろの野菜スープとか重湯とか。

平松　そうそう。少しずつね。でも、四日目に透けて見えるような薄いおだしのお味噌汁を飲んだ時に、もうね、舌がビリビリに震えてるの。びっくりしちゃって。うまみというのがいかに刺激的か、理解できました。おだしは味覚に与える満足感がすごいということを思い知らされた瞬間でした。

宇田川　よく言われるけれど、断食道場のあとのリバウンドが怖いって（笑）。一週間後に食べたかったものは？

平松　毎年同じなんですが、私の場合は酸味なんです。オレンジとかグレープフルーツとか、むやみに食べたくなる。オレンジの果汁が口にジュワーっていうあの感じ……。味覚と酸味との関係を考えさせられました。まあ、人それぞれ違って、カレーを食べたいという人もいれば、焼肉だっていう人もいるようですけど。私の場合は、リバウンドは特にないですね。

本にならないとわからない

宇田川　韓国には五〇回以上も行かれてるし、世界各地も回っているけれど、世界を旅すればするほど、日本人の食文化のアイデンティティを考えたりしませんか。平松さんが最近出された作品に、和食店を三年かけて取材したものがある。和食文化に関する総合的な思いが入っているような気がしたんですけど。

平松　ええ。ただ、それが結実だと思ってはいけないと思っています。書きたいことは、どれも私にとって本当に欠かせないもので、書きながら自分で何かを得ていきたい。集中して取材すると、自分の中にいろんな情報や知識が入っていくんですけれども、取材のあとで書くというのは、その過程で得たものが自分の中でどう実を結んだか、言葉にしていく作業ですよね。だから、書きながら、「ああ私は、ここでこういうことを考えてたんだとか、これを教わったんだ、これは見逃していた」ということを確認しているとも言える。結局は、書かなければ肉体化できない。

知りたいし得たいし、自分が今、何を考えてるのかということを理解したいから書くという側面もあります。だから、書くことはすごく大事なことで、何か書いていないと死んじゃうってことですね。

宇田川　わかるような気がします。

平松　次に何を書こうかというのが大事で、でも書かれた作品がなければ次に繋がらない。今まで書いてきたものも、まだまだだなという思いが強くて、でも、それは本にならないと不思議なことにわからない。どの本もすごく大事だけど、本になった時に初めて、足りなかったことがザーッと見えて青ざめる（笑）。「ああ、これ書けてなかった、わかっていなかった」ということがわかる。でも、それは書いたからわかるのであって。その意味で、一冊一冊がすごく大事。

宇田川　平松さんの作品を読んでいると、気持ちが洗われて心地良さを覚える。作品を通じて読者に何をメッセージしているのですか。

平松　人それぞれだと思いますが、何かをメッセージしようと思って書き過ぎると、逆に弱くなるように思います。文章は人に読まれてこそ成立するものだから、結果としてそれが届くことになったり、伝わったりすればいいなとは思うんですけれども、私には余裕がなくて、あえて言葉にすれば、できれば良い作品を書ければいいなと。まずはその時々、自分の力を尽くしたものを書きたい。でも、ちょっと手ごわい編集者がいると、もう絶対面白いって言わせてやろうと奮起します（笑）。でも、それもいったん書き始めたら忘れちゃって。あまり気張り過ぎず、せめて三回に一回ぐらいは良い作品を書けたらいいかなと……。

宇田川　最後の晩餐は？

平松　美味しいおだし。おだしには、体の中にフウーッと広がっていくようなふくよかさがあります。あの感覚をもう一回味わいたいなぁ……。

宇田川　本日はありがとうございました。

二〇一五年一月

対談後記

平松さんが対談場所に現れると、辺りの雰囲気がすーっと和らいだ。そうさせるのは、書かれた文章から想像する通り、品のある凛とした佇まいからにじみ出る柔和さを感じさせるからである。端正でありながら軽妙な語り口の作品はバランス感覚にあふれ、しかも生き方に対する価値観に揺るぎはない。朝早く起き、鉄瓶で沸かしたまろやかな甘い味の白湯を飲み、お米を砥ぎ、心身を落ち着けてから仕事を片付け、それから朝食を準備する。まるで絵画を見ているような静謐なる朝の時間が充実の日々を支えているようだ。平松さんに憧れる女性の気持ちがわかるような気がする。

13

村上 龍

最後の晩餐は仕事？

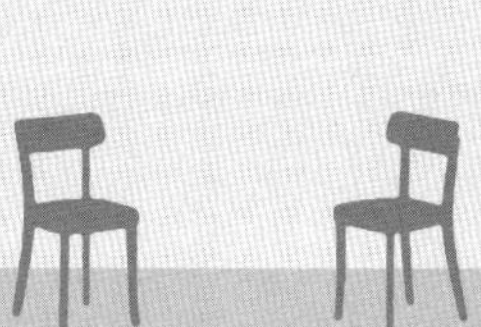

村上龍

むらかみ・りゅう　一九五二年、長崎県佐世保市生まれ。小説家。武蔵野美術大学在学中の七六年、第七五回芥川賞受賞作『限りなく透明に近いブルー』でデビュー。本文に登場する『愛と幻想のファシズム』は八七年、『村上龍料理小説集』は八八年、『半島を出よ』は二〇〇五年の作品。九九年、自身が編集長を務めるメールマガジン「JMM」を主宰、一〇年、電子書籍制作会社「G2010」を設立し、「村上龍電子本製作所」レーベルを展開するほか、映画製作、テレビ出演等、執筆活動を基軸に幅広い事業を手掛ける。代表的著書は『五分後の世界』『13歳のハローワーク』『歌うクジラ』『55歳からのハローライフ』『櫻の樹の下には瓦礫が埋まっている。』等多数。最新作は『オールド・テロリスト』。

小説を書くことは非日常

宇田川　小説を書いている時の村上さんの頭の中はどうなっているのですか。

村上　小説を書いている間は、頭の中が普通の状態の時とまったく違うんです。脳細胞をたくさん使うからだと思う。話している時に比べたら、小説を書いている時の脳細胞は、その一・五倍くらい使ってるような気がしますね。小説を書くのは相当疲れることだし、億劫だけど、これほどスリリングな仕事はほかにない。

宇田川　にもかかわらず、小説以外の仕事をやろうとは思わない？

村上　小説を書いている時に、ほかに何かやろうとしても面白くないんですね。途中で気晴らしに犬の散歩をしても、気分転換にプールで泳いでも面白くない。本当のことを言えば、小説は好きというより嫌いなほうに近いけど、だからといって書きたくないわけじゃないんです。しょうがないから書いている感じだけど、経済的にも精神的にも、僕を支えているのが小説だという思いが強いのは確かです。苦労だと思ったことは一度もありません。

宇田川　小説を書き終えた時の解放感なんかは格別なんでしょう？

村上　小説を書くというのは、自分の持っている知識や情報のすべてを、あるいは文章力や技術とかを総動員しなければいけないわけですね。僕にとって小説を書くことは、当たり前の日常的な行為じゃないんです。自分にとって特別な行為で、非日常的な行為。ただ特別なものだからこそ、その時間はすごく充実したもんじゃなきゃいけないと思って。そのためには、やっぱりいい作品を書かなきゃいけない。テレビに出演したり、子どもたちのために本を書いたりするのとは少し違う。小説を書くことを取り上げられたら困る。だから、小説を書き終えた時の充実感や解放感はありますね。でも、放心状態になっているからワーッとなんて喜べない。それが充実感なのかもしれないけど、自分の能力をちょっと超えないと得られないものじゃないかな。

宇田川　作品のあとがきとか参考文献を見ていると、破天荒とも思えるような物語にリアリティを持たせるために、膨大な資料を徹底的に読んで情報を詳しく調べて、取材を重ねていることが読み取れる。それらを踏まえて作家としての豊かな想像力と傑出した才能から力強い作品が誕生するのだと思います。小説を書き続ける理由は？

村上　現状に対する何らかの強烈な危機意識がなければ、小説なんて書かないと思う。それらも含めて作品にすべてを反映させているつもりです。でも、僕は日本社会がこうなったほうがいいとか、こうしたほうがいいとかは考えてませんよ。それを考える人は政治家になればいい。僕の書く小説が社会的だと捉えられちゃうのは、マスメディアのパラダイム全体にごまかしや嘘があると書くから、そう思われるんでしょう。

宇田川　以前お喋りした時に、小説を書くことは農民が田植えをするのと同じだと話してました。とても印象に残ってます。

村上　もちろん家族を支える大事な仕事だけど、僕は小説を書いていることを特別に考えていないんです。偉そうなことをやっているわけじゃないですよ。それをやるのに向いた人が淡々と、かつ正確に強い文章を心掛けてやっていくわけで、ほかの仕事と差はない。だから、謙虚じゃないといけないというか、農家の人が田植えをしたり、自動車の整備工が修理したりするのと、基本的には同じことだと思ってます。

「ばんどう太郎」と「ラッキーピエロ」

宇田川　さて、テレビ番組「カンブリア宮殿」で取り上げていたファミレスの「サイゼリヤ」。あの安さでイタリアンの食べ物をよく揃えましたね？

村上　テレビで収録する前に友人たちと「サイゼリヤ」に食べに行ったんですね。生ハムをはじめ、できるだけ多くの食べ物を注文して。それで、生ハムもモッツァレラも正真正銘の本場物なので驚いた。赤ワインのキャンティも、フィレンツェで飲むキャンティの味がしたし。現地からのワインの運送は最大限に注意してるみたい。エスプレッソも生チョコレートも本物。お客はごく普通の人たちで、あれだけレベルの高いイタリアンを食べているのは、異様だと思いましたね。

宇田川　その様子を日本の回転寿司に喩えていますけれど。本場イタリアの観光地には、「サイゼリヤ」よりまずい店はたくさんありますよ。

村上　喩えは悪いかもしれないけど、日本の変に威張った寿司屋よりうまい。フランス人が経営する回転寿司がフランス各地にあるようなもんでしょう（笑）。

宇田川　子どもが「サイゼリヤ」のイタリアンを食べていたら、将来イタリアンに感動しなくなっちゃう（笑）。

村上　ええ。だから、僕は「こんなハムを食ってたら、大きくなってイタリアに行った時に感動しないでしょ」とか言ったら、社長が「そんなこと、俺が知ったこっちゃない！　うまいほうがいいだろう」（笑）。

宇田川　でも、小さい頃からあんなものを食べていたらと思うと、ちょっとゾッとする。

村上　「サイゼリヤ」はいい店ですよ。知り合いのキューバ人とかを連れて行くと、安い店だと思わないもん。ファミレスに関して言えば、今までの旧態依然のファミレスは、マーケットから退出寸前みたいな感じですね。外食産業も激戦で苦しい時代だから、全国のチェーン店が全部同じ味で勝負するというのはもう限界でしょう。「サイゼリヤ」みたいにイタリアンに特化するとかしないと、結構苦しいみたい。

宇田川　そういう風に特化している店はほかにもあるんですか。

村上　僕も知らなかったんだけど、その典型が北関東を中心に展開する「ばんどう太郎」というファミレス。そこは、親子三世代が入れるような広い座敷があって、値段もリーズナブル。精米したてのお米とかを使ったり、サービスも良くて。でも、北関東の人に愛されてるから、東京に進出する気はない。もっと極端な例は、函館にある「ラッキーピエロ」というハンバーガー屋。そこの中華風チキンバーガーはすごく美味しい。札幌からもわざわざ食べに来たりするけど、函館以外で出店する気はないらしい。店舗は一五、六軒だけど、函館の人に愛されているので大きくする気はないみたい。今の時代、全国展開するのはすごく難しくなってるんじゃないのかな。

宇田川　グローバリズムとローカリズムの二項対立という問題があります。そのローカリズムの中でしっかり経営している人たちが増えてるんですか。

村上　そっちのほうがトレンドとしては強いし、意味があると思う。フランスにしてもイタリアにしてもスペインにしても、地方文化が根付いているでしょう。たとえば、フランス各地の三ツ星や二ツ星がパリに出店しようとか、たぶん思わないですよね。もちろん状況は変化しているけれど、その人たちがみんなパリを目指すわけじゃない。イタリアは特に地方によって、これもイタリア料理かっていうぐらい全然違ってて、かつほかの地方料理に興味ないですよ。びっくりしたんだけど、ミラノとかパルマとかに「クラテッロ」という豚のお尻で作った生ハムがあるの。けれども、ローマで「クラテッロを食べたい」って言ってもわかんない。ウエイターが知らないわけ。

宇田川　その食べ物がそもそも知られていない？

村上　だいたい食べようと思ってないみたい。逆にローマには、最近は日本の小洒落たイタリアンにも置いてあるけど、「プンタレッラ」という野菜がある。アンチョビソースで食べるんですけど、これは冬のローマにしかないものです。イタリア通に言わせれば、イタリアにはママンの数だけイタリア料理があると。そもそもほかの食べ物を食べてみようっていう気がないみたい。

宇田川　「ポール・ボキューズ」にしても「トロワグロ」にしても、パリに出店する気はないと思う。ビジネスとして世界には出て行くけれど、パリには出ない。フランス人にローカリズムが認知されてて、それが文化の成熟を測るバロメーターにもなっているのでしょう。

村上　ええ。逆に言うと、EU加盟で国家的な求心力が落ちても、地方文化があるから何とかやってるんじゃないかな。

宇田川　日本の地方は東京に顔を向けているから、食生活を含めて地方文化がなし崩しになっているような気がする。

取り合って食べた肉

宇田川　先ほどうまいイタリアンを子どもの頃から食べているという話が出ましたが、一九五二年生まれの村上さんの世代には、まだ戦後の貧しさみたいなものが残ってましたか。

村上　残ってましたよ。

宇田川　それでも、食卓の上はそれなりにバラエティ豊かだということはなかったんですか。

村上　バラエティ豊かっていうことはなくて、特にお肉とかはあんまり食べなかったですね。それを息子に言うと、「それ、良かったんだよ。俺なんか、おふくろから肉ばっかり食わされたから、親父と違って、栄養バランスがちょっと悪かったり。親父たちは貧しくて、長崎の安くて美味しいアジとかイワシとかしょっちゅう食べてたから、骨も丈夫になってるみたいだし」って。本当に海産物はよく食べてたから。ひじきとか食うと髪が黒くなるとかって言われて。要するに、安い海産物しかなかったんですよ。

宇田川　父上は美術教師、母上は数学の教師という共働き家庭だったから、手短に炒め物が多かったとか？

村上　ええ。母は学校から戻って、みんなの食事をバババッって作るんで、凝ったものはなかったですね。炒め物が多かった。今から振り返ると、マアジとかイワシは安いからバケツで売ってました。バケツに入れて一〇〇円とかで、市場で。

宇田川　食べたいものもあったでしょう？　お母さんの手料理みたいなものを。

村上　子どもって、家族の仲が良くて、それなりに美味しいものを食べてればいいみたいですよ、ほかと比べるものがないから。あの人たちはすごく美味しいものを食べてるけど、自分たちはこんなものを食べてるなんて比べられないから。当時は日本中が貧しくて、だいたい似たようなものを食べてたでしょう。今みたいな格差が大きい社会じゃなくて、格差はあったかもしれませんけれど、地方銀行の頭取の家にはピアノがあって、たまにその音が聞こえてきたりとかそんな感じで。あとはもう全員、同じ経済レベルですからね。だから、こういうものを食べたいとかいうのがあんまりなかった。
宇田川　その昔、村上さんと話してたら、「茶碗蒸しを食べたかったんだよね」と（笑）。
村上　茶碗蒸しは大人になってから思ったんです。だいたい、茶碗蒸しって料理があること自体知らなかったからさ（笑）。東京に出て来て、和食屋へ行って茶碗蒸しを食べた時に、手が込んでるんで、こんなものはおふくろは作れなかったなぁって思っただけで。
宇田川　長崎の実家のご馳走はすき焼きでした？　東京もそうでしたが、昔はご馳走といったらすき焼きでしたものね。
村上　すき焼きは数カ月に一回とかね。嬉しかったけど、肉なんかあっという間になくなっちゃって（笑）。腹いっぱい肉を食べた記憶がないですよ。
宇田川　父上に、あんまり肉ばっかり食うなとか文句を言われながら肉を探していた。
村上　前夜のすき焼きの残りを、翌日の朝にうどんとかを入れて温め直して、ご飯を食べるんですけど、肉のかけらとかがあると、「奇跡だ、ラッキー！」なんて嬉しかった。
宇田川　狂喜乱舞してパニック状態になった？
村上　ウフフ。

宇田川　そういう記憶は無意識に刷り込まれているんでしょう。大人になってからも、経済的に困らないのに、スーパーに行くとやたらに霜降りの牛肉を買っちゃう（笑）。

村上　今はそんなにすき焼きを食べないですけど、年を取ってきたので。すき焼きを食べる時なんかは昔の記憶が残っているので、ちょっと多めに肉を買っちゃう（笑）。家族から、こんなに買って来てどうするんだとか言われたり。腹が減ってスーパーに行くと良くない。食べてから行ったほうがいいですね。

宇田川　食べ物の好き嫌いを意識したのはいつ頃からですか。村上さんの作品『愛と幻想のファシズム』の中で、主人公に「好き嫌いが一番大事なんだ。それはもう説明じゃない」って言わせている。

村上　僕の味覚は、幼い頃に新鮮な魚を食べたっていうのが大きいと思う。何かの本で読んだんですけど、味覚にしても、人間関係のコミュニケーションにしても、だいたい五歳ぐらいまでに決まると。だから、五歳までジャンクフードばかり食べてて、二〇歳になって、お金持ちになってから美味しいものを食べても、味がわからないという指摘もあるぐらいで。あの頃のひじきとかイワシとか、アジとかサバは美味しかったなと思う。ただね、きちんと伝統と技術が確立されている国や社会だったら、高いものはうまいんで

す。

宇田川　味覚の判断基準は、やっぱり子どもの頃にできたんでしょうか。

村上　できたのかもしれないですね。だから、すごく高い寿司屋に行って、九州のアジが入りましたとか言われても別に驚かない。ブランドの魚だからといっても、僕はあまり気にしない。ただ、大間のマグロは好きで、それはちょっと別格です（笑）。

宇田川　今は失われてしまったと思うけれど、故郷には小さなコミュニティがあったでしょう、大人と子どもが集まって来るような。そこでオヤジたちが飯を食ったり酒を飲んだり、子どもたちはその辺でちょこちょこ遊んでるみたいな共同体が。

村上　九州の端っこの町だから、イタリアンもフレンチも、ワインバーもブランドショップもなかったけれど、年代を問わず集まれる場所があって、それが町内会にあった一軒のうどん屋みたいな店。みんな顔見知りで、そこに集まって来て、大人はお酒を飲んだり。子どもはあんまり入れなかったけど。子どもの溜まり場は駄菓子屋で、焼き芋とかたこ焼きやお好み焼きとかを売ってましたね。

宇田川　そんなコミュニティが崩壊した今の時代、村上さんが現代人の寂しさについて書いている文章の中で、和食屋だとかレストランで、いっせいに衝動的な笑いをしている若者のグループがいると。うるさいんだけれども、寂しさを紛らわせてるんですか。

村上　ただ、犯罪に走ったり、自殺するよりはいいですからね、居酒屋で騒ぐほうが。僕は居酒屋には行かないけど、たまに安いホルモン屋とか焼き肉屋とか行くと、学生らしい団体は本当にうるさい。でも、うるさいなぁと思うけれど、きっと寂しいんだろうなと……。一人で暮らして、ほとんど他人と喋ることがない人がたまに誰かと会うと爆発的に話すのと同じですよ。こういった楽しいことがあまりないんだろうなって。僕はあまり大勢で食べるのが好きじゃないんだけど、さっきも言ったように、極端に落ち込んだりするよりは、無理して笑うというか、そのぐらいのことは許してあげてもいいんじゃないかと。

宇田川　店を出て行く時の表情は寂しそう……。

村上　ずーっと一緒にいたいんですよ。それはですね、サラリーマンのおじさんたちも同じで、居酒屋じゃなくて、たとえばホテルのちょっと居酒屋風にした和食屋に、僕もたまに行く。そうすると、やはりおじさんたちの集団がいて、会社でいうと役職がある人たちらしいんですけど、若者たちと同じで彼らも不自然なバカ笑いを繰り返してる。それで、時間が来てもなかなか帰らない。「じゃ、最後に何とかさんの挨拶をいただいて」とか言って、その人が挨拶をして、これで帰るかなと思ったら帰らない。うるさいから早く帰って欲しいなって思うんだけど。次に「じゃあ、一本締めで」とか言って、帰るかなぁと思うと、まだ帰らない。今度は「何とかくん、君もちょっと挨拶しなよ」と。一本締めから三〇分ぐらい帰らない（笑）。帰り際は、哀れで見ていられないほど寂しい表情になる。一人になるのが嫌なんだろうね。彼らを見るたびに、きっと辛い人生を送ってるんだろうなと思うわけ。たぶん帰宅しても楽しくないんだろうなぁと思ってさ。
宇田川　誰かともたれあっていたいんでしょうね。慰め合ってハートを温めていたい。
村上　非日常的な所から出たくないっていう感じが伝わってきます。それが全部かどうかわかりませんが。

『料理小説集』

宇田川　食べ物に関心がない人以外は、みなさん食べ物に特別な愛情を持っていると思う。村上さんはそれを小説の小道具として使っているわけだけど、食べ物に関心を向けさせているものとは？
村上　ただ僕は、みんなが美味しいって言ってるものを食べたいっていう気持ちはないんですよ、昔から。みんなと並んで人気店のラーメンを食べるとかもしない。
宇田川　だけど、村上さんの小説を読んでいると、料理が好きで、地球の果てまで美味しい食べ物を探しに行っているように思えちゃう。読者はグルメだと思ってますよ。
村上　僕はグルメじゃないですよ、まったく違う。パリでもニューヨークでもローマでも、その町に行って、予約が取れて食べられれば、それでいいんです。たとえば九八年のフランスワールドカップの時に、フランス各地に行って、モンペリエなんかに三ツ星があるって聞くとランチを食べるみたいな感じで。どうせだったらっていうことで、地方で泊まるんだったら、普通のホテルよりもシャトーホテルとかに泊まるとか、そういうことはしますけど。旅行しても、すごく変わった美味しいものがありそうだから、そこに行こうかなっていうのはない。世界遺産に行くとか有名店に行くとか、みんなが行きたがるところに行くこともないし。

宇田川　そうですか。食べ歩き旅行なんてほとんど眼中にない、興味がない?

村上　ないですね。定宿の周囲で美味しい店を選んで、そこに通う。だから、食べ歩きが好きな人は僕と旅行するのを嫌う(笑)。

宇田川　私の好きな作品『村上龍料理小説集』の中で、若い女性が日本から南仏コート・ダジュールへ旅して、とあるレストランでムースショコラを食べる。その描写が巧みですね。

村上　僕はエズ・ヴィラージュ(コート・ダジュール、モナコ近郊にある村。地中海を見下ろす切り立った岩山の上に位置することから「鷲の巣村」とも呼ばれる)にある「黄金の野羊」とかいう店で、ムースショコラを食べたんですね。全部チョコレートなんですけど、チョコレートの味が四つぐらいレイヤーになってて、ちょっとびっくりした。それを表現する時に、すごく美味しいんだよとか、レイヤーが四層になっててとか書いても、その味の素晴らしさは伝わらない。物語の中に、それを織り込んでいくとですね、東京で失恋して深手を負った女の子がパリに着いてもずーっとその男のことを忘れられない。それで、エズ・ヴィラージュにふらっと行って、そのムースショコラを食べた瞬間に、あまりに美味しくて、その男のことを一切忘れちゃう……。

宇田川　一瞬にして忘れる？

村上　そういう風にすると、そのムースショコラがどんなにうまいかわかるじゃないですか。ですから、ほかの小説でもそういう形で料理をよく使うので、読んだ人の印象に残るんじゃないかな。食べ物にはそういう力があって、『料理小説集』にはそういうことをいくつも散りばめている。その料理がどんな材料を使って、どんな風に作られているかっていう説明じゃなくて。ムースショコラには、直接的に神経系に届く効果があったんじゃないかなと思う。この話はうまく成功したと思ってます。

宇田川　村上さんが南仏でCM撮影した時に、その作品の舞台となったレストランで、同行した取材スタッフにムースショコラを食べさせた。それを食べた男はあまりの美味に驚いて、自分の妻に国際電話したそうですね。

村上　そいつが女房になんて言ったかというと、「すごい、ムチャクチャ美味しかった、お前にも食わせたい」と(笑)。聞いてる奥さんのほうは、何だかわかったようでわからないような、半信半疑だったらしい。でも、あのムースショコラは、「すごい」「出鱈目にうまい」「あんなものはほかにない」とか言うしかないんですよ。

宇田川　美味しいとかまずいとか、味を表現する言葉は限られているから、比喩やレトリックを使わなきゃいけない。村上さんはその点、一級のレトリックの使い手だから、料理の微妙な美味しさを、人間関係や心理や情景を描写する中で鮮やかに表現できる。それに、美食とエロスの繋がりを表現するのもうまい。

村上　僕は料理の美味しさを表現するのは、まず不可能なんだと思う。どれだけ美味しいかを表現する言葉は少ない。美味しくなればなるほどないんじゃないかな。それをどんな形で表現していくかが問われている。美味しい料理はたくさんあるし、それは大事ですけど、とりわけセクシャルな感じの料理っていうのがあると思うの。本当に美味しい料理は官能的ですからね。美味しい料理とか官能的な食べ物を食べると、たぶんエンドルフィンみたいなものが出る。セックスのオルガスムスの時に分泌されるのと同じような物質がね。大脳生理学的に共通点はありますよ。

宇田川　『料理小説集』には美食に関する胸のすくような表現が散りばめられている。「ヤギの脳のカリーは、刺激的で徒労の象徴」とか、「トリュフこそは、どんな芸術様式もまったく及ばない完璧なメディア」「トリュフというのは欠落感そのもの」とか。その欠落感という表現を思い付いたきっかけは？

村上　始まりは、パリの三ツ星「ジョエル・ロブション」で食べたことなんです。キャベツ包みの中にトリュフがボコッと丸ごと入っている料理。微妙に調理しているので、周りのキャベツは美味しいけど、中から出てきたものはただの真っ黒い塊。トリュフって香りはバーッとくるけど、特別に何か味があるわけじゃないし、見た目は泥みたいだし、舌触りもいいわけじゃない。だけどなんかすごかった。フレッシュで食べると、そのトリュフの質がわかるし、かなり官能的。これ何だろうと思いながらも食べちゃう。食べたあと、さっきのあれ何だったんだろう、何にも似ていないと妙に感心したわけです。それで、非常に崇高な欠落感みたいなものを感じて、そういう風に書いたんですね。

厳密さの中の工夫

宇田川　ワインでも官能的なものから俗的なものまで多種多様にある。安いワインでも信じられないくらいうまいものがありますね。

村上　フランスでもイタリアでもスペインでも、現地でワインを飲むと日本円で五〇〇円とか八〇〇円で、もうムチャクチャ新鮮で美味しいものがあるじゃないですか。僕が一番驚いたのは、パルマに行った時に有名なレストランで飲んだワイン。「こいつ、ぼってんのかな、こんなに高いの出して」って思うぐらいのワイン。で、飲んですごくうまかったからラベルを持って帰りたいって言ったら、「はあ?」って呆れられて（笑）。

宇田川　今は少しは変わってきたけど、昔は日本人はワインを飲んでバカ騒ぎしてましたね。異国の文化であるワインに対して、畏怖というか畏敬の気持ちもなく。

村上　そういう気持ちを持ったりするのは大事なことで、ワインの伝統に対して謙虚になるとかっていうのは、一種の贅沢なんですよ。日本は輸入ワインがたくさん入ってくるし、情報も多い。そうするとわかった気になっちゃう。わかった気になるっていうのは常に貧しいこと。僕は昔、コート・ダジュールで撮影したことがあって、その時に助手をしてくれたのがボルドー生まれの女の子。食事の時に、「ワインを選んでくれ」と言ったら、「あまり知らない」と。ある時、ワインに関するエピソードみたいな話になったら、彼女が「おじいちゃんの金婚式で、カーブから一九世紀末とかいうワインを出してきて、みんなで飲んだの」って言うわけ。でも全然偉そうにじゃなくて、「そういえば」って感じで。それを聞いた時、もうワインをなんだかんだと語るのはやめよう、生半可に知識をひけらかすのはやめよう、ワインはこの人たちのものなんだと思った。ワインは異文化のものだし、それからは敬意を払って飲ませていただくって思うようになって、ワインを楽しめるようになりました。

宇田川 一方で、官能的なワインも少ないながらあります。

村上 普通のワインはセクシーっていう感じじゃないけど、グラン・ヴァァン（知名度の高い銘醸ワイン）の中でも、特にシャトー・マルゴーとかは妖しい魅力というか、セクシーで陰影があって、ちょっと退廃的です。こういうワインは本当は味わっちゃいけないんじゃないかって思う。でも、イタリアのワインにもスペインのワインにも、カリフォルニアのワインにもそれは感じられない。フランスの五大シャトーのグラン・ヴァンになると、なんかもうわけのわかんない世界ですね（笑）。ただ、ロマネ・コンティは味がよく把握できないっていうか、なんかすごいなっていう感じがしないまま飲んじゃう。結局、希少ワインというのは、なーんにも引っかかりがない。飲んでも不思議なことにそんなに酔わない。このワインは何だったんだろうって、一生わかんないと思う。ロマネ・コンティは何十本も飲んでないんですけど、「何だったんだろう?」っていうのが特徴ですね。

宇田川　食べ物にしてもワインにしても、小説のツールとして使いやすいけれど、その魅力を表現するのはとても難しい。村上さんの表現にいつも感嘆します。

村上　まあ、みんな何かしら食べますからね。男女が食べる場合には、二人の人間関係を示したり、その時の心理状態を表したりもできることがあるので。だから、カウンターで並んでそれぞれ勝手に味噌ラーメンを食べてるのとは違う(笑)。そういった意味でも料理もワインも使い勝手があります。

宇田川　村上さんを表して、「料理を作らない料理人」という言葉があるけれど。

村上　僕、少し作れるんですけど(笑)。ビーフシチューとかタンシチューとか、すごく上手ですよ。

宇田川　プロの域ではないわけですね?

村上　もちろん。

宇田川　料理の修業ってギリギリのポイントを見極めて踏み込んでいくことだと思う。

村上　そういう料理を目指す料理人は必ず本場で修業しないといけない。ギリギリの地点を探すには、それ以外のモデルはないという本場で修業しないと、技術はもちろんですけど、意思とか勇気とか、自信とか持てるわけがないから。それを知らないと美味しいものを、たぶん作れないと思いますよ。特にフランス料理はイタリア料理なんかより工程が複雑なんで、やっぱり最高のものを学んでない人にはちょっと難しいですね。

宇田川　フランス料理の技術に裏打ちされた厳密さは圧倒的ですけれども。ある意味で小説家と料理人って類似点がたくさんあります。食材や言葉を前にして思考する……。

村上　そういう厳密さの中で、本当にちょっとした工夫を加える。それは文学や映画と同じでしょう。それに、その素材をどう生かすかっていうアイデアが必要ですね。思い付きのままなんてものはほとんど通用しない世界。料理でも文学でも、アヴァンギャルドになるためには、やっぱりオーソドキシィを極めていないといけない。それがないと冒険できない。特にフランス料理は焼いたり蒸したりという工程が、日本人が思っているよりはるかに多い。タマネギを炒めるにしても、「ちょっと炒める」から「焦げ目を付ける」まで五つか六つか方法がある。たとえば、有名なスズキのパイ包み。

宇田川　その料理の元祖はボキューズ。トライしたことはあるんですか。

村上　あれは作れませんよ（笑）。本当にプロの技ですから。最近「オテル・ドゥ・ミクニ」によく行くんですけど、メニューにトリュフのパイ包みがあるわけ。トリュフを丸ごと包んだものと、あとトリュフスープをパイで包んで温めたものがあって。オーブンに入れる時に、パイの焼け具合と、中のトリュフがどんな風に加熱されているか、厳密に計られた温度と時間を考えながら判断してオーブンから出す。職人としての経験と勘と数学的な数値で考えてやっているけど、本来料理ってそういう厳密さしかないと思いますね。

宇田川 フランス料理は極めて科学的、合理的に計算され尽くしているわけです。そういうプロセスは、小説の中でも同じように行われているような気がする。大まかに構想を描いた上で、正確かつ精密に計算して最高の状態に仕上げる。ここでも厳密さが要求されている。

村上 だから、この部分をこれだけ描写して、その部分をこれだけ描写して、最後に至るまでに、あえてここはちょっと文章の量を減らすとか、よくやります。最後の一行の言葉を生かすために、あと一〇〇〇字必要だとかやるけど、そういうことがわかってきたのはここ一五年ぐらいですけどね。『料理小説集』を書いた頃は、世界の料理はそんなに知らなかったから。あの頃は頻繁にヨーロッパに行ってなかったんです。アフリカとか南米とかアジアとかが多くて、ヨーロッパは三〇過ぎてから行こうかなと思っていたから。ヨーロッパは文化的に深くて、陰影があるというか、一種の退廃もあるから若いうちに行っても理解できないだろうと。二〇代の頃にコート・ダジュールとかエズ・ヴィラージュに行ってたら、たぶん打ちのめされたと思う。

行きつけは半径二〇〇メートルに

宇田川 年を経て、食べ物に対する考え方が変わったと感じたことは?

村上 『料理小説集』の頃に、料理に対するリスペクトを初めて持てたんだろうなと思う。それからは料理の知識とか情報が増えているわけですから。あの頃は、イタリアにはあまり旅行したことがなかった。その本で取り上げているイタリア料理は、ニューヨークのリトル・イタリーのものだし。

宇田川　ヨーロッパの町や村を歩いていて、思いがけず出合った印象深い料理にはどういうものが？

村上　ふらっと入ったわけじゃないけど、一番強烈だったのは、昔F1の取材をしている時に、マルセイユで宿泊したホテルで教えてもらった「フォンフォン」っていうブイヤベースの店。マルセイユに近い小さな入り江にあってね、あのブイヤベースにはちょっとびっくりした。これが本当のブイヤベースなのかと思って。最初にスープだけが出てきて、そこで終わりかなと思ってたら、魚がドバッと登場。マルセイユへ行くと必ず行ってます。

宇田川　料理に対して真摯に向き合う姿勢に変化はない？

村上　それは変わんないですね。すごい料理に対してはリスペクトを持つし、だからそれを表現するに当たっては緊張するというか、集中して書いているけど。

宇田川　還暦を過ぎれば誰でもそうですが、いろいろ衰えが目立ってくる。村上さんは？

村上　体力は劣化するし、集中力も精神力も忍耐力も落ちて、心身ともにパワーが落ちましたね。食欲はとりあえずあるんですけど、食べる量も減ってきたし……。魚や野菜が多くなった。肉は家では普通に食べます。

宇田川　村上龍という作家を考えると、パワー全開、エネルギー全開、インパクト全開。ある評論家に言わせれば、「天才であり、それに加えて本当にすごいのは、世人の想像もつかないような努力を不断なく続けていること」と。

村上　やっぱりエネルギーは落ちますね。ただ、エネルギーっていうのがどんなもんかっていうこともあると思う。たとえば、南の島に行ってた二〇～三〇代の頃は、朝食を抜いて、午前中ダイビングをやって、お昼に帰って来て、すき焼き定食とカレーライスと月見うどんなんかを食べる。その後、昼寝したりして、夕方からウインドサーフィンとテニスをして、夜はまた焼き肉を食べるみたいな感じで。ほとんどお相撲さんみたいな感じだった（笑）。バーッて稽古して、ちゃんこいっぱい食って昼寝するみたいな。だから、ちょっと暗くなりましたね。当たり前ですけど、そういうのはなくなった。今そういうのしたらバカですから（笑）。

宇田川　食欲が衰えたといっても、時々は好物のレバ刺を食べていたんでしょう？　昔はホルモン屋とか焼肉屋で、レバ刺から始めて三時間も食べて、翌日は腹を下していたとか（笑）。

村上　レバ刺も最近はシカゴの禁酒法みたいになってますね、食べられませんけど、前はそんなこともありましたね。たまに、レバ刺やセンマイ、唐辛子味噌に漬けた生カニのケジャンやホルモンのおじやなんてのを三時間ぐらい食べ続ける。その間にビールや日本酒やマッコリを飲み続ける。で、翌日は必ず腹を下す。それの繰り返しだった。レバ刺で言えば、仲間と飲んでる時に、テーマそのものが暗いんですけど、「死刑になる前に好きな寿司を食べていいと言われたら、ネタは何にする?」っていう話題で盛り上がって。意外にもトロの握りは人気がなくて、コハダとか光り物、それにヒモキュウとかネギトロなんかの巻物を挙げる人が多かった。「龍さんは?」って訊かれて、「俺はレバ刺」って答えたの。「いや、龍さん、お寿司って言ったじゃないですか」って言うから、「いや、それでもやっぱりレバ刺を要求するんだ」って言ったんですよ。まあ、レバ刺は東京でも食べられないのに、刑務所で食べられるわけがない(笑)。

宇田川 なんでレバ刺が好きなんですか。

村上 ホルモンもユッケもそんなに好きじゃないけど、レバ刺は好きですね。昔テニスをよくやってた頃に、すごく疲れた時にレバ刺を食べるのが好きだったので、それが残っているのかもしれない。日本の焼肉屋で食べたのが最初ですけども。

宇田川 今の食生活はほとんど身辺二〇〇メートルぐらいの範囲で食べてるそうですが(笑)?

村上 僕と一緒に食べる人はみんな文句を言うの、同じ店にしか行かないと。それは昔から変わってなくて、「KYOKO」って映画をニューヨークで撮っている時に、チェルシー街の「チェルシーホテル」に泊まってたんです。アンディ・ウォーホルが映画で撮ってる古いホテル。そのホテルからワンブロック行ったところに、「ヌードルハウス」っていうベタな名前の中華料理屋があって、マイケル・ホイそっくりの店主がいてね。そこの豆腐キャセロールとか煮込みうどんとかがうまくて、唯一の日本人スタッフだった親友の助監督と、クランクイン前、ずっと通ってた。で、助監督が「龍さん、ほかの店に行きましょうよ。『チェルシーホテル』のスペイン料理屋に行きましょう」って言うから、僕が「いや、お前、そんな店うまいかどうかわかんないじゃないか」って言ったわけ。そしたら彼が「明日もここだったら、怒ってもいいですか」と。

宇田川　（笑）

村上　「同じ店に行くのはまだ許せるんですけど、毎晩同じ料理を厭きずに食べるってどういうことなんですか」って言うから、雰囲気が険悪になった。でも、次の日も行っちゃった（笑）。そのうち主演女優の高岡早紀さんが来た時には、そこはすごい庶民的な店だったので、さすがにここに連れて行くのはまずいってことになって。それからはスペイン料理とか、アップタウンの和食とかいろいろ行くようになったんだけど、そうすると、その「ヌードルハウス」の主人が寂しがる（笑）。さらに「日本人が店に来て、あんたが有名な作家だって言ってたよ」とか言われて、その店の前を通れなくなっちゃった、引っ張り込まれちゃうから。まあ、好きな食べ物だったら、そのくらい同じものでも平気なんですよ。そのホテルにはふた月ぐらい泊まってたけど。

宇田川　食べ物に偏愛を持っちゃうんですか。

村上　偏愛じゃなくて、ほかの店に行くのが面倒くさいから。それに、美味しいかどうかもわかんないですからね。

宇田川　そんなことがほかにもあった？

村上　『半島を出よ』を書く前に、脱北者を取材するのに、ソウルに一週間ぐらい担当編集者と一緒に行ったんです。その時も明洞《ミョンドン》のホテルに泊まって、ホテルから歩いて五分のところにある海鮮料理屋の「オモニチプ」という、お母さんの家っていう意味らしいんですけど、その店に通ってた。ケジャンとかタコの生きたやつとかがうまいから。だけどそのうち疲れちゃって、その店に行くのが嫌になったので、別の韓国料理屋で、毎晩ユッケとコムタンスープを食べるようになったの。そうしたら四日目かなんかに編集者が怒り出して、「今日は『オモニチプ』でタコを食べたい」って言うから、「わかった、わかった。じゃあ、俺、ちょっとリフレッシュしたいからプールで泳いで来るよ」って泳いで出て来たら、編集者が出口で待ってるわけ。それで、「俺、今日外に出たくなくて、悪いけど、ここで食べてくんない？」って言ったら、本当に怒っちゃって、「明日、僕一人でも行きますから」って。ですから、いつも同じパターンなんです（笑）。

宇田川　へえー、それじゃ同行者は堪らないね。

村上　どういうことかというとですね、夕食の時には疲れ果ててるんですよ。「ＫＹＯＫＯ」の場合は、周りは全部外国人スタッフで、準備段階から唯一心を許せるのはその親友の日本人の助監督だけ。そうすると夕食は、近くにあって、そこそこうまくて、よく知ってる店のほうがいいの、ストレスも溜まらないし。ソウルの時も、脱北者と話すだけでものすごく疲れちゃって。もちろん通訳を通してますけど、クタクタに疲れてる時って、もう何でもいい。だから、ずーっと同じ店に行くわけ。ほかの美味しい店とか、新しい店とかを探す気力がない。今でも疲れて面倒くさくなったら、一番近い店に行っちゃいますもん。

宇田川　加齢とともに面倒くささに拍車がかかるから、どんどん億劫になる。そうなると、移動も旅行も面倒くさい。

村上　もう一〇年近く、六本木や赤坂の飲み屋に行ってないですもん。銀座のクラブなんかは、企業などとの付き合いで年に一、二回行く程度。都内でよく行く店って五軒もあるかな。定宿は新宿のホテルですけど、食事で最も利用するのは、定宿のホテルの和食屋の中にある寿司屋。だいたいホテルの中か、その周囲にある店にしか行かないですね。正確に言うと、タクシーで二〇分という距離が限界なんです（笑）。

宇田川　寿司が好きなんですか。

村上　好きかって訊かれたら返答に困っちゃう。長く海外で取材していても、現地で寿司を食べたいと思ったことはないですね。どうしてホテルの中の寿司屋によく行くかと言えば、一番近いから（笑）。部屋を出て、エレベーターで下りて、一二〇歩ぐらいでカウンターに座れる。だから、僕とよく一緒に食事する人たちは、馴染みの店のレパートリーが少ないって驚く。

宇田川　もし明日、地球が破滅するなんてことになったとしたら、最後の晩餐は？

村上　明日死ぬのがわかっていたら、まず小説の仕事をすると思う。それがメインで、何か食べたいとかはあまり思わないかもしれない。今この瞬間だったら、「オテル・ドゥ・ミクニ」の三國さんの、「オマールのジュレ」か、「スープ・ドゥ・トリュフ」かな。

宇田川　本日はありがとうございました。

対談後記

村上さんは現代日本を代表する小説家である。私が敬愛する数少ない小説家の一人だ。交流は私がパリに住んでいた八〇年代から始まり、初対面の時から「龍さん」と親しく呼んでいる。その頃からテニスやF1などを取材するため、龍さんはしばしばヨーロッパに来た。パリを拠点に各国に移動していたから、パリに到着した時など拙宅で飲食をともにしたり、時には三ツ星で食べた。パリから東京に居を移してからも何度か対談した。それらの濃密な時間を通して、私は龍さんの佇まいや表情や言葉から多くを教えられた。龍さんとお喋りしていると、いつもなぜか懐旧の情がこみ上げてくる。若い時分に異国で知り合った人にことのほか抱く感情かもしれない。

二〇一五年四月

あとがき

前著『最後の晩餐―死ぬまえに食べておきたいものは？』を出版してから四年余の歳月が流れた。本対談集はその第二弾である。

昨今の出版不況にもかかわらず、稀に本のタイトルでベストセラーになることがあるから書名は徒や疎かにできない。これまでに刊行した拙著の書名はいずれもすんなり決定したが、本書の場合はなかなかに難産だった。社内の編集会議でも妙案が浮かばず、営業部の方々が書店員に意見を訊いてくれたり、皆さんが知恵を絞ってくれたが容易に決まらない。私も浅知恵を絞ってあれこれ考えたが、そうは問屋が卸さない。前著に倣って『最後の晩餐』を使えば一件落着なのだが、今回はそれに与したくない。本書に登場する皆さんの食べる力や創造力や人生観、さらに叡知と寛容と決断などを少しでも感じさせるようなタイトルに近づけないか。

そうこうするうちに編集部から「覚悟」という言葉が浮上してきた。人は誰しもある時期を迎えると、人生の最後を意識して「覚悟」という言葉に直面せざるを得ない。私のようないい加減に能天気に生きてきた人間でさえ、その言葉を聞くと一瞬たじろぐ。やがて、「覚悟」を使った書名はどうだろうかと考えていると、本書に登場する髙田郁さんが使った「覚悟のすき焼き」という言葉に結び付いた。この短い言葉の中に、食に込められた最後の強い思い、過ぎ去った昭和という時代に生きた家族の情景、人生に対する矜持と諦観などが混じり合った気配を感じたからである。

私事ですが（私事しか書いていないけれど）、本書の発売時期が決まった頃、東北地方の沿岸を走るローカル線に乗ってきた。生来のものぐさは人後に落ちないから、自分なりに期するところがあってのことだったのだろう。加齢と共に体力や気力や精神力の衰えを日毎に感じている身としては、重い腰を上げて出発したものの、やはり何時間も座り続けなければならない鉄道の旅は予想以上にしんどい。にもかかわらず、ある種の爽快さを感じて身の引き締まる思いがした。限なく各地を回ったフランスとは決定的に異なる、日本海と太平洋の両沿岸に広がる海辺の光景に虚を突かれたからだ。

そうして居酒屋、料理屋、漁港の市場の定食屋、ホテルの食堂、旅館の和食など時間の許す限り食べた。確かにどれもこれも美味しいのだが、しかしなぜか物足りなさが残る。実は、そんな物足りなさが、もしかしたら私のささやかな生きる原動力になっているのかもしれない。人生に答えがないように、最後の覚悟の晩餐にも解答がないのだろう。むしろそう思うことで、明日はどうなるかわからない命へ繋がる食べ物に出合えるような気がするのだ。

まだインターネットのない三〇代後半からフランスという異国で暮らし、普通の人たちから見れば大きく外れた人生を歩んできた。だが、フランス料理だけは人並み以上に食べた。そうだからこそ、前著で「最後の晩餐」としてフランス料理のフルコースを挙げたのだが、その選択が現在の私にふさわしい「覚悟の晩餐」なのかどうかおぼつかない。今は静かに一三人の賢人の声に耳を傾けたい。またその声が一人でも多くの読者に届くことを願っている。

本書が世に出るまでに多くの人々の協力を得た。一三人の方々をはじめ、帯文を頂戴した村上龍さん、対談の場を与えてくださった味の素食の文化センターの食文化誌「ｖｅｓｔａ」編集部の小林顕彦と和田道子の両氏、終着点までお世話になった晶文社編集部の浅間麦さんに改めてお礼を申し上げたい。

宇田川　悟

二〇一五年八月一日　東京

著者について

宇田川 悟（うだがわ・さとる）

一九四七年、東京都生まれ。早稲田大学政治経済学部卒。作家。フランスの社会・文化・食文化に詳しい。フランス政府農事功労章シュヴァリエを受章、ブルゴーニュワインの騎士団、シャンパーニュ騎士団、コマンドリー・ド・ボルドー、フランスチーズ鑑評騎士の会などに叙任。主な著書は、『食はフランスに在り』（小学館ライブラリー）、『パリの調理場は戦場だった』（朝日新聞社）、『ニッポン食いしんぼ列伝』（小学館）、『ヨーロッパワインの旅』（ちくま文庫）、『フランス 美味の職人たち』（新潮社）、『欧州メディアの興亡』（リベルタ出版）、『フランスはやっぱりおいしい』（TBSブリタニカ）、『図説ヨーロッパ不思議博物館』『書斎の達人』『フランス料理二大巨匠物語—小野正吉と村上信夫』『書斎探訪』（以上、河出書房新社）、『フランス料理は進化する』（文春新書）、『吉本隆明「食」を語る』（朝日文庫）、『VANストーリーズ—石津謙介とアイビーの時代』（集英社新書）、『超シャンパン入門』『東京フレンチ興亡史』（共に角川oneテーマ21）、『フレンチの達人たち』（幻冬舎文庫）、『最後の晩餐—死ぬまえに食べておきたいものは？』『料理人の突破力』（共に晶文社）、『ホテルオークラ総料理長 小野正吉』（柴田書店）など多数。訳書に、二〇一四年にノーベル文学賞を受賞したパトリック・モディアノ著『カトリーヌとパパ』（ジャン＝ジャック・サンペ絵／講談社）などがある。

覚悟《かくご》のすき焼《や》き
食からみる13の人生

二〇一五年九月二〇日初版

著者 宇田川 悟
発行者 株式会社晶文社
東京都千代田区神田神保町一－一一
電話：（〇三）三五一八－四九四〇（代表）・四九四二（編集）
URL：http://www.shobunsha.co.jp
装丁・レイアウト 横須賀 拓
印刷・製本 ベクトル印刷株式会社

ISBN978-4-7949-6888-3 Printed in Japan